2023年度実施分

2級
FP技能士
（学科・実技）

過去問題解説集

おことわり

- 本書は、原則として出題時の法令基準日に基づいて編集されています。
- 各問題のタイトルは、一般社団法人金融財政事情研究会の検定センターが公表している「試験科目及びその範囲」に基づいて表記しています。
- 所得税の税額計算・税率の表記については、特に記載のない限り、復興特別所得税を加算しています。
- 公的年金の年金額については、特に記載のない限り、出題時の法令基準日に基づいて価額およびその計算方法を記載しています。
- 東日本大震災および新型コロナウイルス感染症対応に係る各種制度については、特に記載のない限り、表記等には反映せずに解説しています。
- 法および制度改正等に伴う内容の変更・追加・訂正等については、下記ウェブサイトに掲載いたします。

https://www.kinzai.jp/seigo/

目　次

Ⅰ　学科編

第1章　A分野　ライフプランニングと資金計画

第2章　B分野　リスク管理

第3章　C分野　金融資産運用

第4章　D分野　タックスプランニング

第5章　E分野　不動産

第6章　F分野　相続・事業承継

II 実技編

個人資産相談業務

生命保険顧客相談業務

中小企業事業主相談業務

損害保険顧客相談業務

▶ 実際の試験問題にトライ！

〈年—月—・問番号〉
いつ出題された問題
かがわかります。

〈試験問題〉
出題当時のまま掲載しています。

〈解答と解説〉
解答・解説を掲載しています。

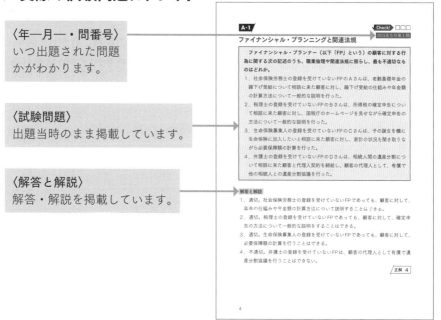

▶ デジタルドリル（ノウン）を活用！

〈試験問題・解答解説〉
　2022年度実施分（5月・9月・1月）のデジタル学習が可能です（無料）。
なお、試験問題は、出題時のまま掲載しています。

ファイナンシャル・プランニング技能検定の概要（2024年6月時点）

▶1. ファイナンシャル・プランニング技能検定の等級・分野

　ファイナンシャル・プランニング技能検定は1級、2級、3級の等級に分かれており、それぞれ学科試験と実技試験が行われます。両方の試験に合格すればその等級の合格となります。

〈各級の出題分野〉

A	ライフプランニングと資金計画
B	リスク管理
C	金融資産運用
D	タックスプランニング
E	不動産
F	相続・事業承継

（※）　分野ごとの細目・出題範囲については金融財政事情研究会のウェブサイトで確認ください。
（https://www.kinzai.or.jp/fp/fp_specifications.html）

▶2. 出題形式・試験時間等

等級	学科実技	出題（審査）形式	試験時間		満点	合格基準
1級	学科	〈基礎編〉マークシート方式（四答択一式、50問）	10：00 ～ 12：30	150分	200点	120点以上
		〈応用編〉記述式（事例形式5題）	13：30 ～ 16：00	150分		
	実技	口頭試問方式	（注1）		200点	120点以上
2級	学科	マークシート方式（四答択一式、60問）	10：00 ～ 12：00	120分	60点	36点以上
	実技	記述式（事例形式5題）	13：30 ～ 15：00	90分	50点	30点以上
3級	学科	CBT方式（○×式、三答択一式、計60問）	－	90分	60点	36点以上
	実技	CBT方式（事例形式5題）		60分	50点	30点以上

（注1）設例課題に基づく12分程度の口頭試問が2回実施されます（半日程度）。
（注2）1級実技試験、3級試験以外はいずれも筆記試験です。
（注3）3級試験以外は、筆記用具・計算機（プログラム電卓等を除く）の持込みが認められています。
（注4）金融財政事情研究会が実施する試験について掲載しています。

▶ 3. 試験科目・受検資格と受検手数料

等級	学科 実技	実技試験の 選択科目	受検資格	受検 手数料 (非課税)
1級	学科	−	◆2級技能検定合格者で、FP業務に関し1年以上の実務経験を有する者 ◆FP業務に関し5年以上の実務経験を有する者 ◆厚生労働省認定金融渉外技能審査2級の合格者で、1年以上の実務経験を有する者	8,900円
	実技	●資産相談業務	◆1級学科試験の合格者（注1） ◆「FP養成コース」修了者でFP業務に関し1年以上の実務経験を有する者（注2） ◆日本FP協会のCFP®認定者 ◆日本FP協会のCFP®資格審査試験の合格者（注3）	28,000円
2級	学科	−		5,700円
	実技	●個人資産相談業務 ●中小事業主資産相談業務 ●生保顧客資産相談業務 ●損保顧客資産相談業務	◆3級技能検定の合格者 ◆FP業務に関し2年以上の実務経験を有する者 ◆厚生労働省認定金融渉外技能審査3級の合格者 ◆日本FP協会が認定するAFP認定研修を修了した者（注4）	各6,000円
3級	学科	−		4,000円
	実技	●個人資産相談業務 ●保険顧客資産相談業務	◆FP業務に従事している者または従事しようとしている者	各4,000円

（注1）2024年度に実施する1級実技試験を受検できるのは、2022年度以降の1級学科試験合格者です。
（注2）FP養成コースとは、金融財政事情研究会が実施する「普通職業訓練短期課程金融実務科FP養成コース」を指します。2024年度に実施する1級実技試験を受検できるのは、2022年度以降の修了者です。
（注3）2024年度に実施する1級実技試験を受検できるのは、2022年度以降のCFP®資格審査試験合格者です。
（注4）修了日が受検申請受付最終日以前の日付である場合に限られます。
（注5）金融財政事情研究会が実施する試験について掲載しています。
（注6）日本FP協会では、2級、3級学科試験および1級、2級、3級実技試験（資産設計提案業務）を実施しています。

▶ 4. 試験結果（合格率／金融財政事情研究会実施分）

等級	学科実技	試験科目	2023年5月試験	2023年9月試験	2024年1月試験
1級	学科	－	3.51%	13.00%	8.72%
	実技	資産相談業務	－	－	－
2級	学科	－	17.51%	22.75%	13.72%
	実技	個人資産相談業務	39.76%	41.36%	37.11%
		中小事業主資産相談業務	－	35.92%	53.58%
		生保顧客資産相談業務	39.20%	40.17%	45.27%
		損保顧客資産相談業務	－	60.07%	－
3級	学科	－	54.13%	37.19%	46.40%
	実技	個人資産相談業務	61.58%	62.29%	55.64%
		保険顧客資産相談業務	58.91%	55.30%	44.79%

▶ 5. 受検手続

（1・2級ペーパー試験）

個人申込の場合、受検申請の方法には、

（a）インターネットから申し込む方法

（b）申込書を郵送して申し込む方法

の2通りがあります。

詳しくは、以下のウェブサイトをご覧ください。

https://www.kinzai.or.jp/ginou/papertest.html

（3級 CBT 試験）

https://www.kinzai.or.jp/ginoucbt

●ファイナンシャル・プランニング技能検定に関するお問合せ

一般社団法人 金融財政事情研究会 検定センター　TEL 03-3358-0771

1・2級個人申込専用ダイヤル　TEL 03-4434-2362

3級 CBT サポートセンター　TEL 03-4553-8021

URL：https://www.kinzai.or.jp/fp

特定非営利活動法人 日本ファイナンシャル・プランナーズ協会

試験業務部　TEL 03-5403-9890

URL：https://www.jafp.or.jp/

デジタル学習の使い方

本書は、デジタルコンテンツと併せて学習ができます。パソコン、スマートフォン、タブレットで問題演習が可能です。利用期限は、ご利用登録日から1年間です。なお、ご利用登録は 2026 年 6 月 29 日まで可能です。

▶推奨環境（2024年6月現在）

《スマートフォン・タブレット》
- Android 8 以降
- iOS 10 以降

※ご利用の端末の状況により、動作しない場合があります。

《PC》
- Microsoft Windows 10、11
  ブラウザ：Google Chrome、Mozilla Firefox、Microsoft Edge
- macOS
  ブラウザ：Safari

使用開始日

2024 年
6 月30 日

▶利用方法

① タブレットまたはスマートフォンをご利用の場合は GooglePlay または AppStore で「ノウン」と検索し、ノウンのアプリをインストールしてください。

② 書籍に付属のカードを切り取り線に沿って切って開いてください。

③ パソコン、タブレット、スマートフォンの Web ブラウザで下記 URL にアクセスして「アクティベーションコード入力」ページを開きます。カードに記載のアクティベーションコードを入力して「次へ」ボタンをクリックしてください。

[アクティベーションコード入力]
https://knoun.jp/activate

④　ノウンのユーザー ID、パスワードを
お持ちの方は、「マイページにログイン」
にユーザー ID、パスワードを入力し「ロ
グイン」ボタンをクリックしてください。

⑤　ノウンのユーザー登録をされていない
方は「ユーザー登録」ボタンをクリック
し、「ユーザー登録」ページでユーザー
登録を行ってください。

⑥　ログインまたはユーザー登録を行うと、コンテンツが表示されます。

⑦　「学習開始」ボタンをクリックすると、
タブレットまたはスマートフォンの場合
はノウンアプリが起動し、コンテンツが
ダウンロードされます。パソコンの場合
は Web ブラウザで学習が開始されます。

⑧　2 回目以降は、パソコンをご利用の場合は下記の「ログイン」ページからログインし
てご利用ください。タブレットまたはスマートフォンをご利用の場合はノウンアプリか
らご利用ください。

[ログイン]
https://knoun.jp/login

●ノウンアプリに関するお問い合わせ先：NTT アドバンステクノロジ
※ノウンアプリのメニューの「お問い合わせ」フォームもしくはメール（support@
knoun.jp）にてお問い合わせください。

I

学科編

第 **1** 章

A

ライフプランニングと
資金計画

ファイナンシャル・プランニングと関連法規

> ファイナンシャル・プランナー（以下「FP」という）の顧客に対する行為に関する次の記述のうち、職業倫理や関連法規に照らし、最も不適切なものはどれか。
>
> 1．社会保険労務士の登録を受けていないFPのAさんは、老齢基礎年金の繰下げ受給について相談に来た顧客に対し、繰下げ受給の仕組みや年金額の計算方法について一般的な説明を行った。
>
> 2．税理士の登録を受けていないFPのBさんは、所得税の確定申告について相談に来た顧客に対し、国税庁のホームページを見せながら確定申告の方法について一般的な説明を行った。
>
> 3．生命保険募集人の登録を受けていないFPのCさんは、子の誕生を機に生命保険に加入したいと相談に来た顧客に対し、家計の状況を聞き取りながら必要保障額の計算を行った。
>
> 4．弁護士の登録を受けていないFPのDさんは、相続人間の遺産分割について相談に来た顧客と代理人契約を締結し、顧客の代理人として、有償で他の相続人との遺産分割協議を行った。

解答と解説

1．適切。社会保険労務士の登録を受けていないFPであっても、顧客に対して、年金の仕組みや年金額の計算方法について説明することはできる。

2．適切。税理士の登録を受けていないFPであっても、顧客に対して、確定申告の方法について一般的な説明をすることはできる。

3．適切。生命保険募集人の登録を受けていないFPであっても、顧客に対して、必要保障額の計算を行うことはできる。

4．不適切。弁護士の登録を受けていないFPは、顧客の代理人として有償で遺産分割協議を行うことはできない。

正解　4

A-2

社会保険（1）

> 全国健康保険協会管掌健康保険（協会けんぽ）の保険給付に関する次の記述のうち、最も適切なものはどれか。
>
> 1．傷病手当金は、同一の疾病または負傷およびこれにより発した疾病に関して、その支給を始めた日から通算して最長2年支給される。
>
> 2．夫婦がともに被保険者である場合において、妻が出産したときは、所定の手続きにより、夫婦に対して出産育児一時金および家族出産育児一時金が支給される。
>
> 3．被保険者が業務災害および通勤災害以外の事由で死亡した場合、所定の手続きにより、その者により生計を維持されていた者であって、埋葬を行うものに対し、埋葬料として5万円が支給される。
>
> 4．被保険者が同一月内に同一の医療機関等で支払った医療費の一部負担金等の額が、その者に係る自己負担限度額を超えた場合、所定の手続きにより、支払った一部負担金等の全額が高額療養費として支給される。

解答と解説

1．不適切。傷病手当金は、同一の疾病または負傷およびこれにより発した疾病に関して、その支給を始めた日から通算して最長1年6カ月支給される。

2．不適切。夫婦がともに被保険者である場合において、妻が出産したときは、所定の手続きにより、被保険者である妻に出産育児一時金が支給される。家族出産育児一時金は、被扶養者が出産したときに支給されるものであり、本肢における夫に家族出産育児一時金は支給されない。

3．適切。

4．不適切。被保険者が同一月内に同一の医療機関等で支払った医療費の一部負担金等の額が、その者に係る自己負担限度額を超えた場合、所定の手続きにより、支払った一部負担金等のうち自己負担限度額を超えた部分が高額療養費として支給される。

正解 3

社会保険（2）

　労働者災害補償保険の保険給付に関する次の記述のうち、最も不適切なものはどれか。

1．労働者災害補償保険の適用を受ける労働者には、雇用形態がアルバイトやパートタイマーである者も含まれる。

2．労働者が業務上の負傷または疾病による療養のため労働することができず、賃金を受けられない場合、賃金を受けない日の第3日目から休業補償給付が支給される。

3．労働者が業務災害により死亡したときに支払われる遺族補償年金の年金額は、受給権者および受給権者と生計を同じくしている受給資格者の人数により異なる。

4．労働者が通勤災害により死亡した場合、所定の手続きにより、葬祭を行う者に対し葬祭給付が支給される。

解答と解説

1．適切。労働者災害補償保険の適用を受ける労働者は、適用事業所に雇用される労働者であり、雇用形態は問わない。

2．不適切。労働者が業務上の負傷または疾病による療養のため労働することができず、賃金を受けられない場合、賃金を受けない日の第4日目から休業補償給付が支給される。

3．適切。

4．適切。

正解　2

社会保険（3）

　　雇用保険の育児休業給付および介護休業給付に関する次の記述のうち、最も不適切なものはどれか。なお、記載されたもの以外の要件はすべて満たしているものとする。

1．育児休業給付金は、子が1歳に達した日後の期間について休業することが特に必要と認められる場合、最長で子が1歳2ヵ月に達する日の前日まで支給される。

2．育児休業給付金に係る支給単位期間において支払われた賃金額が、休業開始時賃金日額に支給日数を乗じて得た額の80％相当額以上である場合、当該支給単位期間について育児休業給付金は支給されない。

3．被保険者が、一定の状態にある家族を介護するための休業をした場合、同一の対象家族について、通算3回かつ93日の介護休業を限度として、介護休業給付金が支給される。

4．複数の被保険者が、同一の対象家族について同時に介護休業を取得した場合、それぞれの被保険者に介護休業給付金が支給される。

解答と解説

1．不適切。育児休業給付金は、子が1歳に達した日後の期間について休業することが特に必要と認められる場合、最長で子が2歳に達する日の前日まで支給される。

2．適切。

3．適切。

4．適切。

正解　1

公的年金（1）

> **国民年金に関する次の記述のうち、最も適切なものはどれか。**
>
> 1．学生納付特例期間は、その期間に係る保険料の追納がない場合、老齢基礎年金の受給資格期間に算入されない。
>
> 2．生活保護法による生活扶助を受けることによる保険料免除期間は、その期間に係る保険料の追納がない場合、老齢基礎年金の受給資格期間には算入されるが、老齢基礎年金の年金額には反映されない。
>
> 3．保険料免除期間に係る保険料のうち、追納することができる保険料は、追納に係る厚生労働大臣の承認を受けた日の属する月前5年以内の期間に係るものに限られる。
>
> 4．産前産後期間の保険料免除制度により保険料の納付が免除された期間は、保険料納付済期間として老齢基礎年金の年金額に反映される。

解答と解説

1．不適切。学生納付特例期間は、その期間に係る保険料の追納がない場合、老齢基礎年金の受給資格期間に算入されるが、老齢基礎年金の年金額には反映されない。

2．不適切。生活保護法による生活扶助を受けることによる保険料免除期間（法定免除）は、その期間に係る保険料の追納がない場合、老齢基礎年金の受給資格期間には算入され、老齢基礎年金の年金額には一定割合が反映される。

3．不適切。保険料免除期間に係る保険料のうち、追納することができる保険料は、追納に係る厚生労働大臣の承認を受けた日の属する月前10年以内の期間に係るものに限られる。

4．適切。

正解　4

公的年金、企業年金・個人年金等

　国民年金基金、小規模企業共済および中小企業退職金共済に関する次の記述のうち、最も適切なものはどれか。

1. 国民年金基金の加入員が死亡以外の事由で加入員資格を喪失した場合、それまでの加入期間に応じた解約返戻金が支払われる。

2. 小規模企業共済の掛金月額は、5,000円から10万円までの範囲内で、500円単位で選択することができる。

3. 中小企業退職金共済の掛金は、事業主と被共済者の合意に基づき、事業主と被共済者が折半して負担することができる。

4. 中小企業退職金共済の被共済者が退職後3年以内に、中小企業退職金共済の退職金を請求せずに再就職して再び被共済者となった場合、所定の要件を満たせば、前の企業での掛金納付月数を再就職した企業での掛金納付月数と通算することができる。

解答と解説

1. 不適切。国民年金基金の加入員が死亡以外の事由で加入員資格を喪失した場合、解約返戻金は支払われず、将来の年金として支給される。

2. 不適切。小規模企業共済の掛金月額は、5,000円から7万円までの範囲内で、500円単位で選択することができる。

3. 不適切。中小企業退職金共済の掛金は、全額事業主が負担する。

4. 適切。中小企業退職金共済に加入している企業間で転職した場合に、本肢の記述のとおりの通算制度がめる。

正解 4

A-7

公的年金（2）

公的年金等に係る税金に関する次の記述のうち、最も不適切なものはどれか。

1．遺族基礎年金および遺族厚生年金は、所得税の課税対象とならない。

2．老齢基礎年金および老齢厚生年金は、その年中に受け取る当該年金の収入金額から公的年金等控除額を控除した金額が雑所得として所得税の課税対象となる。

3．確定拠出年金の老齢給付金は、その全部について、一時金として受給する場合は一時所得として、年金として受給する場合は雑所得として所得税の課税対象となる。

4．老齢基礎年金および老齢厚生年金の受給者が死亡した場合において、その者に支給されるべき年金給付のうち、まだ支給されていなかったもの（未支給年金）は、当該年金を受け取った遺族の一時所得として所得税の課税対象となる。

解答と解説

1．適切。公的年金の遺族給付および障害給付は、非課税である。

2．適切。

3．不適切。確定拠出年金の老齢給付金は、一時金として受給する場合は退職所得として、年金として受給する場合は雑所得として所得税の課税対象となる。

4．適切。未支給年金は、受け取った遺族の一時所得として所得税の課税対象となる。

正解 **3**

ライフプラン策定上の資金計画

> 住宅金融支援機構と金融機関が提携した住宅ローンであるフラット35（買取型）に関する次の記述のうち、最も不適切なものはどれか。
>
> 1．フラット35Sは、省エネルギー性、耐震性など一定の技術基準を満たした住宅を取得する場合に、借入金利を一定期間引き下げる制度である。
> 2．フラット35の利用者向けインターネットサービスである「住・My Note」を利用して繰上げ返済する場合、一部繰上げ返済の最低返済額は100万円である。
> 3．店舗付き住宅などの併用住宅を建築する際にフラット35を利用する場合、住宅部分の床面積が非住宅部分の床面積以上である必要がある。
> 4．住宅金融支援機構は、融資を実行する金融機関から住宅ローン債権を買い取り、対象となる住宅の第1順位の抵当権者となる。

解答と解説

1．適切。

2．不適切。インターネットサービスである「住・My Note」を利用して繰上げ返済する場合、一部繰上げ返済の最低返済額は10万円である。なお、金融機関の窓口を利用して繰上げ返済をする場合の最低返済額は100万円である。

3．適切。

4．適切。

正解　2

中小法人の資金計画

　中小企業の資金調達方法の一般的な特徴に関する次の記述のうち、最も不適切なものはどれか。

1．企業が民間の銀行から融資を受けて事業資金を調達する方法は、間接金融に分類される。

2．インパクトローンは、米ドル等の外貨によって資金を調達する方法であり、その資金使途は限定されていない。

3．第三者割当増資により新株を引き受けた第三者が既存株主以外の者であった場合、既存株主の持株比率が上昇する。

4．日本政策金融公庫のマル経融資（小規模事業者経営改善資金）は、商工会議所や商工会などの経営指導を受けている小規模事業者の商工業者が利用できる融資制度であり、利用に当たって担保と保証人は不要とされている。

解答と解説

1．適切。なお、株式や社債を発行して事業資金を調達する方法は、直接金融に分類される。

2．適切。

3．不適切。第三者割当増資により新株を引き受けた第三者が既存株主以外の者であった場合、既存株主の持株比率は下落する。

4．適切。

正解　3

ローンとカード

> クレジットカード会社（貸金業者）が発行するクレジットカードの一般的な利用に関する次の記述のうち、最も不適切なものはどれか。
>
> 1. クレジットカードで商品を購入（ショッピング）した場合の返済方法の1つである分割払いは、利用代金の支払回数を決め、その回数で利用代金を分割して支払う方法である。
> 2. クレジットカード会員の信用情報は、クレジットカード会社が加盟する指定信用情報機関により管理されており、会員は自己の信用情報について所定の手続きにより開示請求をすることができる。
> 3. クレジットカードは、約款上、クレジットカード会社が所有権を有しており、クレジットカード券面上に印字された会員本人以外が使用することはできないとされている。
> 4. クレジットカードの付帯機能であるキャッシングを利用し、返済方法として翌月一括払いを選択した場合、利息はかからない。

解答と解説

1. 適切。
2. 適切。
3. 適切。
4. 不適切。クレジットカードの付帯機能であるキャッシングを利用した場合、返済方法にかかわらず利息がかかる。なお、クレジットカードで商品を購入（ショッピング）した場合の返済方法として翌月1回払いを選択した場合、手数料はかからない。

正解 **4**

ファイナンシャル・プランニングと倫理

> 　ファイナンシャル・プランナー（以下「FP」という）の顧客に対する行為に関する次の記述のうち、関連法規に照らし、最も不適切なものはどれか。
>
> 1．金融商品取引業の登録を受けていないFPのAさんは、顧客と資産運用に関する投資顧問契約を締結したうえで、値上がりが期待できる株式の個別銘柄の購入を勧めた。
> 2．弁護士の登録を受けていないFPのBさんは、財産管理の相談に来た顧客の求めに応じ、有償で、当該顧客を委任者とする任意後見契約の受任者となった。
> 3．税理士の登録を受けていないFPのCさんは、顧客から配偶者控除と配偶者特別控除の適用要件を聞かれ、所得税法の条文等を示しつつ、それぞれの適用要件の違いを説明した。
> 4．生命保険募集人の登録を受けていないFPのDさんは、顧客からライフプランの相談を受け、老後資金を準備するための生命保険の一般的な活用方法を説明した。

解答と解説

1．不適切。金融商品取引業の登録を受けていないFPが、顧客と投資顧問契約を締結し、個別株式の推奨銘柄の購入を勧めることはできない。金融商品取引業者（投資助言・代理者業）として登録が必要である。

2．適切。弁護士の登録を受けていないFPであっても、任意後見契約の受任者となることはできる。

3．適切。税理士の登録を受けていないFPであっても、所得税法の条文等を示しつつ、所得控除などの適用要件の違いを説明することはできる。

4．適切。生命保険募集人の登録を受けていないFPであっても、生命保険の一般的な活用方法の説明をすることはできる。

正解　1

A-12

ライフプランニングの考え方・手法

> ライフプランの作成の際に活用される各種係数に関する次の記述のうち、最も不適切なものはどれか。
>
> 1. 一定の利率で複利運用しながら一定期間経過後の元利合計額を試算する際、現在保有する資金の額に乗じる係数は、終価係数である。
> 2. 一定の利率で複利運用しながら一定期間、毎年一定金額を積み立てた場合の一定期間経過後の元利合計額を試算する際、毎年の積立額に乗じる係数は、年金終価係数である。
> 3. 一定の利率で複利運用しながら一定期間、毎年一定金額を受け取るために必要な元本を試算する際、毎年受け取りたい金額に乗じる係数は、資本回収係数である。
> 4. 一定の利率で複利運用しながら一定期間経過後に目標とする額を得るために必要な毎年の積立額を試算する際、目標とする額に乗じる係数は、減債基金係数である。

解答と解説

1. 適切。
2. 適切。
3. 不適切。一定の利率で複利運用しながら一定期間、毎年一定金額を受け取るために必要な元本（年金原資）を試算する際、毎年受け取りたい金額に乗じる係数は、年金現価係数である。
4. 適切。

正解 3

社会保険（1）

公的医療保険に関する次の記述の空欄（ア）～（ウ）にあてはまる語句の組み合わせとして、最も適切なものはどれか。

・健康保険の適用事業所に常時使用される（ ア ）未満の者は、原則として、健康保険の被保険者となる。
・健康保険の傷病手当金の額は、原則として、1日につき、支給開始日の属する月以前の直近の継続した（ イ ）間の各月の標準報酬月額を平均した額の30分の1に相当する額の3分の2に相当する金額である。
・個人事業主や農林漁業者などが被保険者となる国民健康保険は、（ ウ ）もしくは国民健康保険組合が保険者として運営している。

1．（ア）70歳　　（イ）6ヵ月
　（ウ）都道府県および市町村（特別区を含む）
2．（ア）70歳　　（イ）12ヵ月　　（ウ）国
3．（ア）75歳　　（イ）6ヵ月　　（ウ）国
4．（ア）75歳　　（イ）12ヵ月
　（ウ）都道府県および市町村（特別区を含む）

解答と解説

（ア）健康保険の適用事業所に常時使用される75歳未満の者は、原則として、健康保険の被保険者となる。75歳になると後期高齢医療制度の被保険者となる。

（イ）傷病手当金の額は、原則として、1日につき、支給開始日の属する月以前の直近の継続した12ヵ月間の各月の標準報酬月額を平均した額の30分の1に相当する額の3分の2に相当する金額である。

（ウ）国民健康保険は、都道府県および市町村（特別区を含む）もしくは国民健康保険組合が保険者として運営している。

正解　4

A-14

社会保険（2）

　雇用保険の失業等給付に関する次の記述のうち、最も不適切なものはどれか。

1. 雇用保険の一般被保険者が失業した場合、基本手当を受給するためには、原則として、離職の日以前2年間に被保険者期間が通算して12ヵ月以上あること等の要件を満たす必要がある。

2. 正当な理由がなく自己都合により退職し、基本手当の受給を申請した場合、7日間の待期期間経過後、4ヵ月間は給付制限期間として基本手当を受給することができない。

3. 基本手当の受給期間内に、出産、疾病等の理由で引き続き30日以上職業に就くことができない場合、所定の申出により、受給期間を離職日の翌日から最長4年まで延長することができる。

4. 雇用保険の高年齢被保険者が失業した場合、高年齢求職者給付金を受給するためには、原則として、離職の日以前1年間に被保険者期間が通算して6ヵ月以上あること等の要件を満たす必要がある。

解答と解説

1. 適切。

2. 不適切。正当な理由がなく自己都合により退職し、基本手当の受給を申請した場合、7日間の待期期間経過後、2ヵ月（過去5年間に基本手当を2回受給したときは3ヵ月）間は給付制限期間として基本手当を受給することができない。

3. 適切。

4. 適切。

正解　2

公的年金（1）

> **公的年金に関する次の記述のうち、最も不適切なものはどれか。**
>
> 1. 国民年金の保険料納付済期間が10年以上あり、厚生年金保険の被保険者期間を有する者は、原則として、65歳から老齢基礎年金および老齢厚生年金を受給することができる。
> 2. 学生納付特例の承認を受けた期間に係る国民年金保険料のうち、追納することができる保険料は、追納に係る厚生労働大臣の承認を受けた日の属する月前10年以内の期間に係るものに限られる。
> 3. 老齢厚生年金の繰上げ支給を請求する場合、老齢基礎年金の繰上げ支給の請求も同時に行わなければならない。
> 4. 加給年金額が加算される老齢厚生年金について繰下げ支給の申出をする場合、加給年金額についても繰下げ支給による増額の対象となる。

解答と解説

1. 適切。保険料納付済期間があり、10年の受給資格期間を有する者は、65歳から老齢基礎年金を受給することができる。また、10年の受給資格期間を満たし、厚生年金保険の被保険者期間がある者は、65歳から老齢厚生年金を受給することができる。

2. 適切。追納することができる保険料は、10年以内の期間に係るものに限られる。

3. 適切。なお、繰下げ支給の申出をする場合、同時に行う必要はない。

4. 不適切。老齢厚生年金の繰下げ支給の申出をする場合、加給年金額は増額の対象とはならない。

正解 **4**

A-16

公的年金（2）

　　厚生年金保険における離婚時の年金分割制度に関する次の記述のうち、最も不適切なものはどれか。なお、本問においては、「離婚等をした場合における特例」による標準報酬の改定を合意分割といい、「被扶養配偶者である期間についての特例」による標準報酬の改定を3号分割という。

1．合意分割および3号分割の請求期限は、原則として、離婚等をした日の翌日から起算して2年以内である。

2．合意分割は、離婚等をした当事者間において、標準報酬の改定または決定の請求をすることおよび請求すべき按分割合についての合意が得られない限り、請求することができない。

3．3号分割の対象となるのは、2008年4月1日以降の国民年金の第3号被保険者であった期間における、当該第3号被保険者の配偶者に係る厚生年金保険の保険料納付記録（標準報酬月額・標準賞与額）である。

4．老齢厚生年金を受給している者について、3号分割により標準報酬の改定または決定が行われた場合、3号分割の請求をした日の属する月の翌月から年金額が改定される。

解答と解説

1．適切。

2．不適切。合意分割は、離婚等をした当事者間において、標準報酬の改定または決定の請求をすることおよび請求すべき按分割合についての合意が必要であるが、合意が得られないときは、裁判手続きにより年金分割の割合を決定し、請求できる。

3．適切。

4．適切。

正解 2

企業年金・個人年金等

> **確定拠出年金に関する次の記述のうち、最も不適切なものはどれか。**
>
> 1. 国民年金の任意加入被保険者のうち、所定の要件を満たす者は、個人型年金に加入することができる。
> 2. 企業型年金において、加入者が掛金を拠出することができることを規約で定める場合、加入者掛金の額は、その加入者に係る事業主掛金の額を超える額とすることができない。
> 3. 企業型年金加入者であった者が退職し、国民年金の第3号被保険者となった場合、所定の手続きにより、企業型年金の個人別管理資産を個人型年金に移換し、個人型年金加入者または個人型年金運用指図者となることができる。
> 4. 企業型年金および個人型年金の老齢給付金は、70歳に達する日の属する月までに受給を開始しなければならない。

解答と解説

1. 適切。
2. 適切。いわゆるマッチング拠出における加入者掛金の額は、事業主掛金の額の範囲内、かつ、事業主掛金の額との合計額が拠出限度額の範囲内でなければならない。
3. 適切。
4. 不適切。企業型年金および個人型年金の老齢給付金は、75歳に達する日の属する月までに受給を開始しなければならない。

正解 4

年金と税金

公的年金等に係る税金に関する次の記述のうち、最も不適切なものはどれか。

1. 障害基礎年金および遺族基礎年金は、所得税の課税対象とならない。
2. 小規模企業共済の加入者が事業を廃止した際に受け取る共済金は、一括受取りを選択した場合、退職所得として所得税の課税対象となる。
3. 国民年金基金の掛金は、所得税の社会保険料控除の対象となる。
4. 年末調整の対象となる給与所得者が学生納付特例の承認を受けた期間に係る国民年金保険料を追納する場合、当該保険料に係る社会保険料控除の適用を受けるためには所得税の確定申告をしなければならず、年末調整によってその適用を受けることはできない。

解答と解説

1. 適切。
2. 適切。
3. 適切。なお、小規模企業共済制度および確定拠出年金の個人型年金の掛金は、所得税の小規模企業共済等掛金控除の対象である。
4. 不適切。年末調整の対象となる給与所得者が学生納付特例の承認を受けた期間に係る国民年金保険料を追納する場合、当該保険料に係る社会保険料控除は、年末調整によってその適用を受けることができる。

正解 4

ライフプラン策定上の資金計画

リタイアメントプランニング等に関する次の記述のうち、最も不適切なものはどれか。

1. 金融機関のリバースモーゲージには、一般に、利用者が死亡し、担保物件の売却代金により借入金を返済した後も債務が残った場合に、利用者の相続人がその返済義務を負う「リコース型」と、返済義務を負わない「ノンリコース型」がある。

2. 高齢者の居住の安定確保に関する法律に定める「サービス付き高齢者向け住宅」に入居した者は、「状況把握サービス」や「生活相談サービス」を受けることができる。

3. 将来、本人の判断能力が不十分になった場合に備えて、あらかじめ本人が選任した者と締結する任意後見契約は、公正証書によらない場合であっても有効である。

4. 確定拠出年金の加入者が、老齢給付金を60歳から受給するためには、通算加入者等期間が10年以上なければならない。

解答と解説

1. 適切。

2. 適切。

3. 不適切。任意後見契約の締結は、公正証書に限られる。

4. 適切。

正解 3

A-20

中小法人の資金計画

> 　中小企業の資金調達の一般的な特徴に関する次の記述のうち、最も不適切なものはどれか。
>
> 1．日本政策金融公庫の中小企業事業における融資では、事業用資金だけでなく、投資を目的とする有価証券等の資産の取得資金についても融資対象となる。
>
> 2．信用保証協会保証付融資（マル保融資）は、中小企業者が金融機関から融資を受ける際に信用保証協会が保証するものであり、利用するためには、業種に応じて定められた資本金の額（出資の総額）または常時使用する従業員数の要件を満たす必要がある。
>
> 3．ABL（動産・債権担保融資）は、企業が保有する売掛債権や在庫・機械設備等の資産を担保として資金を調達する方法である。
>
> 4．クラウドファンディングは、インターネット等を介して不特定多数の者に資金の提供を呼びかけて資金を調達する方法であり、「購入型」「寄付型」等に分類される。

解答と解説

1．不適切。日本政策金融公庫の中小企業事業における融資では、投資を目的とする有価証券等の資産の取得資金については融資対象とならない。

2．適切。

3．適切。

4．適切。

正解　1

ファイナンシャル・プランニングと関連法規

ファイナンシャル・プランナー（以下「FP」という）の顧客に対する行為に関する次の記述のうち、関連法規に照らし、最も不適切なものはどれか。

1．社会保険労務士の登録を受けていないFPのAさんは、顧客の求めに応じ、老齢基礎年金や老齢厚生年金の受給要件や請求方法を無償で説明した。

2．税理士の登録を受けていないFPのBさんは、個人事業主である顧客からの依頼に基づき、当該顧客が提出すべき確定申告書を有償で代理作成した。

3．金融商品取引業の登録を受けていないFPのCさんは、顧客からiDeCo（確定拠出年金の個人型年金）について相談を受け、iDeCoの運用商品の一般的な特徴について無償で説明した。

4．司法書士の登録を受けていないFPのDさんは、顧客から将来判断能力が不十分になった場合の財産の管理を依頼され、有償で当該顧客の任意後見受任者となった。

解答と解説

1．適切。社会保険労務士の登録を受けていないFPであっても、顧客の求めに応じ、老齢基礎年金や老齢厚生年金の受給要件や請求方法を説明することができる。

2．不適切。税理士の登録を受けていないFPは、個人事業主である顧客からの依頼に基づき、当該顧客の確定申告書の代理作成をすることはできない。

3．適切。金融商品取引業の登録を受けていないFPであっても、顧客からiDeCo（確定拠出年金の個人型年金）について相談を受け、iDeCoの運用商品の一般的な特徴について説明することができる。当該説明は、金融商品取引業法上の助言行為には該当しない。

4．適切。任意後見受任者となるために特別な資格は必要ないため、司法書士の登録を受けていないFPであっても、顧客の任意後見受任者となれる。

正解 **2**

A-22

ライフプランニングの考え方・手法

ライフプランニングにおける各種係数を用いた必要額の算出に関する次の記述の空欄（ア）、（イ）にあてはまる語句の組み合わせとして、最も適切なものはどれか。なお、算出に当たっては下記〈資料〉の係数を乗算で使用し、手数料や税金等については考慮しないものとする。

- Aさんが60歳から65歳になるまでの5年間、年率2％で複利運用しながら、毎年200万円を受け取る場合、60歳時点の元金として（ ア ）が必要となる。
- Bさんが45歳から毎年一定額を積み立てながら年率2％で複利運用し、15年後の60歳時に1,000万円を準備する場合、毎年の積立金額は（ イ ）となる。

〈資料〉年率2％の各種係数

	5年	15年
終価係数	1.1041	1.3459
現価係数	0.9057	0.7430
減債基金係数	0.1922	0.0578
資本回収係数	0.2122	0.0778
年金終価係数	5.2040	17.2934
年金現価係数	4.7135	12.8493

1．（ア）9,057,000円 （イ）578,000円
2．（ア）9,057,000円 （イ）778,000円
3．（ア）9,427,000円 （イ）578,000円
4．（ア）9,427,000円 （イ）778,000円

解答と解説

（ア）Aさんが60歳から65歳になるまでの5年間、年率2％で複利運用しながら、毎年200万円を受け取る場合、60歳時点の元金として「200万円×4.7135（年金現価係数：5年）＝9,427,000円」必要となる。

（イ）Bさんが45歳から毎年一定額を積み立てながら年率2％で複利運用し、15

年後の60歳時に1,000万円を準備する場合、毎年の積立金額は「1,000万円×0.0578（減債基金係数：15年）＝578,000円」となる。

正解 3

A-23

✓ Check! □□□
2024年1月第3問

社会保険

> 　全国健康保険協会管掌健康保険（協会けんぽ）に関する次の記述のうち、最も適切なものはどれか。
> 1．一般保険料率は全国一律であるのに対し、介護保険料率は都道府県によって異なる。
> 2．被保険者の配偶者の父母が被扶養者と認定されるためには、主としてその被保険者により生計を維持され、かつ、その被保険者と同一の世帯に属していなければならない。
> 3．退職により被保険者資格を喪失した者は、所定の要件を満たせば、最長で3年間、任意継続被保険者となることができる。
> 4．退職により被保険者資格を喪失した者が任意継続被保険者となるためには、資格喪失日の前日まで継続して1年以上の被保険者期間がなければならない。

解答と解説

1．不適切。一般保険料率は都道府県により異なるが、介護保険料率は全国一律である。

2．適切。

3．不適切。退職により被保険者資格を喪失した者は、所定の要件を満たせば、最長で2年間、任意継続被保険者となることができる。

4．不適切。退職により被保険者資格を喪失した者が任意継続被保険者となるためには、資格喪失日の前日まで継続して2ヵ月以上の被保険者期間がなければならない。

正解 2

A-24

公的年金（1）

> **在職老齢年金に関する次の記述のうち、最も適切なものはどれか。**
>
> 1. 在職老齢年金の仕組みにおいて、支給停止調整額は、受給権者が65歳未満の場合と65歳以上の場合とでは異なっている。
> 2. 在職老齢年金の仕組みにより老齢厚生年金の全部が支給停止される場合、老齢基礎年金の支給も停止される。
> 3. 65歳以上70歳未満の厚生年金保険の被保険者が受給している老齢厚生年金の年金額は、毎年9月1日を基準日として再計算され、その翌月から改定される。
> 4. 厚生年金保険の被保険者が、70歳で被保険者資格を喪失した後も引き続き厚生年金保険の適用事業所に在職する場合、総報酬月額相当額および基本月額の合計額にかかわらず、在職老齢年金の仕組みにより老齢厚生年金が支給停止となることはない。

解答と解説

1. 不適切。在職老齢年金の仕組みにおいて、支給停止調整額（2023年度：48万円、2024年度：50万円）は、受給権者の年齢にかかわらず同一となっている。
2. 不適切。在職老齢年金の仕組みにより老齢厚生年金の全部が支給停止される場合であっても、老齢基礎年金の支給が停止されることはない。
3. 適切。2022年4月より「在職定時改定」の仕組みが導入されている。
4. 不適切。厚生年金保険の被保険者が、70歳で被保険者資格を喪失した後も引き続き厚生年金保険の適用事業所に在職する場合、在職老齢年金の仕組みが適用されるため、老齢厚生年金の一部または全部が支給停止となることがある。

正解 **3**

公的年金（2）

公的年金制度の障害給付および遺族給付に関する次の記述のうち、最も不適切なものはどれか。

1．障害等級1級または2級に該当する程度の障害の状態にある障害厚生年金の受給権者が、所定の要件を満たす配偶者を有する場合、その受給権者に支給される障害厚生年金には加給年金額が加算される。

2．障害厚生年金の額を計算する際に、その計算の基礎となる被保険者期間の月数が300月に満たない場合、300月として計算する。

3．遺族基礎年金を受給することができる遺族は、国民年金の被保険者等の死亡の当時、その者によって生計を維持され、かつ、所定の要件を満たす「子のある配偶者」または「子」である。

4．遺族厚生年金の受給権者が、65歳到達日に老齢厚生年金の受給権を取得した場合、65歳以降、その者の選択によりいずれか一方の年金が支給され、他方の年金は支給停止となる。

解答と解説

1．適切。

2．適切。

3．適切。

4．不適切。遺族厚生年金の受給権者が、65歳到達日に老齢厚生年金の受給権を取得した場合、65歳以降、その者の老齢厚生年金が全額支給され、遺族厚生年金は老齢厚生年金相当が支給停止となる。

正解 4

A-26

企業年金・個人年金等

確定拠出年金に関する次の記述のうち、最も不適切なものはどれか。

1．企業型年金において、加入者が掛金を拠出することができることを規約で定める場合、加入者掛金の額は、その加入者に係る事業主掛金の額を超える額とすることができない。

2．企業型年金や確定給付企業年金等を実施していない一定規模以下の中小企業の事業主は、労使の合意かつ従業員の同意を基に、従業員が加入している個人型年金の加入者掛金に事業主掛金を上乗せして納付することができる。

3．個人型年金に加入できるのは、国内に居住する国民年金の被保険者に限られる。

4．個人型年金の加入者が60歳から老齢給付金を受給するためには、通算加入者等期間が10年以上なければならない。

解答と解説

1．適切。

2．適切。このことを「iDeCo＋（イデコプラス：中小事業主掛金納付制度）」という。

3．不適切。個人型年金に加入できるのは、国内に居住する国民年金の被保険者に限られず、海外居住者である国民年金の任意加入被保険者等も加入できる。

4．適切。

正解 3

年金と税金

> 公的年金等に係る税金に関する次の記述のうち、最も不適切なものはどれか。
>
> 1．遺族基礎年金および遺族厚生年金は、所得税の課税対象とならない。
> 2．確定拠出年金の老齢給付金は、年金として受給する場合、雑所得として所得税の課税対象となる。
> 3．老齢基礎年金および老齢厚生年金の受給者が死亡した場合、その者に支給されるべき年金給付のうち、まだ支給されていなかったもの（未支給年金）は、当該年金を受け取った遺族の一時所得として所得税の課税対象となる。
> 4．老齢基礎年金を受給権発生日から数年後に請求し、遡及してまとめて年金が支払われた場合、所得税額の計算上、その全額が、支払われた年分において収入すべき金額となる。

解答と解説

1．適切。

2．適切。なお、一時金として受給する場合は、退職所得として所得税の課税対象となる。

3．適切。

4．不適切。老齢基礎年金を受給権発生日から数年後に請求し、遡及してまとめて年金が支払われた場合、所得税額の計算上、各年分に対応する額が、それぞれの年分における収入すべき金額となる。

正解 4

A-28

ライフプラン策定上の資金計画

A銀行の住宅ローン（変動金利型）を返済中であるBさんの、別の金融機関の住宅ローンへの借換えに関する次の記述のうち、最も不適切なものはどれか。

1. 「フラット35」や「フラット50」などの住宅金融支援機構と民間金融機関が提携して提供する住宅ローンは、すべての商品が住宅取得時における利用に限定されているため、住宅ローンの借換先として選択することができない。

2. 全期間固定金利型の住宅ローンに借り換えた場合、借換後の返済期間における市中金利の上昇によって返済負担が増加することはない。

3. 住宅ローンの借換えに際して、A銀行の抵当権を抹消し、借換先の金融機関の抵当権を新たに設定する場合、登録免許税等の諸費用が必要となる。

4. A銀行の住宅ローンの借入時と比較してBさんの収入が減少し、年収に占める住宅ローンの返済額の割合が上昇している場合、住宅ローンの借換えができない場合がある。

解答と解説

1. 不適切。「フラット35」や「フラット50」などの住宅金融支援機構と民間金融機関が提携して提供する住宅ローンは、一定の要件を満たす場合、借換先として選択することができる。

2. 適切。

3. 適切。

4. 適切。住宅ローンの借換え希望時に借入者の収入が減少し、年収に占める住宅ローンの返済額の割合が上昇している場合、住宅ローンの借換えができない場合がある。

正解 1

中小法人の資金計画

下記〈A社の貸借対照表〉に関する次の記述のうち、最も不適切なものはどれか。なお、A社の売上高は年間7.5億円であるものとする。

〈A社の貸借対照表〉 （単位：百万円）

科目	金額	科目	金額
（資産の部）		（負債の部）	
流動資産		流動負債	
現金及び預金	200	買掛金	30
売掛金	20	短期借入金	170
商品	20	流動負債合計	200
流動資産合計	240	固定負債	
		固定負債合計	220
固定資産		負債合計	420
固定資産合計	360	（純資産の部）	
		株主資本	
		資本金	100
		利益剰余金	80
		純資産合計	180
資産合計	600	負債・純資産合計	600

1．A社の自己資本比率は、30％である。

2．A社の流動比率は、120％である。

3．A社の総資本回転率は、0.8回である。

4．A社の固定比率は、200％である。

解答と解説

1．適切。自己資本比率＝自己資本÷総資本（資産合計）×100＝180百万円÷600百万円×100＝30％

本問の場合、「純資産合計＝自己資本」となる。

2．適切。流動比率＝流動資産÷流動負債×100＝240百万円÷200百万円×100＝120％

3．不適切。総資本回転率＝売上高÷総資本（資産合計）7.5億円÷600百万円

$= 1.25 回$

4．適切。固定比率＝固定資産÷自己資本×100 ＝ 360百万円÷180百万円×100
$= 200％$

正解 3

A-30

✓Check! ☐☐☐
2024年1月第10問

ローンとカード

クレジットカード会社（貸金業者）が発行するクレジットカードの一般的な利用に関する次の記述のうち、最も不適切なものはどれか。

1．クレジットカードで商品を購入（ショッピング）した場合の返済方法の一つである定額リボルビング払い方式は、カード利用時に代金の支払回数を決め、利用代金をその回数で分割して支払う方法である。

2．クレジットカードで無担保借入（キャッシング）をする行為は、貸金業法上、総量規制の対象となる。

3．クレジットカード会員規約では、クレジットカードは他人へ貸与することが禁止されており、クレジットカード会員が生計を維持している親族に対しても貸与することはできない。

4．クレジットカード会員の信用情報は、クレジットカード会社が加盟する指定信用情報機関により管理されており、会員は自己の信用情報について所定の手続きにより開示請求をすることができる。

解答と解説

1．不適切。定額リボルビング払い方式は、利用金額にかかわらず、毎月固定の返済額を決めて、利用代金を支払う方法である。本肢の説明は、分割払いに関する説明である。

2．適切。なお、貸金業法上の総量規制とは、個人に対して年収の3分の1を超える貸付けをしてはならないという規制である。

3．適切。

4．適切。

正解 1

第 2 章

B

リスク管理

生命保険（1）

> 　生命保険の保険料等の一般的な仕組みに関する次の記述のうち、最も不適切なものはどれか。
> 1．収支相等の原則は、保険会社が受け取る保険料等の総額が、保険会社が支払う保険金等の総額と等しくなるように保険料を算定する原則をいう。
> 2．保険料のうち、将来の保険金等の支払財源となる純保険料は、予定死亡率に基づいて計算され、保険会社が保険契約を維持・管理していくために必要な経費等の財源となる付加保険料は、予定利率および予定事業費率に基づいて計算される。
> 3．終身保険について、保険料の算定に用いられる予定利率が引き上げられた場合、新規契約の保険料は安くなる。
> 4．保険会社が実際に要した事業費が、保険料を算定する際に見込んでいた事業費よりも少なかった場合、費差益が生じる。

解答と解説

1．適切。

2．不適切。将来の保険金等の支払財源となる純保険料は、予定死亡率および予定利率に基づいて計算され、保険会社が保険契約を維持・管理していくために必要な経費等の財源となる付加保険料は、予定事業費率に基づいて計算される。

3．適切。予定利率が引き上げられた場合、予定利率による保険料の割引率が高くなるため、貯蓄性の保険である終身保険の新規契約の保険料は安くなる。

4．適切。

正解　2

生命保険（２）

> 生命保険の一般的な商品性に関する次の記述のうち、最も不適切なものは
> どれか。なお、特約については考慮しないものとする。
>
> １．変額保険（終身型）では、契約時に定めた保険金額（基本保険金額）は
> 保証されておらず、運用実績によっては、死亡保険金額が基本保険金額を
> 下回る。
>
> ２．特定（三大）疾病保障定期保険では、がん、急性心筋梗塞、脳卒中以外
> で被保険者が死亡した場合でも死亡保険金が支払われる。
>
> ３．収入保障保険の死亡保険金を一時金で受け取る場合の受取額は、年金形
> 式で受け取る場合の受取総額よりも少ない。
>
> ４．低解約返戻金型終身保険では、他の契約条件が同一で低解約返戻金型で
> はない終身保険と比較して、保険料払込期間中の解約返戻金額が低く抑え
> られており、割安な保険料が設定されている。

解答と解説

１．不適切。変額保険（終身型）では、死亡保険金額は運用実績によって変動す
るが、契約時に定めた保険金額（基本保険金額）が保証されている。なお、解
約返戻金額に保証はない。

２．適切。なお、がん、急性心筋梗塞、脳卒中により所定の状態となった場合に
は、特定（三大）疾病保険金が支払われ、その後に死亡しても死亡保険金は支
払われない。

３．適切。

４．適切。

正解　1

生命保険（3）

> 　外貨建て生命保険の一般的な商品性に関する次の記述のうち、最も適切なものはどれか。なお、記載のない特約については考慮しないものとする。
>
> 1．外貨建て生命保険は、米ドル・豪ドル・ユーロなどの外貨で保険料を払い込んで円貨で保険金等を受け取る保険であり、終身保険のほか、養老保険や個人年金保険などがある。
> 2．外貨建て終身保険は、円貨建ての終身保険と異なり、支払った保険料が生命保険料控除の対象とならない。
> 3．外貨建て終身保険は、契約時に円換算支払特約を付加すれば、契約時の為替相場で円換算した死亡保険金を受け取ることができる。
> 4．MVA（市場価格調整）機能を有する外貨建て生命保険は、市場金利に応じた運用資産の価格変動に伴い、解約時の解約返戻金額が増減する。

解答と解説

1．不適切。外貨建て生命保険は、外貨で保険料を払い込んで外貨で保険金等を受け取る保険である。ただし、円換算特約を付加した場合、金銭の授受は円貨で行う。

2．不適切。外貨建て終身保険は、円貨建ての終身保険と同じく、支払った保険料は生命保険料控除の対象となる。

3．不適切。外貨建て終身保険は、契約時に円換算支払特約を付加した場合、死亡保険金支払時の為替相場で円換算した死亡保険金を受け取ることができる。

4．適切。MVA（市場価格調整）機能を有する外貨建て生命保険は、市場金利が上昇すると解約返戻金が減少し、市場金利が低下すると解約返戻金が増加する。

正解 4

生命保険（4）

> 　2012年1月1日以後に締結された生命保険契約の保険料に係る生命保険料控除に関する次の記述のうち、最も不適切なものはどれか。
>
> 1．終身保険の月払保険料のうち、2023年1月に払い込まれた2022年12月分の保険料は、2023年分の一般の生命保険料控除の対象となる。
> 2．変額個人年金保険の保険料は、個人年金保険料控除の対象とはならず、一般の生命保険料控除の対象となる。
> 3．終身保険の保険料について、自動振替貸付により払込みに充当された金額は、貸し付けられた年分の一般の生命保険料控除の対象とはならず、返済した年分の一般の生命保険料控除の対象となる。
> 4．終身保険に付加された傷害特約の保険料は、介護医療保険料控除の対象とならない。

解答と解説

1．適切。月払い保険料については、払い込んだ年分の生命保険料控除の対象となる。

2．適切。

3．不適切。自動振替貸付により払込みに充当された金額は、貸し付けられた年分の生命保険料控除の対象となる。

4．適切。傷害特約のように、身体の傷害のみに起因して保険金が支払われる契約に係る保険料は、生命保険料控除の対象とならない。

正解 3

損害保険（1）

　法人を契約者（＝保険料負担者）とする生命保険等に係る保険料の経理処理に関する次の記述のうち、最も不適切なものはどれか。なお、いずれの保険契約も保険料は年払いかつ全期払いで、2022年10月に締結したものとする。

1. 被保険者が役員・従業員全員、死亡保険金受取人および満期保険金受取人が法人である養老保険の支払保険料は、その全額を資産に計上する。

2. 被保険者が役員、死亡保険金受取人が法人である終身保険の支払保険料は、その全額を損金の額に算入することができる。

3. 被保険者が役員、給付金受取人が法人である解約返戻金のない医療保険の支払保険料は、その全額を損金の額に算入することができる。

4. 被保険者が役員、死亡保険金受取人が法人で、最高解約返戻率が60％である定期保険（保険期間30年、年払保険料100万円）の支払保険料は、保険期間の前半4割相当期間においては、その40％相当額を資産に計上し、残額を損金の額に算入することができる。

解答と解説

1. 適切。

2. 不適切。被保険者が役員、死亡保険金受取人が法人である終身保険の支払保険料は、その全額を資産に計上する。

3. 適切。

4. 適切。被保険者が役員、死亡保険金受取人が法人で、最高解約返戻率が50％超70％以下である定期保険（保険期間3年以上、年払保険料30万円超）の支払保険料は、保険期間の前半4割相当期間においては、その40％相当額を資産に計上し、残額を損金の額に算入することができる。

正解　2

損害保険（2）

> 　住宅用建物および家財を保険の対象とする火災保険の一般的な商品性に関する次の記述のうち、最も不適切なものはどれか。なお、特約については考慮しないものとする。
>
> 1．消防活動により自宅建物に収容している家財に生じた水濡れによる損害は、補償の対象とならない。
>
> 2．落雷により自宅建物に収容している家財に生じた損害は、補償の対象となる。
>
> 3．経年劣化による腐食で自宅建物に生じた損害は、補償の対象とならない。
>
> 4．竜巻により自宅建物に生じた損害は、補償の対象となる。

解答と解説

1．不適切。消防活動により自宅建物に収容している家財に生じた水濡れによる損害は、火災保険の補償の対象となる。

2．適切。

3．適切。

4．適切。竜巻などの風災により生じた損害は、火災保険の補償の対象となる。

正解　**1**

損害保険（3）

> 任意加入の自動車保険の一般的な商品性に関する次の記述のうち、最も不適切なものはどれか。なお、特約については考慮しないものとする。
>
> 1．駐車中の被保険自動車が当て逃げにより損害を被った場合、当て逃げの相手が判明しなくても、その損害は一般条件の車両保険の補償の対象となる。
>
> 2．被保険自動車が地震を原因とする津波により水没した場合、その損害は一般条件の車両保険の補償の対象となる。
>
> 3．被保険自動車を運転中に、誤って店舗建物に衝突して損壊させ、当該建物自体の損害に加え、建物の修理期間中の休業により発生した損害（休業損害）について法律上の損害賠償責任を負った場合、それらの損害は対物賠償保険の補償の対象となる。
>
> 4．被保険自動車の運転中に、誤って兄の所有する自宅の車庫に衝突して損壊させ、法律上の損害賠償責任を負った場合、その損害は対物賠償保険の補償の対象となる。

解答と解説

1．適切。被保険自動車が当て逃げにより損害を被った場合、一般条件の車両保険の補償の対象となる。

2．不適切。一般条件の車両保険では、特約を付帯しない場合、地震・噴火・津波を原因とする損害は補償の対象とならない。

3．適切。

4．適切。対物賠償保険では、本人・配偶者・子・父母が所有する物を損壊させた場合、補償の対象とならない。したがって、兄弟姉妹が所有する物は補償の対象である。

正解　2

損害保険（4）

> 個人を契約者（＝保険料負担者）および被保険者とする損害保険等の税金に関する次の記述のうち、最も適切なものはどれか。
>
> 1．病気で入院したことにより契約者が所得補償保険から受け取る保険金は、所得税の課税対象となる。
>
> 2．水災で家財に損害が生じたことにより契約者が火災保険から受け取る保険金は、その保険金で新たに同等の家財を購入しない場合、所得税の課税対象となる。
>
> 3．契約者が被保険自動車の運転中の交通事故により死亡し、契約者の配偶者が自動車保険の搭乗者傷害保険から受け取る死亡保険金は、相続税の課税対象となる。
>
> 4．自宅建物が全焼したことにより契約者が火災保険から受け取る保険金の額が、当該建物の時価額より多い場合、保険金の額と当該建物の時価額との差額が所得税の課税対象となる。

解答と解説

1．不適切。被保険者が所得補償保険から受け取る保険金は、非課税となる。

2．不適切。契約者が火災保険から受け取る保険金は、代替資産の購入の有無にかかわらず、非課税となる。

3．適切。契約者と被保険者が同一人である場合の死亡保険金は、相続税の課税対象となる。

4．不適切。契約者が火災保険から受け取る保険金は、その全額が非課税となる。

/正解 3

第三分野の保険

第三分野の保険の一般的な商品性に関する次の記述のうち、最も不適切なものはどれか。なお、記載のない特約については考慮しないものとする。

1. 所得補償保険では、ケガや病気によって就業不能となった場合であっても、所定の医療機関に入院しなければ、補償の対象とならない。
2. 先進医療特約で先進医療給付金の支払対象とされている先進医療は、療養を受けた時点において厚生労働大臣によって定められたものである。
3. 限定告知型の医療保険では、他の契約条件が同一で限定告知型ではない医療保険と比較して、割高な保険料が設定されている。
4. がん保険では、90日間または3ヵ月間の免責期間が設けられており、その期間中にがんと診断されても、がん診断給付金は支払われない。

解答と解説

1. 不適切。所得補償保険では、ケガや病気によって就業不能となった場合に、入院の有無にかかわらず補償の対象となる。
2. 適切。
3. 適切。限定告知型の医療保険は、告知する項目が限定されているため、健康上の理由で通常の医療保険に加入できない人でも加入できるが、割高な保険料が設定されている。
4. 適切。

正解 **1**

リスク管理と保険

> 損害保険を利用した家庭のリスク管理に関する次の記述のうち、最も不適切なものはどれか。なお、契約者（＝保険料負担者）は会社員の個人であるものとする。
>
> 1. 国内旅行中の食事が原因で細菌性食中毒を発症するリスクに備えて、国内旅行傷害保険を契約した。
> 2. 同居の子が自転車で通学中に他人に接触してケガをさせ、法律上の損害賠償責任を負うリスクに備えて、火災保険の加入時に個人賠償責任補償特約を付帯した。
> 3. 地震により発生した火災で自宅建物が焼失するリスクに備えて、住宅建物を保険の対象とする火災保険に地震保険を付帯して契約した。
> 4. 自宅の車庫に保管している自動車が火災で損害を被るリスクに備えて、家財を保険の対象とする火災保険を契約した。

解答と解説

1. 適切。国内旅行傷害保険では、細菌性食中毒は補償の対象となる。
2. 適切。個人賠償責任補償特約では、契約者（記名被保険者）と生計を一にする同居親族は被保険者に含まれる。また、自転車事故による賠償事故は、補償の対象である。
3. 適切。地震・噴火・津波による損害を補償するためには、火災保険に地震保険を付帯する必要がある。
4. 不適切。家財を保険の対象とする火災保険では、自動車は家財に含まれないため、自動車が火災で損害を被る被害は補償の対象とならない。なお、車両保険において補償の対象となる。

正解 4

生命保険（1）

> **少額短期保険に関する次の記述のうち、最も適切なものはどれか。**
>
> 1．少額短期保険業者と締結した保険契約は、保険法の適用対象となる。
>
> 2．少額短期保険業者が取り扱う保険契約は、生命保険契約者保護機構または損害保険契約者保護機構の保護の対象となる。
>
> 3．少額短期保険の保険料は、保障内容に応じて、所得税の生命保険料控除または地震保険料控除の対象となる。
>
> 4．少額短期保険の保険期間は、損害保険では1年、生命保険および傷害疾病保険では2年が上限である。

解答と解説

1．適切。

2．不適切。少額短期保険業者が取り扱う保険契約は、生命保険契約者保護機構または損害保険契約者保護機構の保護の対象とならない。

3．不適切。少額短期保険の保険料は、保障（補償）内容にかかわらず、所得税の生命保険料控除または地震保険料控除の対象とならない。

4．不適切。少額短期保険の保険期間は、損害保険では2年、生命保険および傷害疾病保険では1年が上限である。

正解　**1**

生命保険（2）

> 生命保険の一般的な商品性に関する次の記述のうち、最も不適切なものはどれか。なお、記載のない特約については考慮しないものとする。
>
> 1．養老保険では、保険金の支払事由が発生せずに保険期間満了となった場合、死亡・高度障害保険金と同額の満期保険金を受け取ることができる。
>
> 2．定期保険特約付終身保険では、定期保険特約の保険金額を同額で更新した場合、更新後の保険料は更新前の保険料に比べて高くなる。
>
> 3．外貨建て個人年金保険では、年金を円貨で受け取る場合、外貨と円貨との為替レートの変動により、年金受取総額が払込保険料相当額を下回ることがある。
>
> 4．こども保険（学資保険）では、契約者が死亡した場合、あらかじめ指定された受取人に死亡給付金が支払われる。

解答と解説

1．適切。

2．適切。更新後の定期保険特約の保険料は、更新時の保険年齢および保険料率で再計算され、一般に更新前の保険料と比べて、更新後の保険料は高くなる。

3．適切。外貨建て個人年金保険では、年金を円貨で受け取る場合、為替レートの変動により、年金受取総額が払込保険料相当額を下回ることがある。

4．不適切。こども保険（学資保険）では、契約者が死亡した場合、死亡後の保険料払込みが免除され、一般に、死亡給付金が支払われることはなく保険契約は継続する。

正解 4

生命保険（3）

> 個人年金保険の一般的な商品性に関する次の記述のうち、最も不適切なものはどれか。
>
> 1．確定年金では、年金受取開始日前に被保険者が死亡した場合、死亡給付金受取人が契約時に定められた年金受取総額と同額の死亡給付金を受け取ることができる。
>
> 2．10年保証期間付終身年金では、被保険者の性別以外の契約条件が同一である場合、保険料は女性の方が男性よりも高くなる。
>
> 3．変額個人年金保険では、特別勘定における運用実績によって、将来受け取る年金額や解約返戻金額が変動する。
>
> 4．外貨建て個人年金保険では、円換算支払特約を付加することで、年金や解約返戻金、死亡給付金を円貨で受け取ることができる。

解答と解説

1．不適切。確定年金では、年金受取開始日前に被保険者が死亡した場合、一般に、死亡給付金受取人が既払込保険料相当額（または年金原資相当額）の死亡給付金を受け取ることができるが、いずれも年金受取総額より少ない額となる。

2．適切。10年保証期間付終身年金では、被保険者の性別以外の契約条件が同一である場合、女性の方が男性より余命年数が長いことから、保険料は女性の方が男性よりも高くなる。

3．適切。

4．適切。

正解　1

生命保険（4）

> 　総合福祉団体定期保険の一般的な商品性に関する次の記述のうち、最も不適切なものはどれか。なお、契約者は法人であるものとする。
>
> 1．契約の締結には、被保険者になることについての加入予定者の同意が必要である。
> 2．保険期間は、1年から5年の範囲内で、被保険者ごとに設定することができる。
> 3．法人が負担した保険料は、その全額を損金の額に算入することができる。
> 4．ヒューマン・ヴァリュー特約を付加した場合、当該特約の死亡保険金受取人は法人となる。

解答と解説

1．適切。被保険者になることの同意がないときは、被保険者となることができない。
2．不適切。保険期間は、1年である。
3．適切。
4．適切。ヒューマン・ヴァリュー特約の死亡保険金受取人は、法人に限定される。

正解　2

生命保険（5）

生命保険料控除に関する次の記述のうち、最も適切なものはどれか。なお、各選択肢において、ほかに必要とされる要件等はすべて満たしているものとする。

1．2012年1月1日以後に締結した生命保険契約に付加された傷害特約の保険料は、生命保険料控除の対象となる。

2．2012年1月1日以後に締結した生命保険契約の保険料は、一般の生命保険料または個人年金保険料のうち、いずれか1つに区分される。

3．住宅ローンの借入れの際に加入した団体信用生命保険の保険料は、一般の生命保険料控除の対象となる。

4．終身保険の月払保険料のうち、2024年1月に払い込まれた2023年12月分の保険料は、2024年分の生命保険料控除の対象となる。

解答と解説

以下の解説では、2012年1月1日以降に締結した生命保険契約に係る生命保険料控除を「新制度」と表記している。

1．不適切。新制度における生命保険契約に付加された傷害特約の保険料は、生命保険料控除の対象とならない。

2．不適切。一定の要件を満たす新制度における生命保険契約の保険料は、一般の生命保険料、個人年金保険料および介護医療保険料のいずれか1つに区分される。

3．不適切。団体信用生命保険の保険料は、保険金受取人が金融機関であることから生命保険料控除の対象とならない。

4．適切。終身保険の月払（年払を含む）保険料は、払い込まれた月（2024年1月）に対応する年分（2024年分）の生命保険料控除の対象となる。

正解 4

生命保険（6）

　　生命保険の税金に関する次の記述のうち、最も不適切なものはどれか。な
お、いずれも契約者（＝保険料負担者）および保険金受取人は個人であるも
のとする。

1. 契約者と被保険者が同一人である養老保険において、被保険者の相続人
　 ではない者が受け取った死亡保険金は、相続税の課税対象となる。
2. 契約者と被保険者が同一人である終身保険において、被保険者がリビン
　 グ・ニーズ特約に基づいて受け取る特約保険金は、非課税となる。
3. 契約者と年金受取人が同一人である個人年金保険において、年金受取人
　 が毎年受け取る年金は、所得税における公的年金等控除の対象となる。
4. 契約から10年を経過した一時払養老保険を解約して契約者が受け取る
　 解約返戻金は、所得税において総合課税の対象となる。

解答と解説

1. 適切。被保険者の相続人ではない者が受け取った死亡保険金であっても、相
　 続税の課税対象となる。ただし、死亡保険金の非課税金額の適用を受けること
　 はできない。
2. 適切。
3. 不適切。個人年金保険において、年金受取人が毎年受け取る年金は、公的年
　 金等の雑所得には該当しないため、公的年金等控除の対象とはならない。
4. 適切。なお、一時払養老保険を5年以内に解約して契約者が受け取る解約返
　 戻金（保険差益）は、金融類似商品として源泉分離課税の対象となる。

/正解　3

損害保険（1）

> 　任意加入の自動車保険の一般的な商品性に関する次の記述のうち、最も不適切なものはどれか。
>
> 1．被保険者が被保険自動車を運転中に、車庫入れを誘導していた運転者の同居の父親に誤って接触してケガをさせた場合、対人賠償保険の補償の対象となる。
> 2．被保険者が被保険自動車を運転中に、対人事故を起こして法律上の損害賠償責任を負った場合、自動車損害賠償責任保険等によって補償される部分を除いた額が、対人賠償保険の補償の対象となる。
> 3．被保険者が被保険自動車を運転中に、交通事故を起こして被保険者がケガをした場合、その損害額のうち、被保険者の過失割合に相当する部分についても人身傷害保険の補償の対象となる。
> 4．被保険者が被保険自動車を運転中に、ハンドル操作を誤って飲食店に衝突して損害を与えた場合、店舗を修復する期間の休業損害は対物賠償保険の補償の対象となる。

解答と解説

1．不適切。被保険者の父母・配偶者・子は、対人賠償保険の補償の対象とならない。

2．適切。

3．適切。

4．適切。

正解　1

損害保険（2）

> 　個人を契約者（＝保険料負担者）および被保険者とする損害保険の税金に関する次の記述のうち、最も不適切なものはどれか。
>
> 1．業務中のケガで入院したことにより契約者が受け取る傷害保険の入院保険金は、非課税となる。
> 2．契約者が不慮の事故で死亡したことにより契約者の配偶者が受け取る傷害保険の死亡保険金は、相続税の課税対象となる。
> 3．被保険自動車を運転中に自損事故を起こしたことにより契約者が受け取る自動車保険の車両保険金は、当該車両の修理をしない場合、所得税の課税対象となる。
> 4．自宅が火災で焼失したことにより契約者が受け取る火災保険の保険金は、非課税となる。

解答と解説

1．適切。

2．適切。

3．不適切。被保険自動車を運転中に自損事故を起こしたことにより契約者が受け取る自動車保険の車両保険金は、当該車両の修理をしない場合であっても、非課税となる。

4．適切。

正解　3

第三分野の保険

> 第三分野の保険の一般的な商品性に関する次の記述のうち、最も不適切なものはどれか。
>
> 1. 生命保険会社が取り扱う介護保険は、公的介護保険の加入年齢である40歳から加入可能となり、保険期間は65歳までとされる。
> 2. 医療保険では、人間ドック等の治療を目的としない入院をし、異常が発見されなかった場合、入院給付金は支払われない。
> 3. 先進医療特約で先進医療給付金の支払対象とされている先進医療は、療養を受けた時点において厚生労働大臣によって定められたものである。
> 4. がん保険では、被保険者ががんで入院したことにより受け取る入院給付金について、1回の入院での支払日数に制限はない。

解答と解説

1. 不適切。生命保険会社が取り扱う介護保険の加入可能年齢は、一般に、公的介護保険と連動しておらず、生命保険会社ごとの商品により異なる。
2. 適切。
3. 適切。
4. 適切。がん保険では、一般に、被保険者ががんで入院したことにより受け取る入院給付金について、1回の入院での支払日数に制限が設けられていない。

正解　**1**

リスク管理と保険

　損害保険を利用した事業活動のリスク管理に関する次の記述のうち、最も不適切なものはどれか。

1．家庭用品を製造する事業者が、製造した製品が原因で、当該製品を使用した顧客がケガをして法律上の損害賠償責任を負うリスクに備えて、生産物賠償責任保険（PL保険）を契約した。

2．ボウリング場を経営する事業者が、施設の管理不備により、来場者がケガをして法律上の損害賠償責任を負うリスクに備えて、施設所有（管理）者賠償責任保険を契約した。

3．建設業を営む事業者が、従業員が業務中の事故によりケガをする場合に備えて、労働者災害補償保険（政府労災保険）の上乗せとして労働災害総合保険（法定外補償）を契約した。

4．事業用ビルの賃貸業を営む事業者が、賃貸ビルに設置した機械設備が火災により損害を被る場合に備えて、機械保険を契約した。

解答と解説

1．適切。

2．適切。

3．適切。

4．不適切。機械保険は、不測かつ突発的な事故により、機械設備等に生じた損害等を補償するものであり、火災による機械設備の損害は補償されない。

正解 4

保険制度全般

> **保険法に関する次の記述のうち、最も不適切なものはどれか。**
> 1．保険金受取人の変更は、遺言によってもすることができる。
> 2．死亡保険契約の保険契約者または保険金受取人が、死亡保険金を受け取ることを目的として被保険者を故意に死亡させ、または死亡させようとした場合、保険会社は当該保険契約を解除することができる。
> 3．死亡保険契約において、保険契約者と被保険者が離婚し、被保険者が当該保険契約に係る同意をするに当たって基礎とした事情が著しく変更した場合、被保険者は保険契約者に対して当該保険契約を解除することを請求することができる。
> 4．生命保険契約の締結に際し、保険契約者または被保険者になる者は、保険会社から告知を求められた事項以外の保険事故の発生の可能性に関する重要な事項について、自発的に判断して事実の告知をしなければならない。

解答と解説

1．適切。

2．適切。

3．適切。

4．不適切。生命保険契約の締結に際し、保険契約者または被保険者になる者は、保険会社から告知を求められた事項について告知すればよく、自発的に判断して事実の告知をする必要はない。

正解 4

生命保険（1）

> 　生命保険の一般的な商品性に関する次の記述のうち、最も不適切なものは
> どれか。なお、特約については考慮しないものとする。
> 1．外貨建て終身保険では、死亡保険金を円貨で受け取る場合、受け取る金
> 　額は為替相場によって変動する。
> 2．変額保険（終身型）では、資産の運用実績に応じて死亡保険金額が変動
> 　するが、契約時に定めた保険金額（基本保険金額）は保証される。
> 3．こども保険（学資保険）では、契約者（＝保険料負担者）が死亡した場
> 　合であっても、保険契約は継続し、被保険者である子の成長に合わせて祝
> 　金（学資金）等を受け取ることができる。
> 4．低解約返戻金型終身保険では、他の契約条件が同一であれば、低解約返
> 　戻金型ではない終身保険と比較して、保険料払込期間満了後も解約返戻金
> 　額が低く設定されている。

解答と解説

1．適切。

2．適切。

3．適切。契約者（＝保険料負担者）が死亡した場合、以降の保険料支払いは免
　除される。

4．不適切。低解約返戻金型終身保険では、他の契約条件が同一であれば、低解
　約返戻金型ではない終身保険と比較して、保険料払込期間中は解約返戻金額が
　低く設定されているが、保険料払込間満了後は解約返戻金が通常の終身保険と
　同程度となるように設定されている。

正解　4

生命保険（2）

> 総合福祉団体定期保険および団体定期保険（Bグループ保険）の一般的な商品性に関する次の記述のうち、**最も不適切なもの**はどれか。
>
> 1．総合福祉団体定期保険は、企業（団体）が保険料を負担し、従業員等を被保険者とする1年更新の定期保険である。
>
> 2．総合福祉団体定期保険のヒューマン・ヴァリュー特約では、被保険者である従業員等が不慮の事故によって身体に障害を受けた場合や傷害の治療を目的として入院した場合に、所定の保険金が従業員等に支払われる。
>
> 3．団体定期保険（Bグループ保険）は、従業員等が任意に加入する1年更新の定期保険であり、毎年、保険金額を所定の範囲内で見直すことができる。
>
> 4．団体定期保険（Bグループ保険）の加入に際して、医師の診査は不要である。

解答と解説

1．適切。

2．不適切。本肢の記述は、総合福祉団体定期保険の災害総合特約に関する説明である。ヒューマン・ヴァリュー特約は、被保険者である従業員等が死亡した場合の、代替雇用者の採用・育成費用の財源確保を目的としたもので、死亡保険金が企業（団体）に支払われる。

3．適切。

4．適切。団体定期保険（Bグループ保険）の加入に際して、医師の診査は不要であるが、一般に告知は必要である。

正解 2

生命保険（3）

　　個人年金保険の税金に関する次の記述のうち、最も適切なものはどれか。なお、いずれも契約者（＝保険料負担者）および年金受取人は同一人であり、個人であるものとする。

1．個人年金保険の年金に係る雑所得の金額は、その年金額から、その年金額に対応する払込保険料および公的年金等控除額を差し引いて算出する。

2．個人年金保険の年金に係る雑所得の金額が25万円以上である場合、その年金の支払時に当該金額の20.315％相当額が源泉徴収等される。

3．個人年金保険（10年確定年金）において、年金受取人が年金受取開始日後に将来の年金給付の総額に代えて受け取った一時金は、一時所得として所得税の課税対象となる。

4．個人年金保険（保証期間付終身年金）において、保証期間中に年金受取人が死亡して遺族が取得した残りの保証期間の年金受給権は、雑所得として所得税の課税対象となる。

解答と解説

1．不適切。個人年金保険の年金に係る雑所得の金額は、公的年金等控除額は差し引くことはでず、その年金額から、その年金額に対応する払込保険料を差し引いて算出する。

2．不適切。個人年金保険の年金に係る雑所得の金額が25万円以上である場合、その年金の支払時に当該金額の10.21％相当額が源泉徴収等される。

3．適切。

4．不適切。個人年金保険（保証期間付終身年金）において、保証期間中に年金受取人が死亡して遺族が取得した残りの保証期間の年金受給権は、相続税の課税対象となる。

正解 3

生命保険（4）

> 　契約者（＝保険料負担者）を法人とする生命保険に係る保険料等の経理処理に関する次の記述のうち、最も不適切なものはどれか。なお、いずれの保険契約も保険料は年払いかつ全期払いで、2023年10月に締結したものとする。
>
> １．被保険者が役員、死亡保険金受取人が法人である終身保険の支払保険料は、その全額を資産に計上する。
>
> ２．被保険者が役員・従業員全員、死亡保険金受取人が被保険者の遺族、満期保険金受取人が法人である養老保険の支払保険料は、その全額を損金の額に算入することができる。
>
> ３．被保険者が役員・従業員全員、給付金受取人が法人である医療保険について、法人が受け取った入院給付金および手術給付金は、その全額を益金の額に算入する。
>
> ４．被保険者が役員、死亡保険金受取人が法人で、最高解約返戻率が80％である定期保険（保険期間30年）の支払保険料は、保険期間の前半４割相当期間においては、その60％相当額を資産に計上し、残額を損金の額に算入することができる。

解答と解説

１．適切。

２．不適切。被保険者が役員・従業員全員、死亡保険金受取人が被保険者の遺族、満期保険金受取人が法人である養老保険の支払保険料は、普遍的加入等の要件を満たす場合、その２分の１を資産、残りの２分の１を損金の額に算入することができる。

３．適切。

４．適切。被保険者が役員、死亡保険金受取人が法人で、最高解約返戻率が70％超85％以下である定期保険（保険期間３年以上）の支払保険料は、保険期間の前半４割相当期間においては、その60％相当額を資産に計上し、残額を損金の額に算入することができる。

正解 **2**

損害保険（1）

　任意加入の自動車保険の一般的な商品性に関する次の記述のうち、最も不適切なものはどれか。なお、記載のない事項については考慮しないものとする。

1．自動車保険のノンフリート等級別料率制度では、人身傷害保険の保険金が支払われる場合、3等級ダウン事故となる。

2．記名被保険者が被保険自動車を運転中に、ハンドル操作を誤って散歩をしていた同居の父に接触してケガをさせた場合、対人賠償保険の補償の対象とならない。

3．台風による高潮で被保険自動車に損害が生じた場合、一般条件の車両保険の補償の対象となる。

4．記名被保険者が被保険自動車を運転中に対人事故を起こし、法律上の損害賠償責任を負担する場合、自動車損害賠償責任保険等により補償される部分を除いた額が、対人賠償保険の補償の対象となる。

解答と解説

1．不適切。自動車保険のノンフリート等級別料率制度では、人身傷害保険の保険金のみが支払われる場合、ノーカウント事故となる。なお、対人賠償保険や対物賠償保険から保険金が支払われる場合、3等級ダウン事故となる。

2．適切。記名被保険者の配偶者、父母、子については、対人賠償保険の補償の対象とならない。

3．適切。

4．適切。

正解　1

損害保険（2）

> 　傷害保険の一般的な商品性に関する次の記述のうち、最も不適切なものは
> どれか。なお、特約については考慮しないものとする。
>
> １．普通傷害保険では、海外旅行中に転倒したことによるケガは補償の対象
> 　とならない。
>
> ２．家族傷害保険では、保険期間中に誕生した契約者（＝被保険者本人）の
> 　子は被保険者となる。
>
> ３．海外旅行傷害保険では、海外旅行中に罹患したウイルス性食中毒は補償
> 　の対象となる。
>
> ４．国内旅行傷害保険では、国内旅行中に発生した地震および地震を原因と
> 　する津波によるケガは補償の対象とならない。

解答と解説

１．不適切。普通傷害保険では、国内外を問わず転倒したことによるケガを補償
　の対象とする。

２．適切。家族傷害保険では、保険事故発生時における契約者（＝被保険者本
　人）の所定の家族を被保険者として傷害を補償する。したがって、保険期間中
　に誕生した契約者（＝被保険者本人）の子は被保険者となる。

３．適切。

４．適切。なお、海外旅行傷害保険では、海外旅行中に発生した地震および地震
　を原因とする津波によるケガは補償の対象となる。

正解　1

損害保険（3）

　契約者（＝保険料負担者）を法人、被保険者を従業員とする損害保険に係る保険金の経理処理に関する次の記述のうち、最も適切なものはどれか。

1．業務中の事故によるケガが原因で入院をした従業員が、普通傷害保険の入院保険金を保険会社から直接受け取った場合、法人は当該保険金相当額を益金の額に算入する。

2．業務中の事故で従業員が死亡したことにより、法人が普通傷害保険の死亡保険金を受け取った場合、法人は当該保険金相当額を益金の額に算入する。

3．従業員が法人の所有する自動車で対人事故を起こし、その相手方に保険会社から自動車保険の対人賠償保険の保険金が直接支払われた場合、法人は当該保険金相当額を益金の額に算入する。

4．従業員が法人の所有する自動車で交通事故を起こし、法人が、当該車両が全損したことにより受け取った自動車保険の車両保険の保険金で業務用機械設備を取得した場合、圧縮記帳が認められる。

解答と解説

1．不適切。業務中の事故によるケガが原因で入院をした従業員が、普通傷害保険の入院保険金を保険会社から直接受け取った場合、法人の経理処理は不要である。

2．適切。

3．不適切。従業員が法人の所有する自動車で対人事故を起こし、その相手方に保険会社から自動車保険の対人賠償保険の保険金が直接支払われた場合、法人の経理処理は不要である。

4．不適切。法人が、車両が全損したことにより受け取った自動車保険の車両保険の保険金で取得した資産の種類が異なる場合、圧縮記帳は認められない。

正解　2

第三分野の保険

> 　第三分野の保険の一般的な商品性に関する次の記述のうち、最も適切なものはどれか。なお、記載のない特約については考慮しないものとする。
>
> 1．所得補償保険では、勤務先企業の倒産によって失業した場合、保険金は支払われない。
> 2．更新型の医療保険では、保険期間中に入院給付金を受け取った場合、保険契約を更新することができない。
> 3．先進医療特約では、契約時点において先進医療に該当していた治療であれば、療養を受けた時点において先進医療に該当しない場合であっても、保険金の支払対象となる。
> 4．がん保険では、通常、180日間または6ヵ月間の免責期間が設けられている。

解答と解説

1．適切。所得補償保険とは、病気やケガにより仕事ができないばあいの所得を補償する保険である。

2．不適切。更新型の医療保険では、保険期間中に入院給付金を受け取った場合であっても、保険契約を更新することができる。

3．不適切。先進医療特約は、療養を受けた時点において先進医療に該当しない場合は、保険金の支払対象とならない。

4．不適切。がん保険では、一般に、90日間または3ヵ月間の免責期間（待ち期間）が設けられている。

正解 1

リスク管理と保険

損害保険を活用した事業活動のリスク管理に関する次の記述のうち、最も不適切なものはどれか。

1. 生活用品を製造する事業者が、製造した製品の欠陥が原因で顧客がケガをして、法律上の損害賠償責任を負担する場合に備えて、生産物賠償責任保険（PL保険）を契約した。

2. 建設業を営む事業者が、建設中の建物が火災により損害を被る場合に備えて、建設工事保険を契約した。

3. 清掃業務を請け負っている事業者が、清掃業務中の事故により従業員がケガをして、法律上の損害賠償責任を負担する場合に備えて、請負業者賠償責任保険を契約した。

4. ボウリング場を運営する事業者が、設備の管理不備に起因する事故により顧客がケガをして、法律上の損害賠償責任を負担する場合に備えて、施設所有（管理）者賠償責任保険を契約した。

解答と解説

1. 適切。

2. 適切。建設工事保険では、建設業を営む事業者が建設中の建物に生じる損害に備える保険である。

3. 不適切。請負業者賠償責任保険は、建築や土木などの請負業者が行う業務から生じた事故による損害賠償責任を補償するもので、清掃業務を請け負っている事業者は対象とならない。

4. 適切。本肢のケースのように、業務遂行上の第三者に対する損害賠償責任を補償するためには、施設所有（管理）者賠償責任保険を契約する必要がある。

正解 **3**

C

金融資産運用

マーケット環境の理解

> 　為替相場や金利の変動要因等に関する次の記述のうち、最も不適切なものはどれか。
>
> 1．日本の物価が米国と比較して相対的に上昇することは、一般に円高米ドル安の要因となる。
>
> 2．米国が政策金利を引き上げ、日本と米国との金利差が拡大することは、一般に円安米ドル高の要因となる。
>
> 3．日本の対米貿易赤字が拡大することは、一般に円安米ドル高の要因となる。
>
> 4．日本銀行が、国債買入オペによって長期国債（利付国債）を買い入れ、金融市場に資金を供給することは、一般に市中金利の低下要因となる。

解答と解説

1．不適切。日本の物価が米国と比較して相対的に上昇することは、円の通貨価値が下落するため、一般に円安米ドル高の要因となる。

2．適切。米国が政策金利を引き上げ、日本と米国との金利差が拡大することは、円を米ドルに両替する動きが加速するため、一般に円安米ドル高の要因となる。

3．適切。輸入額が輸出額を上回ると、貿易赤字になる。輸入による代金を支払うために、円を米ドルへ交換する需要が多くなるため、一般的に円安ドル高の要因となる。

4．適切。

正解　1

投資信託

> 　株式投資信託の一般的な運用手法等に関する次の記述のうち、最も不適切なものはどれか。
>
> 1．株価が現在の資産価値や利益水準などから割安と評価される銘柄に投資する手法は、バリュー投資と呼ばれる。
> 2．個別企業の業績の調査や財務分析によって投資対象となる銘柄を選定し、その積上げによってポートフォリオを構築する手法は、ボトムアップ・アプローチと呼ばれる。
> 3．割安な銘柄の売建てと割高な銘柄の買建てをそれぞれ同程度の金額で行い、市場の価格変動に左右されない絶対的な収益の確保を目指す手法は、マーケット・ニュートラル運用と呼ばれる。
> 4．ベンチマークの動きに連動して同等の運用収益率を得ることを目指すパッシブ運用は、アクティブ運用に比べて運用コストが低い傾向がある。

第3章 C

金融資産運用

解答と解説

1．適切。

2．適切。

3．不適切。割高な銘柄の売建てと割安な銘柄の買建てをそれぞれ同程度の金額で行い、市場の価格変動に左右されない絶対的な収益の確保を目指す手法は、マーケット・ニュートラル運用と呼ばれる。マーケット・ニュートラルとは、「市場中立」という意味である。

4．適切。アクティブ運用では、ベンチマークを上回る運用収益率を得ることを目指し、経済状況や銘柄選択等に係る分析費用がかかるため、そのような分析を行わないパッシブ運用の方が運用コストは低い傾向がある。

正解 3

債券投資

　債券のデュレーションに関する次の記述の空欄（ア）、（イ）にあてはまる語句の組み合わせとして、最も適切なものはどれか。

デュレーションは、債券への投資資金の平均回収期間を表すとともに、債券投資における金利変動リスクの度合い（金利変動に対する債券価格の感応度）を表す指標としても用いられる。他の条件が同一であれば、債券の表面利率が（　ア　）ほど、また残存期間が長いほど、デュレーションは長くなる。なお、割引債券のデュレーションは、残存期間（　イ　）。

1．（ア）高い　　（イ）と等しくなる
2．（ア）低い　　（イ）よりも短くなる
3．（ア）高い　　（イ）よりも短くなる
4．（ア）低い　　（イ）と等しくなる

解答と解説

（ア）他の条件が同一であれば、債券の表面利率が<u>低い</u>ほど、また残存期間が長いほど、デュレーションは長くなる（金利変動リスクが高くなる）。

（イ）割引債券は、利子の受取りによる投資資金の回収がないため、そのデュレーションは残存期間<u>と等しくなる</u>（償還時に投資資金を回収できる）。一方、利付債券は、利子の受取りによる投資資金の回収があるため、そのデュレーションは残存期間より短くなる。

正解　4

株式投資（１）

> 東京証券取引所の市場区分等に関する次の記述のうち、最も不適切なものはどれか。
>
> １．東京証券取引所は、プライム市場、スタンダード市場、グロース市場およびTOKYO PRO Marketの４つの株式市場を開設している。
>
> ２．日経平均株価は、プライム市場に上場している銘柄のうち、時価総額上位225銘柄を対象として算出される株価指標である。
>
> ３．プライム市場における上場維持基準は、株主数や流通株式数等において、スタンダード市場およびグロース市場よりも高い数値が設定されている。
>
> ４．グロース市場に上場している銘柄であっても、プライム市場における新規上場基準等の要件を満たせば、所定の手続きにより、プライム市場に市場区分の変更をすることができる。

第3章
C

金融資産運用

解答と解説

１．適切。なお、TOKYO PRO Marketとは、プロ投資家向けの市場である。

２．不適切。日経平均株価は、プライム市場に上場している銘柄のうち、代表的な225銘柄を対象として算出される株価指標であり、業種のバランスに配慮した市場流動性の高い銘柄を対象としている。

３．適切。

４．適切。

正解 **2**

株式投資（２）

> 下記〈X社のデータ〉に基づき算出される投資指標に関する次の記述のうち、最も不適切なものはどれか。
>
> 〈X社のデータ〉
>
> | 株価 | 2,700円 |
> |---|---|
> | 発行済株式数 | 0.5億株 |
> | 売上高 | 2,000億円 |
> | 経常利益 | 120億円 |
> | 当期純利益 | 75億円 |
> | 自己資本（＝純資産） | 2,500億円 |
> | 配当金総額 | 30億円 |
>
> １．ROEは、3.75％である。
>
> ２．PERは、18倍である。
>
> ３．PBRは、0.54倍である。
>
> ４．配当性向は、40％である。

解答と解説

１．不適切。

$$\text{ROE（自己資本利益率）（\%）} = \frac{\text{当期純利益}}{\text{自己資本}} \times 100 = \frac{75\text{億円}}{2,500\text{億円}} \times 100 = 3\%$$

２．適切。

$$\text{PER（株価収益率）（倍）} = \frac{\text{株価}}{1\text{株当たり当期純利益}} = \frac{2,700\text{円}}{75\text{億円} \div 0.5\text{億株}} = 18\text{倍}$$

３．適切。

$$\text{PBR（株価純資産倍率）（倍）} = \frac{\text{株価}}{1\text{株当たり純資産}} = \frac{2,700\text{円}}{2,500\text{億円} \div 0.5\text{億株}} = 0.54\text{倍}$$

４．適切。

$$\text{配当性向（\%）} = \frac{\text{配当金総額}}{\text{当期純利益}} \times 100 = \frac{30\text{億円}}{75\text{億円}} \times 100 = 40\%$$

正解 1

株式投資（3）

> 外国株式の取引の一般的な仕組みや特徴に関する次の記述のうち、最も不適切なものはどれか。
>
> 1．国外の証券取引所に上場している外国株式を国内店頭取引により売買する場合、外国証券取引口座を開設する必要がある。
> 2．一般顧客が国内の証券会社を通じて購入した外国株式は、日本投資者保護基金による補償の対象とならない。
> 3．国内の証券取引所に上場している外国株式を国内委託取引（普通取引）により売買した場合の受渡日は、国内株式と同様に、売買の約定日から起算して3営業日目である。
> 4．外国株式については、一部銘柄を除き、金融商品取引法に基づくディスクロージャー制度の適用を受けず、同法に基づく企業内容等の開示は行われない。

第3章 C

全融資産運用

解答と解説

1．適切。

2．不適切。一般顧客が国内の証券会社を通じて購入した外国株式は、日本投資者保護基金による補償の対象となる。

3．適切。

4．適切。

正解 2

C-7

ポートフォリオ運用（1）

> ポートフォリオ理論の一般的な考え方等に関する次の記述のうち、最も不適切なものはどれか。
>
> 1．ポートフォリオ理論は、期待リターンが同じであれば、投資家はリスクのより低い投資を選好する「リスク回避者」であることを前提としている。
> 2．アセットアロケーションとは、投資資金を株式、債券、不動産等の複数の資産クラスに配分することをいう。
> 3．運用期間中、各資産クラスへの資産の配分比率を維持する方法として、値下がりした資産クラスの資産を売却し、値上がりした資産クラスの資産を購入するリバランスという方法がある。
> 4．各資産クラスのリスク量が同等になるように資産配分を行うリスクパリティ運用（戦略）では、特定の資産クラスのボラティリティが上昇した場合、当該資産クラスの資産の一部売却を行う。

解答と解説

1．適切。ポートフォリオ理論では、合理的な投資家を前提とし、期待リターンが同じであれば、リスクのより低い投資を選好する（リスク回避者）とされている。

2．適切。

3．不適切。運用期間中、各資産クラスへの資産の配分比率を維持する方法として、値上がりした資産クラスの資産を売却し、値下がりした資産クラスの資産を購入するリバランス（資産の再配分）という方法がある。

4．適切。リスクパリティ運用（戦略）では、特定の資産クラスのボラティリティ（価格変動性）が上昇した場合、当該資産クラスのリスクが上昇しているため、当該資産クラスの資産の一部売却を行う。

正解 3

ポートフォリオ運用（2）

> 　Aさんは、預金、債券、株式でポートフォリオを組んだが、その後各資産の構成比の見直しを行った。Aさんのポートフォリオが下表のとおりであった場合、Aさんの見直し前のポートフォリオの期待収益率と見直し後のポートフォリオの期待収益率の差（見直し後の期待収益率－見直し前の期待収益率）として、最も適切なものはどれか。
>
> | 資産 | 期待収益率 | 標準偏差 | 見直し前の
ポートフォリオの構成比 | 見直し後の
ポートフォリオの構成比 |
> |---|---|---|---|---|
> | 預金 | 0.1% | 0.0% | 60% | 20% |
> | 債券 | 2.0% | 3.0% | 20% | 30% |
> | 株式 | 8.0% | 20.0% | 20% | 50% |
>
> 1．0.486%
> 2．2.060%
> 3．2.560%
> 4．4.620%

解答と解説

　ポートフォリオ期待収益率は、「資産の期待収益率×ポートフォリオの構成比」を合計して求める。

①見直し前の期待収益率

　0.1%×0.6＋2.0%×0.2＋8.0%×0.2＝2.06%

②見直し後の期待収益率

　0.1%×0.2＋2.0%×0.3＋8.0%×0.5＝4.62%

③見直し前のポートフォリオの期待収益率と見直し後のポートフォリオの期待収益率の差

　①－②＝4.62%－2.06%＝2.560%

／ **正解 3**

金融商品と税金

　NISA（少額投資非課税制度）に関する次の記述のうち、最も適切なものはどれか。なお、本問においては、NISAにより投資収益が非課税となる口座をNISA口座という。

1．NISA口座で保有する上場株式の配当金を非課税扱いにするためには、配当金の受取方法として登録配当金受領口座方式を選択しなければならない。

2．NISA口座で保有する金融商品を売却することで生じた譲渡損失の金額は、確定申告を行うことにより、同一年中に特定口座や一般口座で保有する金融商品を売却することで生じた譲渡益の金額と通算することができる。

3．2023年にNISA口座を開設できるのは、国内に住所を有する者のうち、2023年1月1日現在で20歳以上の者に限られる。

4．NISA口座の開設先を現在開設している金融機関から別の金融機関に変更する場合、変更したい年分の前年の10月1日から変更したい年分の属する年の9月30日までに変更手続きを行う必要がある。

解答と解説

1．不適切。NISA口座で保有する上場株式の配当金を非課税扱いにするためには、配当金の受取方法として株式数比例配分方式を選択しなければならない。

2．不適切。NISA口座で保有する金融商品を売却することで生じた譲渡損失の金額は、他の口座で保有する金融商品を売却することで生じた譲渡益の金額と通算することはできない。

3．不適切。2023年中にNISA口座（一般NISAおよびつみたてNISA）を開設できるのは、国内に住所を有する者（居住者）のうち、1月1日現在で18歳以上の者に限られる（ジュニアNISAでは18歳未満となる）。なお、ジュニアNISAは2023年で廃止され、2024年以降の新規口座開設や新規投資はできなくなったが、18歳になるまでの間は、非課税で運用し続けることができる。

4．適切。

正解　4

関連法規

> 金融商品の取引等に係る各種法令に関する次の記述のうち、最も不適切なものはどれか。なお、本問においては、「金融サービスの提供に関する法律」を金融サービス提供法という。
>
> 1．金融サービス提供法において、金融サービス仲介業の登録を受けた事業者は、銀行業・金融商品取引業・保険業・貸金業に係る金融サービスのうち、顧客に対し高度に専門的な説明を必要とする金融サービスを仲介することが認められている。
>
> 2．金融商品取引法において、金融商品取引業者等が顧客と金融商品取引契約を締結しようとするときは、原則として、あらかじめ、重要事項を記載した契約締結前交付書面を交付することが義務付けられている。
>
> 3．大阪取引所における金、白金などのコモディティを対象とした市場デリバティブ取引は、金融商品取引法の適用対象となる。
>
> 4．消費者契約法において、消費者が事業者の一定の行為により誤認または困惑し、それによって消費者契約の申込みまたは承諾の意思表示をしたときは、消費者はこれを取り消すことができるとされている。

解答と解説

1．不適切。金融サービス提供法において、金融サービス仲介業の登録を受けた事業者であっても。顧客に対し高度に専門的な説明を必要とする金融サービスを仲介することは認められていない。なお、「金融サービスの提供に関する法律」は、2024年2月より「金融サービスの提供及び利用環境の整備等に関する法律」に改称、施行されている。

2．適切。

3．適切。いわゆる商品関連市場デリバティブ取引（大阪取引所上場の貴金属・ゴム・農産物）は、金融商品取引法の適用対象となる。

4．適切。

正解 **1**

マーケット環境の理解

> 景気動向指数および全国企業短期経済観測調査（日銀短観）に関する次の記述のうち、**最も不適切なもの**はどれか。
>
> 1．景気動向指数は、生産、雇用などさまざまな経済活動での重要かつ景気に敏感に反応する指標の動きを統合することによって作成された指標であり、ディフュージョン・インデックス（DI）を中心として公表される。
>
> 2．景気動向指数に採用されている系列は、おおむね景気の1つの山もしくは谷が経過するごとに見直しが行われている。
>
> 3．日銀短観は、日本銀行が全国約1万社の企業を対象に、四半期ごとに実施する統計調査であり、全国の企業動向を的確に把握し、金融政策の適切な運営に資することを目的としている。
>
> 4．日銀短観で公表される「業況判断DI」は、回答時点の業況とその3ヵ月後の業況予測について、「良い」と回答した企業の社数構成比から「悪い」と回答した企業の社数構成比を差し引いて算出される。

解答と解説

1．不適切。景気動向指数には、コンポジット・インデックス（CI）とディフュージョン・インデックス（DI）があるが、CIを中心として公表される。なお、CIは景気変動の大きさやテンポ（量感）を、DIは景気の各経済部門への波及の度合い（波及度）を測定することを主な目的とする。

2．適切。景気動向指数に採用されている系列（現在30系列）は、おおむね景気の山もしくは景気の谷が経過するごとに見直しが行われている。

3．適切。

4．適切。たとえば、「良い」と回答した企業の社数構成比が30％、「悪い」と回答した企業の社数構成比が20％の場合、業況判断DIは「30％－20％＝10％ポイント」となる。

正解　1

投資信託

> わが国における上場投資信託（ETF）および上場不動産投資信託（J－REIT）の特徴に関する次の記述のうち、最も適切なものはどれか。
>
> 1．ETFは、非上場の投資信託と異なり、運用管理費用（信託報酬）は発生しない。
> 2．ETFを市場で売却する際には、信託財産留保額はかからない。
> 3．J－REITの分配金は、所得税の配当控除の対象となる。
> 4．J－REITは、一般に、信託財産の解約ができるオープン・エンド型の投資信託として設定されている。

解答と解説

1．不適切。ETFは、非上場の投資信託と同じく、運用管理費用（信託報酬）が発生する。
2．適切。
3．不適切。J－REITの分配金は、総合課税を選択して確定申告をした場合であっても、所得税の配当控除の対象とならない。
4．不適切。J－REITは、一般に、信託財産の解約ができないクローズド・エンド型の投資信託として設定されている。換金したい場合には、上場されている市場で売却する。

／正解　2

債券投資

表面利率が0.5%で、償還までの残存期間が8年の固定利付債券を額面100円当たり101円で購入し、購入から5年後に額面100円当たり100円で売却した場合の所有期間利回り（単利・年率）として、最も適切なものはどれか。なお、手数料、経過利子、税金等については考慮しないものとし、計算結果は表示単位の小数点以下第3位を四捨五入するものとする。

1. 0.17%
2. 0.30%
3. 0.37%
4. 0.50%

解答と解説

所有期間利回りとは、購入した債券を償還まで保有せずに途中で売却した場合の利回りのことをいう。

$$所有期間利回り（\%）= \frac{表面利率 + \dfrac{売却価格 - 購入価格}{所有期間}}{購入価格} \times 100$$

$$= \frac{0.5円 + \dfrac{100円 - 101円}{5年}}{101円} \times 100 = 0.297\cdots \rightarrow 0.30\%$$

正解 **2**

株式投資（1）

　東京証券取引所の市場区分等に関する次の記述のうち、最も適切なものは
どれか。

1．スタンダード市場は、「多くの機関投資家の投資対象になりうる規模の
　時価総額（流動性）を持ち、より高いガバナンス水準を備え、投資者との
　建設的な対話を中心に据えて持続的な成長と中長期的な企業価値の向上に
　コミットする企業向けの市場」である。

2．プライム市場は、「高い成長可能性を実現するための事業計画及びその
　進捗の適時・適切な開示が行われ一定の市場評価が得られる一方、事業実
　績の観点から相対的にリスクが高い企業向けの市場」である。

3．スタンダード市場の上場会社がプライム市場へ市場区分の変更をするた
　めには、プライム市場の新規上場基準と同様の基準に基づく審査を受ける
　必要がある。

4．東証株価指数（TOPIX）は、プライム市場、スタンダード市場および
　グロース市場の全銘柄を対象として算出されている。

第3章 C 金融資産運用

解答と解説

1．不適切。本肢の記述は、プライム市場についての説明である。スタンダード
　市場は、「公開された市場における投資対象として一定の時価総額（流動性）
　を持ち、上場企業としての基本的なガバナンス水準を備えつつ、持続的な成長
　と中長期的な企業価値の向上にコミットする企業向けの市場」である。

2．不適切。本肢の記述は、グロース市場についての説明である。

3．適切。上位市場へ市場区分の変更をする場合には、その上位市場の新規上場
　基準と同様の基準に基づく審査を受ける必要がある。

4．不適切。東証株価指数（TOPIX）は、2024年4月現在、プライム市場の全
　銘柄およびスタンダード市場の一部銘柄（旧市場第一部上場銘柄およびプライ
　ム市場新規上場銘柄）を対象として算出されている。なお、2025年以降に構
　成銘柄の選定方法の見直しが予定されている。

正解 3

株式投資（2）

　下記＜X社のデータ＞に基づき算出される株式の投資指標に関する次の記述のうち、最も不適切なものはどれか。

〈X社のデータ〉

株価	18,000円
当期純利益	3,000億円
純資産（自己資本）	1兆5,000億円
配当金総額	540億円
発行済株式数	3億株

1．ROEは、20.0％である。

2．PERは、18倍である。

3．PBRは、3.6倍である。

4．配当利回りは、1.2％である。

解答と解説

1．適切。

$$\text{ROE（自己資本利益率）（\%）}=\frac{\text{当期純利益}}{\text{自己資本}}\times100=\frac{3,000億円}{1兆5,000億円}\times100=20.0\%$$

2．適切。

$$\text{PER（株価収益率）（倍）}=\frac{\text{株価}}{\text{1株当たり当期純利益}}=\frac{18,000円}{3,000億円÷3億株}=18倍$$

3．適切。

$$\text{PBR（株価純資産倍率）（倍）}=\frac{\text{株価}}{\text{1株当たり純資産}}=\frac{18,000円}{1兆5,000億円÷3億株}=3.6倍$$

4．不適切。

$$\text{配当利回り（\%）}=\frac{\text{1株当たり配当金}}{\text{株価}}\times100=\frac{540億円÷3億株}{18,000円}\times100=1.0\%$$

正解　4

外貨建商品

　以下の＜条件＞で、円貨を米ドルに交換して米ドル建て定期預金に10,000米ドルを預け入れ、満期時に米ドルを円貨に交換して受け取る場合における円ベースでの利回り（単利・年率）として、最も適切なものはどれか。なお、税金については考慮しないものとし、計算結果は表示単位の小数点以下第3位を四捨五入するものとする。

〈条件〉

・預入期間1年

・預金金利3.00％（年率）

・為替予約なし

・為替レート（米ドル／円）

	TTS	TTB
預入時	130.00円	129.00円
満期時	135.00円	134.00円

1．3.17％

2．4.79％

3．6.17％

4．7.79％

第3章　C　金融資産運用

解答と解説

①円貨元本　　　　10,000米ドル×130.00円（TTS）＝1,300,000円

②米ドル元利合計　10,000米ドル×（1＋3.00％）＝10,300米ドル

③円貨受取金額　　10,300米ドル×134.00円（TTB）＝1,380,200円

④利回り（年率）　$\dfrac{1,380,200円 - 1,300,000円}{1,300,000円} \times 100 = 6.169\cdots\% \rightarrow 6.17\%$

　預入時に顧客が円貨を外貨に両替する場合はTTSを用い、満期時に顧客が外貨を円貨に両替する場合はTTBを用いる。

正解 **3**

金融派生商品

> **金融派生商品に関する次の記述のうち、最も適切なものはどれか。**
>
> 1. クーポンスワップは、異なる通貨間で将来の金利および元本を交換する通貨スワップである。
> 2. 先物取引を利用したヘッジ取引には、将来の価格上昇リスク等を回避または軽減する売りヘッジと、将来の価格下落リスク等を回避または軽減する買いヘッジがある。
> 3. オプション取引において、コール・オプションの買い手は「権利行使価格で買う権利」を放棄することができるが、プット・オプションの買い手は「権利行使価格で売る権利」を放棄することができない。
> 4. オプション取引において、コール・オプションの売り手の最大利益とプット・オプションの売り手の最大利益は、いずれもプレミアム（オプション料）の額となる。

解答と解説

1. 不適切。通貨スワップ（異なる通貨同士の交換）は、通常、金利および元本を交換するが、クーポンスワップでは金利のみの交換で元本は交換しない。
2. 不適切。先物取引を利用したヘッジ取引には、将来の価格上昇リスク等を回避または軽減する買いヘッジ（先物の買い）と、将来の価格下落リスク等を回避または軽減する売りヘッジ（先物の売り）がある。
3. 不適切。オプションの買い手は、権利を放棄することができる。したがって、コール・オプションの買い手は「権利行使価格で買う権利」を放棄することができ、プット・オプションの買い手は「権利行使価格で売る権利」を放棄することができる。
4. 適切。オプションの売り手の最大利益は、買い手から受け取ったプレミアム（オプション料）の額となる。

正解 4

ポートフォリオ運用

> **ポートフォリオ理論に関する次の記述のうち、最も適切なものはどれか。**
>
> 1．ポートフォリオのリスクは、組み入れた各資産のリスクを組入比率で加重平均した値以下となる。
> 2．ポートフォリオのリスクのうち、分散投資によって消去できないリスクをアンシステマティック・リスクという。
> 3．ポートフォリオの期待収益率は、組み入れた各資産の期待収益率を組入比率で加重平均した値よりも大きくなる。
> 4．国債や社債のうち、発行時に将来の利息支払額が確定する固定利付債券は、すべて安全資産（無リスク資産）に分類される。

解答と解説

1．適切。

2．不適切。ポートフォリオのリスク（標準偏差）のうち、分散投資によって消去できないリスクをシステマティック・リスク（市場リスク）という。一方、分散投資によって消去できるリスクをアンシステマティック・リスク（非市場リスク）という。

3．不適切。ポートフォリオの期待収益率は、組み入れた各資産の期待収益率を組入比率で加重平均した値となる。

4．不適切。国債は安全資産（無リスク資産）に分類されることもあるが、社債は安全資産（無リスク資産）に分類されない。

正解　1

金融商品と税金

上場株式等の譲渡および配当等（一定の大口株主等が受けるものを除く）に係る所得税の課税等に関する次の記述のうち、最も適切なものはどれか。なお、本問においては、特定口座のうち、源泉徴収がされない口座を簡易申告口座といい、源泉徴収がされる口座を源泉徴収選択口座という。

1. 上場株式等の配当等について、総合課税を選択して確定申告をした場合、上場株式等に係る譲渡損失の金額と損益通算することができる。

2. 上場株式等に係る配当所得等の金額と損益通算してもなお控除しきれない上場株式等に係る譲渡損失の金額は、確定申告をすることにより、翌年以後3年間にわたって繰り越すことができる。

3. 簡易申告口座では、源泉徴収選択口座と異なり、その年中における口座内の取引内容が記載された「特定口座年間取引報告書」が作成されないため、投資家自身でその年中の上場株式等に係る譲渡損益および配当等の金額を計算する必要がある。

4. 年末調整の対象となる給与所得者が、医療費控除の適用を受けるために確定申告をする場合、源泉徴収選択口座における上場株式等に係る譲渡所得等および配当所得等についても申告しなければならない。

解答と解説

1. 不適切。上場株式等の配当等について、総合課税を選択して確定申告をした場合、上場株式等に係る譲渡損失の金額と損益通算することができない。申告分離課税を選択して確定申告をした場合には、損益通算することができる。

2. 適切。

3. 不適切。簡易申告口座では、源泉徴収選択口座と同じく、その年中における口座内の取引内容が記載された「特定口座年間取引報告書」が作成される。投資家自身でその年中の上場株式等に係る譲渡損益および配当等の金額を計算する必要があるのは、一般口座である。

4. 不適切。年末調整の対象となる給与所得者が、医療費控除の適用を受けるために確定申告をする場合であっても、源泉徴収選択口座における上場株式等に係る譲渡所得等および配当所得等については申告不要である。

正解 2

セーフティネット

　わが国における個人による金融商品取引に係るセーフティネットに関する次の記述のうち、最も適切なものはどれか。

1．外国銀行の在日支店に預け入れた当座預金は預金保険制度による保護の対象とならないが、日本国内に本店のある銀行の海外支店に預け入れた当座預金は預金保険制度による保護の対象となる。

2．金融機関の破綻時において、同一の預金者が当該金融機関に複数の預金口座を有している場合、普通預金や定期預金などの一般預金等については、原則として、1口座ごとに元本1,000万円までとその利息等が、預金保険制度による保護の対象となる。

3．日本国内で事業を行う生命保険会社が破綻した場合、生命保険契約者保護機構による補償の対象となる保険契約については、高予定利率契約を除き、原則として、破綻時点の責任準備金等の90％まで補償される。

4．証券会社が破綻し、分別管理が適切に行われていなかったために、一般顧客の資産の一部または全部が返還されない事態が生じた場合、日本投資者保護基金は、補償対象債権に係る顧客資産について、その金額の多寡にかかわらず、全額を補償する。

第3章
C

金融資産運用

解答と解説

1．不適切。外国銀行の在日支店および日本国内に本店のある銀行の海外支店に預け入れた預金は、その預金の種類にかかわらず、預金保険制度による保護の対象とならない。

2．不適切。一般預金等については、原則として、1金融機関ごとに元本1,000万円までとその利息等が、預金保険制度による保護の対象となる。

3．適切。

4．不適切。日本投資者保護基金は、補償対象債権に係る顧客資産について、一般顧客1人当たり1,000万円を上限に補償する。

正解　3

預貯金・金融類似商品等

> 銀行等の金融機関で取り扱う預貯金の一般的な商品性に関する次の記述のうち、最も**不適切**なものはどれか。
>
> 1．決済用預金は、「無利息」「要求払い」「決済サービスを提供できること」という3つの条件を満たした預金である。
>
> 2．当座預金は、株式の配当金の自動受取口座として利用することができる。
>
> 3．スーパー定期預金は、預入期間が3年以上の場合、単利型と半年複利型があるが、半年複利型を利用することができるのは法人に限られる。
>
> 4．大口定期預金は、最低預入金額が1,000万円に設定された固定金利型の定期預金である。

解答と解説

1．適切。なお、決済用預金は、預入金額の多寡にかかわらず、預金保険制度による全額保護の対象となる。

2．適切。当座預金は、決済サービスを行うことができる口座であり、自動受取口座として利用することができる。

3．不適切。預入期間が3年以上のスーパー定期預金について、半年複利型を利用することができるのは個人に限られる。

4．適切。

正解 **3**

投資信託

> 公募株式投資信託の費用に関する次の記述のうち、最も不適切なものはどれか。
>
> 1. 購入時手数料がかからない投資信託は、一般に、ノーロード型（ノーロードファンド）と呼ばれる。
>
> 2. 運用管理費用（信託報酬）は投資信託の銘柄ごとに定められており、一般に、インデックス型投資信託よりもアクティブ型投資信託の方が高い傾向がある。
>
> 3. 会計監査に必要な費用（監査報酬）や組入有価証券に係る売買委託手数料は、信託財産から支出されるため、受益者（投資家）の負担となる。
>
> 4. 信託財産留保額は、長期に投資信託を保有する投資家との公平性を確保するための費用であり、すべての投資信託に設定されている。

解答と解説

1. 適切。

2. 適切。インデックス型投資信託（パッシブ運用）よりもアクティブ型投資信託の方が、銘柄選択等のためにコストがかかりやすいため、運用管理費用（信託報酬）が高い傾向にある。

3. 適切。監査報酬や売買委託手数料は、受益者が間接的に負担する費用である。

4. 不適切。信託財産留保額は、長期に投資信託を保有する投資家との公平性を確保するための費用であり、一般に換金時に徴収されるが徴収されない投資信託もある。その他、購入時に基準価額に上乗せする形で、信託財産留保額を徴求する投資信託もある。

正解 4

債券投資

固定利付債券の利回り（単利・年率）に関する次の記述の空欄（ア）、（イ）にあてはまる語句の組み合わせとして、最も適切なものはどれか。なお、手数料、経過利子、税金等については考慮しないものとし、計算結果は表示単位の小数点以下第3位を四捨五入するものとする。

> 表面利率が0.90％、償還までの残存期間が10年の固定利付債券を、額面100円当たり103円で購入した投資家が、購入から4年後に額面100円当たり102円で売却した場合の所有期間利回りは（ ア ）であり、償還期限まで10年保有した場合の最終利回りよりも（ イ ）。

1.（ア）0.63％　（イ）高い
2.（ア）0.63％　（イ）低い
3.（ア）0.58％　（イ）高い
4.（ア）0.58％　（イ）低い

解答と解説

（ア）購入から4年後に売却した場合の所有期間利回り

$$= \frac{表面利率 + \dfrac{売却金額 - 購入価格}{所有期間}}{購入価格} \times 100$$

$$= \frac{0.9円 + \dfrac{102円 - 103円}{4年}}{103円} \times 100 = 0.631\cdots \rightarrow \underline{0.63\%}$$

（イ）最終利回り

$$= \frac{表面利率 + \dfrac{償還価格（額面金額100円） - 購入価格}{残存期間}}{購入価格} \times 100$$

$$= \frac{0.9円 + \dfrac{100円 - 103円}{10年}}{103円} \times 100 = 0.582\cdots \rightarrow 0.58\%$$

したがって、所有期間利回りは最終利回りよりも<u>高い</u>。

正解 1

C-24

株式投資（1）

第3章 C 金融資産運用

　東京証券取引所の市場区分等に関する次の記述のうち、最も適切なものはどれか。

1. プライム市場の上場維持基準では、新規上場から一定期間経過後の株主数および流通株式数について、新規上場基準よりも高い数値基準が設定されている。

2. プライム市場の新規上場基準では、上場申請会社の直近事業年度におけるROEの数値基準について、8％以上と定められている。

3. スタンダード市場の上場会社がプライム市場へ市場区分の変更を申請することはできるが、プライム市場の上場会社がスタンダード市場へ市場区分の変更を申請することはできない。

4. JPX日経インデックス400は、プライム市場、スタンダード市場、グロース市場を主市場とする普通株式の中から、ROEや営業利益等の指標等により選定された400銘柄を対象として算出される。

解答と解説

1. 不適切。プライム市場の新規上場基準と上場維持基準とでは、株主数（800人以上）および流通株式数（2万単位以上）について同じ基準とされている。

2. 不適切。プライム市場の新規上場基準について、ROEの数値基準は設定されていない。

3. 不適切。プライム市場、スタンダード市場、グロース市場との間における市場区分の変更の申請は、すべて可能である。ただし、移行先の市場の新規上場基準を満たす必要がある。

4. 適切。

正解 4

株式投資（2）

　下記〈X社のデータ〉に基づき算出される投資指標に関する次の記述のうち、最も不適切なものはどれか。

〈X社のデータ〉

株価	4,500円
発行済株式数	0.8億株
売上高	2,500億円
営業利益	180億円
当期純利益	120億円
自己資本（＝純資産）	2,000億円
配当金総額	36億円

1．ROEは、6％である。

2．PERは、20倍である。

3．PBRは、1.8倍である。

4．配当利回りは、1％である。

解答と解説

1．適切。

$$ROE（自己資本利益率）（\%）＝\frac{当期純利益}{自己資本}\times 100＝\frac{120億円}{2,000億円}\times 100＝6\%$$

2．不適切。

$$PER（株価収益率）（倍）＝\frac{株価}{1株当たり当期純利益}＝\frac{4,500円}{120億円\div 0.8億株}＝30倍$$

3．適切。

$$PBR（株価純資産倍率）（倍）＝\frac{株価}{1株当たり純資産}＝\frac{4,500円}{2,000億円\div 0.8億株}＝1.8倍$$

4．適切。

$$配当利回り（\%）＝\frac{1株当たり配当金}{株価}\times 100＝\frac{36億円\div 0.8億株}{4,500円}\times 100＝1\%$$

正解　**2**

金融派生商品

　　オプション取引の一般的な特徴に関する次の記述のうち、最も不適切なものはどれか。

1．オプション取引において、コール・オプションは「権利行使価格で買う権利」であり、プット・オプションは「権利行使価格で売る権利」である。

2．オプション取引のうち、満期日だけに権利行使ができるものはヨーロピアンタイプと呼ばれ、満期日までの権利行使期間中であればいつでも権利行使ができるものはアメリカンタイプと呼ばれる。

3．コール・オプションおよびプット・オプションは、他の条件が同一であれば、いずれも満期までの期間が長いほど、プレミアム（オプション料）が高くなる。

4．プット・オプションの売り手の最大利益は無限定であるが、コール・オプションの売り手の最大利益はプレミアム（オプション料）に限定される。

解答と解説

1．適切。

2．適切。

3．適切。満期までの期間が長いほど収益機会が多くあるため、コール・オプションおよびプット・オプションのプレミアム（オプション料）はいずれも高くなる。

4．不適切。コール・オプションおよびプット・オプションの売り手は、いずれもプレミアム（オプション料）を受け取っている。最大利益はその受け取ったプレミアム（オプション料）に限定される。

正解　4

ポートフォリオ運用

> ポートフォリオ理論に関する次の記述のうち、最も不適切なものはどれか。
>
> 1. システマティック・リスクは、市場全体の変動の影響を受けるリスクであり、分散投資によっても消去しきれないリスクとされている。
> 2. ポートフォリオのリスクは、組み入れた各資産のリスクを組入比率で加重平均した値以下となる。
> 3. 異なる2資産からなるポートフォリオにおいて、2資産間の相関係数が−1である場合、ポートフォリオを組成することによる分散投資の効果（リスクの低減）は得られない。
> 4. 同一期間における収益率が同じ2つのファンドをシャープ・レシオで比較する場合、収益率の標準偏差の値が小さいファンドの方が、収益率の標準偏差の値が大きいファンドよりも当該期間において効率的に運用されていたと評価することができる。

解答と解説

1. 適切。なお、アンシステマティック・リスクは、銘柄固有の要因によるリスクであり、分散投資によって消去することができるリスクとされている。
2. 適切。
3. 不適切。異なる2資産からなるポートフォリオにおいて、2資産間の相関係数が「1」である場合、ポートフォリオを組成することによる分散投資の効果（リスクの低減）は得られない。一方、2資産間の相関係数が「−1」である場合、分散投資の効果（リスクの低減）は最大となる。
4. 適切。シャープ・レシオは、ファンドの収益率から安全資産利子率を差し引いた値をファンドの標準偏差で除することにより求めることができる。同じ収益率であるなら、標準偏差（リスク）の小さいファンドの方がシャープ・レシオの値は大きくなり、効率的に運用されていたことになる。

正解 3

金融商品と税金

上場株式等の譲渡および配当等（一定の大口株主等が受けるものを除く）に係る税金に関する次の記述のうち、最も不適切なものはどれか。なお、本問においては、NISA（少額投資非課税制度）により投資収益が非課税となる口座をNISA口座という。

1. 上場株式の配当に係る配当所得の金額について、総合課税を選択して所得税の確定申告をした場合、特定口座内で生じた上場株式等に係る譲渡損失の金額と損益通算することができる。

2. NISA口座で保有する上場株式の配当金を非課税扱いにするためには、配当金の受取方法として株式数比例配分方式を選択しなければならない。

3. 上場株式等に係る配当所得等の金額と損益通算してもなお控除しきれない上場株式等に係る譲渡損失の金額は、所得税の確定申告をすることにより、翌年以後3年間にわたって繰り越すことができる。

4. NISA口座で取得した上場株式等を売却したことにより生じた損失の金額については、特定口座内で保有する上場株式等の配当等に係る配当所得の金額と損益通算することができない。

解答と解説

1. 不適切。上場株式の配当に係る配当所得の金額について、申告分離課税を選択して所得税の確定申告をした場合、上場株式等に係る譲渡損失の金額と損益通算することができる。総合課税を選択した場合には、配当控除の適用を受けることはできるが、上場株式等に係る譲渡損失の金額と損益通算することはできない。

2. 適切。なお、株式数比例配分方式とは、配当金を証券会社の口座で受け取る方法である。

3. 適切。

4. 適切。NISA口座で取得した上場株式等を売却したことにより生じた損失の金額について、他の所得の金額と損益通算することはできない。

正解 1

セーフティネット

> わが国における個人による金融商品取引に係るセーフティネットに関する次の記述のうち、最も不適切なものはどれか。
>
> 1. 日本国内に本店のある銀行の海外支店や外国銀行の在日支店に預け入れた預金は、その預金の種類にかかわらず、預金保険制度の保護の対象とならない。
> 2. 日本国内に本店のある銀行の国内支店に預け入れた外貨預金は、その金額の多寡にかかわらず、預金保険制度による保護の対象とならない。
> 3. 日本国内の証券会社が破綻し、分別管理が適切に行われていなかったために、一般顧客の資産の一部または全部が返還されない事態が生じた場合、日本投資者保護基金により、補償対象債権に係る顧客資産について一般顧客1人当たり1,000万円を上限として補償される。
> 4. 日本国内の証券会社が保護預かりしている一般顧客の外国株式は、日本投資者保護基金による補償の対象とならない。

解答と解説

1. 適切。
2. 適切。
3. 適切。なお、補償の対象となる一般顧客とは、プロの投資家を除いた顧客のことである。
4. 不適切。日本国内の証券会社は日本投資者保護基金に加入しているため、保護預かりしている一般顧客の外国株式は補償の対象となる。

正解 4

金融資産運用の最新の動向

> 物価等に関する次の記述の空欄（ア）～（ウ）に当てはまる語句の組み合わせとして、最も適切なものはどれか。
>
> ・財やサービスの価格（物価）が継続的に上昇する状態をインフレーション（インフレ）という。インフレには、その発生原因に着目した分類として、好景気等を背景とした需要の増大が原因となる（　ア　）型や、賃金や材料費の上昇等が原因となる（　イ　）型などがある。
> ・消費者物価指数（CPI）と（　ウ　）は、いずれも物価変動に係る代表的な指標であるが、消費者物価指数（CPI）がその対象に輸入品の価格を含む一方、（　ウ　）は、国内生産品の価格のみを対象とする点などで違いがある。なお、（　ウ　）は、国内要因による物価動向を反映することから、ホームメイド・インフレを示す指標と呼ばれる。

1.（ア）コストプッシュ　　（イ）ディマンドプル　　（ウ）企業物価指数
2.（ア）ディマンドプル　　（イ）コストプッシュ　　（ウ）GDPデフレーター
3.（ア）コストプッシュ　　（イ）ディマンドプル　　（ウ）GDPデフレーター
4.（ア）ディマンドプル　　（イ）コストプッシュ　　（ウ）企業物価指数

解答と解説

（ア）インフレの分類として、好景気等を背景とした需要の増大が原因となるディマンドプル型がある。「ディマンドプル」とは「需要が引っ張る」という意味である。

（イ）インフレの分類として、賃金や材料費の上昇等が原因となるコストプッシュ型などがある。「コストプッシュ」とは「費用が押しやる」という意味である。

（ウ）GDPデフレーターは、国内生産品だけを対象とした物価指数であるため、ホームメイド・インフレ（国内主導の物価上昇）を示す物価指標と呼ばれる。

正解　**2**

D

タックスプランニング

D-1

わが国の税制

> **わが国の税制に関する次の記述のうち、最も適切なものはどれか。**
> 1．所得税では、課税対象となる所得を8種類に区分し、それぞれの所得の種類ごとに定められた計算方法により所得の金額を計算する。
> 2．相続税では、納税者が申告書に記載した被相続人の資産等の内容に基づき、税務署長が納付すべき税額を決定する賦課課税方式を採用している。
> 3．相続税は直接税に該当し、消費税は間接税に該当する。
> 4．固定資産税は国税に該当し、登録免許税は地方税に該当する。

解答と解説

1．不適切。所得税では、課税対象となる所得を10種類に区分し、それぞれの所得の種類ごとに定められた計算方法により所得の金額を計算する。

2．不適切。相続税では、被相続人の資産等の内容に基づき、納税者が税額を計算して申告する申告納税方式を採用している。

3．適切。直接税は税金を負担する者と納税者が同じである税金であり、間接税は税金を負担する者と納税者が異なる税金である。

4．不適切。固定資産税は地方税に該当し、登録免許税は国税に該当する。

／ 正解 3

各種所得の内容

> 所得税における各種所得の金額の計算方法に関する次の記述のうち、最も不適切なものはどれか。
>
> 1. 利子所得の金額は、「利子等の収入金額－元本を取得するために要した負債の利子の額」の算式により計算される。
> 2. 不動産所得の金額は、原則として、「不動産所得に係る総収入金額－必要経費」の算式により計算される。
> 3. 一時所得の金額は、「一時所得に係る総収入金額－その収入を得るために支出した金額－特別控除額」の算式により計算される。
> 4. 退職所得の金額は、特定役員退職手当等および短期退職手当等に係るものを除き、「（退職手当等の収入金額－退職所得控除額）×1／2」の算式により計算される。

解答と解説

1. 不適切。利子所得には必要経費は認められていないため、「利子所得の金額＝利子等の収入金額」となる。
2. 適切。
3. 適切。
4. 適切。

正解 1

第4章 D

タックスプランニング

損益通算

所得税の損益通算に関する次の記述のうち、最も適切なものはどれか。

1. 不動産所得の金額の計算上生じた損失の金額のうち、不動産所得を生ずべき業務の用に供する土地の取得に要した負債の利子に相当する部分の金額は、給与所得の金額と損益通算できる。

2. 先物取引に係る雑所得の金額の計算上生じた損失の金額は、不動産所得の金額と損益通算することができる。

3. 生命保険を解約して解約返戻金を受け取ったことによる一時所得の金額の計算上生じた損失の金額は、事業所得の金額と損益通算することができる。

4. 農業に係る事業所得の金額の計算上生じた損失の金額は、不動産所得の金額と損益通算することができる。

解答と解説

1. 不適切。不動産所得の金額の計算上生じた損失の金額のうち、不動産所得を生ずべき業務の用に供する土地の取得に要した負債の利子に相当する部分の金額は、他の所得の金額と損益通算することはできない。

2. 不適切。先物取引に係る雑所得の金額の計算上生じた損失の金額は、他の所得の金額と損益通算することはできない。

3. 不適切。一時所得の金額の計算上生じた損失の金額は、他の所得の金額と損益通算することはできない。

4. 適切。

正解 **4**

所得控除（1）

> 　所得税における所得控除に関する次の記述のうち、**最も適切なもの**はどれか。
> 1．納税者が医師の診療に係る医療費を支払った場合、その全額を医療費控除として総所得金額等から控除することができる。
> 2．納税者が特定一般用医薬品等（スイッチOTC医薬品等）の購入費を支払った場合、その全額を医療費控除として総所得金額等から控除することができる。
> 3．納税者が確定拠出年金の個人型年金の掛金を支払った場合、その全額を社会保険料控除として総所得金額等から控除することができる。
> 4．納税者が国民年金基金の掛金を支払った場合、その全額を社会保険料控除として総所得金額等から控除することができる。

第4章 D

タックスプランニング

解答と解説

1．不適切。医療費を支払った場合、保険金等で補てんされる金額を差し引き、10万円または総所得金額等の5％のいずれか低い方を控除した額を、医療費控除として総所得金額等から控除することができる。ただし、年200万円が上限となる。

2．不適切。特定一般用医薬品等（スイッチOTC医薬品等）の購入費を支払った場合、保険金等で補てんされる金額を差し引き、1万2,000円を控除した額を、医療費控除として総所得金額等から控除することができる。ただし、年8万8,000円が上限となる。

3．不適切。確定拠出年金の個人型年金の掛金を支払った場合、その全額を小規模企業共済等掛金控除として総所得金額等から控除することができる。

4．適切。

正解　4

所得控除（2）

> 　所得税における住宅借入金等特別控除（以下「住宅ローン控除」という）に関する次の記述のうち、最も不適切なものはどれか。なお、2023年3月に住宅ローンを利用して住宅を取得し、同年中にその住宅を居住の用に供したものとする。
>
> 1．住宅ローン控除の適用を受けるためには、原則として、住宅を取得した日から6ヵ月以内に自己の居住の用に供し、適用を受ける年分の12月31日まで引き続き居住していなければならない。
>
> 2．住宅ローン控除の対象となる住宅は、床面積が40㎡以上であり、その3分の2以上に相当する部分がもっぱら自己の居住の用に供されるものでなければならない。
>
> 3．中古住宅を取得し、住宅ローン控除の適用を受ける場合、当該住宅は、1982年1月1日以降に建築された住宅、または一定の耐震基準に適合する住宅でなければならない。
>
> 4．新たに取得した住宅を居住の用に供した年に、これまで居住していた居住用財産を譲渡して「居住用財産を譲渡した場合の3,000万円の特別控除」の適用を受けた場合、住宅ローン控除の適用を受けることはできない。

解答と解説

1．適切。

2．不適切。住宅ローン控除の対象となる住宅は、床面積が50㎡（合計所得金額1,000万円以下の場合は40㎡）以上であり、その2分の1以上に相当する部分がもっぱら自己の居住の用に供されるものでなければならない。

3．適切。

4．適切。

正解　**2**

法人税（1）

> **法人税の仕組みに関する次の記述のうち、最も適切なものはどれか。**
>
> 1．法人税の納税地は、原則として、その法人の代表者の住所または居所の所在地である。
> 2．法人は、法人税の納税地に異動があった場合、原則として、異動前の納税地の所轄税務署長にその旨を届け出なければならない。
> 3．法人税の確定申告書は、原則として、各事業年度終了の日の翌日から1ヵ月以内に、納税地の所轄税務署長に提出しなければならない。
> 4．期末資本金の額等が1億円以下の一定の中小法人に対する法人税の税率は、所得金額のうち1,000万円以下の部分について軽減税率が適用される。

解答と解説

1．不適切。法人税の納税地は、原則として、その法人の本店または主たる事務所の所在地である。

2．適切。

3．不適切。法人税の確定申告書は、原則として、各事業年度終了の日の翌日から2カ月以内に、納税地の所轄税務署長に提出しなければならない。

4．不適切。期末資本金の額等が1億円以下の一定の中小法人に対する法人税の税率は、所得金額のうち800万円以下の部分について軽減税率（15%）が適用される。800万円超の部分は23.2%となる。

正解 2

法人税（2）

法人税の損金に関する次の記述のうち、最も不適切なものはどれか。

1．法人が納付した法人税の本税の額は、損金の額に算入することができない。

2．法人が納付した法人住民税の本税の額は、損金の額に算入することができる。

3．法人が納付した法人事業税の本税の額は、損金の額に算入することができる。

4．法人が負担した従業員の業務中の交通違反に対して課された交通反則金の額は、損金の額に算入することができない。

解答と解説

1．適切。

2．不適切。法人が納付した法人住民税の本税の額は、損金の額に算入することができない。

3．適切。

4．適切。一方、業務外の交通違反に対して課された交通反則金の額は、その者に対する給与となる。

正解 2

消費税

> **消費税に関する次の記述のうち、最も不適切なものはどれか。**
>
> 1．土地の譲渡は、非課税取引に該当する。
> 2．新たに設立した普通法人のうち、事業年度開始の日における資本金の額等が1,000万円以上である法人は、基準期間がない課税期間において消費税の課税事業者となる。
> 3．基準期間における課税売上高が１億円である課税事業者は、所定の手続きにより、簡易課税制度の適用を受けることができる。
> 4．課税事業者である個人事業者は、原則として、消費税の確定申告書をその年の翌年３月31日までに納税地の所轄税務署長に提出しなければならない。

解答と解説

1．適切。

2．適切。

3．不適切。基準期間における課税売上高が5,000万円以下である課税事業者は、所定の手続きにより、簡易課税制度の適用を受けることができる。

4．適切。なお、課税事業者である法人は、事業年度終了の日の翌日から２カ月以内である。

/ 正解 3

会社、役員間及び会社間の税務

> 会社と役員間の取引に係る所得税・法人税に関する次の記述のうち、最も不適切なものはどれか。
>
> 1．会社が株主総会の決議を経て役員に対して退職金を支給した場合、その退職金の額は、不相当に高額な部分の金額など一定のものを除き、その会社の所得金額の計算上、損金の額に算入することができる。
> 2．会社が役員に対して無利息で金銭の貸付けを行った場合、原則として、通常収受すべき利息に相当する金額が、その会社の所得金額の計算上、益金の額に算入される。
> 3．役員が所有する土地を適正な時価の2分の1未満の価額で会社に譲渡した場合、その役員は、適正な時価により当該土地を譲渡したものとして譲渡所得の計算を行う。
> 4．役員が会社の所有する社宅に無償で居住している場合、原則として、通常の賃貸料相当額が、その役員の雑所得の収入金額に算入される。

解答と解説

1．適切。

2．適切。

3．適切。

4．不適切。役員が会社の所有する社宅に無償で居住している場合、原則として、通常の賃貸料相当額が、その役員の給与所得の収入金額に算入される。

正解 4

108

決算書と法人税申告書

> 損益計算書、貸借対照表およびキャッシュフロー計算書の一般的な特徴に関する次の記述のうち、最も不適切なものはどれか。
>
> 1. 損益計算書において、営業利益の額は、売上総利益の額から販売費及び一般管理費の額を差し引いた額である。
> 2. 損益計算書において、経常利益の額は、営業利益の額に特別利益・特別損失の額を加算・減算した額である。
> 3. 貸借対照表において、資産の部の合計額と、負債の部および純資産の部の合計額は一致する。
> 4. キャッシュフロー計算書は、一会計期間における企業の資金の増減を示したものである。

解答と解説

1. 適切。
2. 不適切。損益計算書において、経常利益の額は、営業利益の額に営業外収益・営業外費用の額を加算・減算した額である。
3. 適切。
4. 適切。

正解 2

第4章

D

タックスプランニング

所得税の仕組み

> 　所得税の基本的な仕組みに関する次の記述のうち、最も不適切なものはどれか。
>
> 1．所得税では、原則として、納税者本人の申告により納付すべき税額が確定し、この確定した税額を納付する申告納税制度が採用されている。
> 2．所得税の納税義務を負うのは居住者のみであり、非居住者が所得税の納税義務を負うことはない。
> 3．所得税では、課税対象となる所得を10種類に区分し、それぞれの所得の種類ごとに定められた計算方法により所得の金額を計算する。
> 4．所得税額の計算において課税総所得金額に乗じる税率は、課税総所得金額が大きくなるにつれて段階的に税率が高くなる超過累進税率が採用されている。

解答と解説

1．適切。
2．不適切。非居住者は、国外源泉所得について納税義務を負わないが、国内源泉所得については納税義務を負う。
3．適切。
4．適切。

／正解　2

各種所得の内容

> 　所得税における所得の種類に関する次の記述のうち、最も適切なものはどれか。
>
> 1．不動産の貸付けを事業的規模で行ったことにより生じた賃料収入に係る所得は、不動産所得となる。
>
> 2．会社の役員が役員退職金を受け取ったことによる所得は、給与所得となる。
>
> 3．個人年金保険の契約者（＝保険料負担者）である個人が、その保険契約に基づき、年金受給開始後に将来の年金給付の総額に代えて受け取った一時金に係る所得は、退職所得となる。
>
> 4．会社員が勤務先から無利息で金銭を借り入れたことにより生じた経済的利益は、雑所得となる。

解答と解説

1．適切。不動産の貸付けにより生じた賃料収入に係る所得は、その貸付けが事業的規模であるかどうかにかかわらず不動産所得となる。

2．不適切。会社の役員が役員退職金を受け取ったことによる所得は、退職所得となる。

3．不適切。個人年金保険の契約者（＝保険料負担者）である個人が、その保険契約に基づき、年金受給開始後に将来の年金給付の総額に代えて受け取った一時金に係る所得は、一時所得（保証期間付終身年金の保証期間部分は雑所得）となる。

4．不適切。会社員が勤務先から無利息で金銭を借り入れたことにより生じた経済的利益は、給与所得となる。

正解　1

損益通算

> **所得税の損益通算に関する次の記述のうち、最も適切なものはどれか。**
>
> 1．終身保険の解約返戻金を受け取ったことによる一時所得の金額の計算上生じた損失の金額は、給与所得の金額と損益通算することができる。
> 2．先物取引に係る雑所得の金額の計算上生じた損失の金額は、上場株式等に係る譲渡所得の金額と損益通算することができる。
> 3．不動産所得の金額の計算上生じた損失の金額のうち、不動産所得を生ずべき業務の用に供する土地の取得に要した負債の利子の額に相当する部分の金額は、事業所得の金額と損益通算することができる。
> 4．業務用車両を売却したことによる譲渡所得の金額の計算上生じた損失の金額は、事業所得の金額と損益通算することができる。

解答と解説

1．不適切。一時所得の金額の計算上生じた損失の金額は、他の所得の金額と損益通算することはできない。

2．不適切。先物取引に係る雑所得の金額の計算上生じた損失の金額は、他の所得の金額と損益通算することはできない。

3．不適切。不動産所得の金額の計算上生じた損失の金額のうち、不動産所得を生ずべき業務の用に供する土地の取得に要した負債の利子の額に相当する部分の金額は、他の所得の金額と損益通算することはできない。

4．適切。業務用車両を売却したことによる譲渡所得（総合課税）の金額の計算上生じた損失の金額は、他の所得の金額と損益通算することができる。

正解 **4**

所得控除

　　所得税における所得控除に関する次の記述のうち、最も適切なものはどれか。

1. 納税者が支払った生命保険の保険料は、その金額の多寡にかかわらず、支払った全額を生命保険料控除として総所得金額等から控除することができる。

2. 納税者が支払った地震保険の保険料は、その金額の多寡にかかわらず、支払った全額を地震保険料控除として総所得金額等から控除することができる。

3. 控除対象扶養親族のうち、その年の12月31日現在の年齢が19歳以上23歳未満の者は、特定扶養親族に該当する。

4. 控除対象扶養親族のうち、その年の12月31日現在の年齢が65歳以上の者は、老人扶養親族に該当する。

解答と解説

1. 不適切。納税者が支払った生命保険の保険料は、一定の算式に当てはめたうえで、12万円を限度に生命保険料控除として総所得金額等から控除することができる。

2. 不適切。納税者が支払った地震保険の保険料は、支払った全額を地震保険料控除として総所得金額等から控除することができるが、5万円が上限である。

3. 適切。なお、特定扶養親族に係る扶養控除の控除額は1人63万円である。

4. 不適切。控除対象扶養親族のうち、その年の12月31日現在の年齢が70歳以上の者は、老人扶養親族に該当する。同居老親に係る扶養控除の控除額は1人58万円、同居老親以外の老人扶養親族に係る扶養控除の控除額は1人48万円である。

正解 **3**

所得税の納付と申告

> **所得税の申告に関する次の記述のうち、最も適切なものはどれか。**
>
> 1．青色申告者は、仕訳帳、総勘定元帳その他一定の帳簿を原則として10年間保存しなければならない。
>
> 2．青色申告者が申告期限後に確定申告書を提出した場合、適用を受けることができる青色申告特別控除額は最大55万円となる。
>
> 3．青色申告者の配偶者で青色事業専従者として給与の支払いを受ける者は、その者の合計所得金額の多寡にかかわらず、控除対象配偶者には該当しない。
>
> 4．青色申告者に損益通算してもなお控除しきれない損失の金額（純損失の金額）が生じた場合、その損失の金額を翌年以後最長で7年繰り越して、各年分の所得金額から控除することができる。

解答と解説

1．不適切。青色申告者は、仕訳帳、総勘定元帳その他一定の帳簿を原則として7年間保存しなければならない。

2．不適切。青色申告者が申告期限後に確定申告書を提出した場合、適用を受けることができる青色申告特別控除額は最大10万円となる。

3．適切。

4．不適切。青色申告者に損益通算してもなお控除しきれない損失の金額（純損失の金額）が生じた場合、その損失の金額を翌年以後最長で3年繰り越して、各年分の所得金額から控除することができる。

正解 3

法人税（1）

> **法人税の仕組みに関する次の記述のうち、最も不適切なものはどれか。**
>
> 1．法人税の各事業年度の所得の金額は、その事業年度の益金の額から損金の額を控除した金額である。
>
> 2．新設法人が設立事業年度から青色申告の適用を受けようとする場合は、設立の日から2ヵ月以内に、「青色申告の承認申請書」を納税地の所轄税務署長に提出し、その承認を受けなければならない。
>
> 3．期末資本金の額等が1億円以下の一定の中小法人に対する法人税の税率は、所得金額のうち年800万円以下の部分については軽減税率が適用される。
>
> 4．過去に行った法人税の確定申告について、計算に誤りがあったことにより、納付した税額が過大であったことが判明した場合、原則として、法定申告期限から5年以内に限り、更正の請求をすることができる。

解答と解説

1．適切。

2．不適切。新設法人が設立事業年度から青色申告の適用を受けようとする場合は、「設立の日以後3ヵ月を経過した日」「最初の事業年度の終了の日」のいずれか早い日の前日までに「青色申告の承認申請書」を納税地の所轄税務署長に提出し、その承認を受けなければならない。

3．適切。軽減税率は15％、原則の税率は23.2％である。

4．適切。なお、計算に誤りがあったことにより、納付した税額が過少であったことが判明した場合には、所轄税務署長の更正があるまでは修正申告をすることができる。

正解 2

法人税（2）

> **法人税の損金に関する次の記述のうち、最も不適切なものはどれか。**
>
> 1．法人が従業員の業務遂行中の交通違反に係る反則金を負担した場合、その負担金は、損金の額に算入することができる。
> 2．法人が減価償却資産として損金経理した金額のうち、償却限度額に達するまでの金額は、その全額を損金の額に算入することができる。
> 3．損金の額に算入される租税公課のうち、事業税については、原則として、その事業税に係る納税申告書を提出した日の属する事業年度の損金の額に算入することができる。
> 4．法人が国または地方公共団体に対して支払った寄附金は、原則として、その全額を損金の額に算入することができる。

解答と解説

1．不適切。交通違反に係る反則金は、損金の額に算入することができない。一方、業務外の交通違反に対して課された交通反則金の額は、その者に対する給与となる。

2．適切。なお、償却限度額を超過した部分は、損金の額に算入することができない。

3．適切。なお、法人税、法人住民税については、損金の額に算入することができない。

4．適切。

正解　1

消費税

> **消費税に関する次の記述のうち、最も不適切なものはどれか。**
>
> 1．消費税の課税期間に係る基準期間は、個人事業者についてはその年の前年である。
>
> 2．消費税の課税期間に係る基準期間における課税売上高が1,000万円を超える法人は、その課税期間は消費税の課税事業者となる。
>
> 3．簡易課税制度の適用を受けることができる事業者は、消費税の課税期間に係る基準期間における課税売上高が5,000万円以下の事業者である。
>
> 4．簡易課税制度を選択した事業者は、事業を廃止した場合等を除き、原則として、2年間は簡易課税制度の適用を継続しなければならない。

解答と解説

1．不適切。消費税の課税期間に係る基準期間は、個人事業者についてはその年の前々年、法人についてはその課税期間の前々事業年度である。

2．適切。

3．適切。

4．適切。

正解 **1**

会社、役員間及び会社間の税務

　会社と役員間の取引に係る所得税・法人税に関する次の記述のうち、最も不適切なものはどれか。

1．会社が役員に対して無利息で金銭の貸付けを行った場合、原則として、通常収受すべき利息に相当する金額が、その会社の所得金額の計算上、益金の額に算入される。

2．会社が役員からの借入金について債務免除を受けた場合、その債務免除を受けた金額が、その会社の所得金額の計算上、益金の額に算入される。

3．役員が所有する土地を適正な時価の2分の1未満の価額で会社に譲渡した場合、その役員は、適正な時価の2分の1に相当する金額により当該土地を譲渡したものとして譲渡所得の計算を行う。

4．役員が会社の所有する社宅に無償で居住している場合、原則として、通常の賃貸料相当額が、その役員の給与所得の収入金額に算入される。

解答と解説

1．適切。

2．適切。

3．不適切。役員が所有する土地を適正な時価の2分の1未満の価額で会社に譲渡した場合、その役員は、適正な時価により当該土地を譲渡したものとして譲渡所得の計算を行う。なお、時価の2分の1以上の価額で譲渡した場合は、通常どおり譲渡価額をもって譲渡所得の計算を行う。

4．適切。

正解　3

決算書と法人税申告書

決算書の見方に関する次の記述のうち、最も不適切なものはどれか。

1. 損益計算書の営業利益の額は、売上総利益の額から販売費及び一般管理費の額を差し引いた額である。

2. 損益計算書の税引前当期純利益の額は、経常利益の額に営業外損益の額を加算・減算した額である。

3. 流動比率（％）は、「流動資産÷流動負債×100」の算式で計算される。

4. 自己資本比率（％）は、「自己資本÷総資産×100」の算式で計算される。

解答と解説

1. 適切。

2. 不適切。損益計算書の税引前当期純利益の額は、経常利益の額に特別損益の額を加算・減算した額である。なお、経常利益の額は、営業利益の額に営業外損益の額を加算・減算した額である。

3. 適切。

4. 適切。

正解 **2**

第4章

D

タックスプランニング

所得税の仕組み

> 　所得税の基本的な仕組みに関する次の記述のうち、最も適切なものはどれか。
>
> 1．所得税では、納税者が申告した所得金額に基づき、納付すべき税額を税務署長が決定する賦課課税方式が採用されている。
> 2．所得税の課税対象は国内において生じた所得のみであり、国外において生じた所得が課税対象となることはない。
> 3．所得税における居住者とは、国内に住所を有し、または現在まで引き続いて1年以上居所を有する個人をいう。
> 4．所得税額の計算において課税総所得金額に乗じる税率には、課税総所得金額が大きくなるにつれて段階的に税率が高くなる超過累進税率が採用されており、その最高税率は30％である。

解答と解説

1．不適切.。所得税では、原則として、納税者本人の申告により納付すべき税額が確定し、この確定した税額を納付する申告納税制度が採用されている。

2．不適切。所得税の課税対象は、非永住者以外の居住者の場合、国内において生じた所得および国外において生じた所得である。その他の者の場合であって、国内において生じた所得は必ず課税対象となる。

3．適切。

4．不適切。所得税における超過累進税率は、5％から45％までの7段階である。

正解　3

各種所得の内容

> 所得税における各種所得に関する次の記述のうち、最も適切なものはどれか。
>
> 1. 不動産の貸付けをしたことに伴い敷金の名目により収受した金銭の額のうち、その全部または一部について、返還を要しないことが確定した金額は、その確定した日の属する年分の不動産所得の金額の計算上、総収入金額に算入する。
>
> 2. 老齢基礎年金の受給者の公的年金等に係る雑所得以外の所得に係る合計所得金額が1,000万円を超える場合、雑所得の金額の計算上、老齢基礎年金に係る収入金額から公的年金等控除額は控除されない。
>
> 3. 退職一時金を受け取った退職者が、「退職所得の受給に関する申告書」を提出している場合、所得税および復興特別所得税として、退職一時金の支給額の20.42％が源泉徴収される。
>
> 4. 為替予約を締結していない外貨定期預金を満期時に円貨で払い戻した結果生じた為替差益は、一時所得として総合課税の対象となる。

解答と解説

1. 適切。なお、返還を要する敷金については、総収入金額に算入しない。

2. 不適切。老齢基礎年金の受給者の公的年金等に係る雑所得以外の所得に係る合計所得金額が1,000万円を超えている場合であっても、雑所得の金額の計算上、老齢基礎年金に係る収入金額から公的年金等控除額は控除される。ただし、合計所得金額1,000万円超2,000万円以下、2,000万円超の区分に応じて、公的年金等控除額は段階的に少なくなる。

3. 不適切。退職一時金を受け取った退職者が、「退職所得の受給に関する申告書」を提出している場合、所得税および復興特別所得税として、退職所得の金額に対して超過累進税率が適用されての源泉徴収される。なお、申告書を提出していない場合には、退職一時金の支給額の20.42％が源泉徴収される。

4. 不適切。為替予約を締結していない外貨定期預金を満期時に円貨で払い戻した結果生じた為替差益は、雑所得として総合課税の対象となる。

正解 1

損益通算

所得税の損益通算に関する次の記述のうち、最も適切なものはどれか。

1．先物取引に係る雑所得の金額の計算上生じた損失の金額は、不動産所得の金額と損益通算することができる。

2．業務用車両を譲渡したことによる譲渡所得の金額の計算上生じた損失の金額は、事業所得の金額と損益通算することができる。

3．不動産所得の金額の計算上生じた損失の金額のうち、不動産所得を生ずべき土地の取得に要した負債の利子の額に相当する部分の金額は、事業所得の金額と損益通算することができる。

4．生命保険の解約返戻金を受け取ったことによる一時所得の金額の計算上生じた損失の金額は、不動産所得の金額と損益通算することができる。

解答と解説

1．不適切。先物取引に係る雑所得の金額の計算上生じた損失の金額は、他の所得の金額と損益通算することはできない。

2．適切。総合課税の譲渡所得の金額の計算上生じた損失の金額は、他の所得の金額と損益通算することができる。

3．不適切。不動産所得の金額の計算上生じた損失の金額のうち、不動産所得を生ずべき土地の取得に要した負債の利子の額に相当する部分の金額は、他の所得の金額と損益通算することができない。

4．不適切。一時所得の金額の計算上生じた損失の金額は、他の所得の金額と損益通算することができない。

正解 2

所得控除

> 所得税における寡婦控除に関する次の記述のうち、最も不適切なものはどれか。なお、記載されたもの以外の要件はすべて満たしているものとする。
>
> 1．夫と死別した後に婚姻をしていない納税者は、扶養親族を有していない場合であっても、寡婦控除の適用を受けることができる。
>
> 2．夫と離婚した後に婚姻をしていない納税者は、納税者と事実上婚姻関係と同様の事情にあると認められる一定の者がいる場合であっても、寡婦控除の適用を受けることができる。
>
> 3．納税者の合計所得金額が500万円を超えている場合、寡婦控除の適用を受けることはできない。
>
> 4．寡婦控除とひとり親控除は、重複して適用を受けることができない。

解答と解説

1．適切。

2．不適切。夫と離婚した後に婚姻をしていない納税者は、納税者と事実上婚姻関係と同様の事情にあると認められる一定の者がいる場合、寡婦控除の適用を受けることができない。

3．適切。

4．適切。なお、ひとり親控除とは、現に婚姻していない者が一定の要件を満たし、生計を一にする子を有する場合に適用を受けることができる。

正解 **2**

所得税の申告と納付

> 次のうち、青色申告者のみが適用を受けることができる所得税の青色申告の特典として、最も不適切なものはどれか。
> 1．棚卸資産の評価における低価法の選択
> 2．純損失の繰戻還付
> 3．雑損失の繰越控除
> 4．中小事業者の少額減価償却資産の取得価額の必要経費算入

解答と解説

1．適切。

2．適切。

3．不適切。雑損失の繰越控除（雑損控除の控除不足額を翌年以降3年間繰越控除できる）は、青色申告者でなくても適用を受けることができる。

4．適切。なお、この規定は常時使用従業員数を見直した上で、2026年3月31日まで延長された。

正解 3

法人税（1）

> **法人税の仕組みに関する次の記述のうち、最も適切なものはどれか。**
>
> 1. 法人は、法人税の納税地に異動があった場合、原則として、異動前および異動後の納税地の所轄税務署長にその旨を届け出なければならない。
>
> 2. 新設法人が設立事業年度から青色申告の適用を受けようとする場合は、設立の日から1ヵ月以内に、「青色申告の承認申請書」を納税地の所轄税務署長に提出し、その承認を受けなければならない。
>
> 3. 期末資本金の額等が1億円以下の一定の中小法人に対する法人税の税率は、所得金額のうち年800万円以下の部分について軽減税率が適用される。
>
> 4. 青色申告法人は、仕訳帳・総勘定元帳等の帳簿を備えて取引に関する事項を記録するとともに、当該帳簿を、その事業年度の確定申告書の提出期限の翌日から事業の廃止日後7年を経過するまで保存しなければならない。

第4章

D

タックスプランニング

解答と解説

1. 不適切。法人は、法人税の納税地に異動があった場合、原則として、異動前の納税地の所轄税務署長にその旨を届け出なければならない。

2. 不適切。新設法人が設立事業年度から青色申告の適用を受けようとする場合は、設立の日から3ヵ月を経過した日または最初の事業年度終了の日のいずれか早い日の前日までに、「青色申告の承認申請書」を納税地の所轄税務署長に提出し、その承認を受けなければならない。

3. 適切。なお、軽減税率は15％、本則は23.2％である。

4. 不適切。青色申告法人は、仕訳帳・総勘定元帳等の帳簿を備えて取引に関する事項を記録するとともに、当該帳簿を、その事業年度の確定申告書の提出期限の翌日から7年間保存しなければならない。

正解 3

法人税（2）

法人税の益金に関する次の記述のうち、最も不適切なものはどれか。なお、法人は内国法人（普通法人）であるものとする。

1．法人が法人税の還付を受けた場合、その還付された金額は、原則として、還付加算金を除き、益金の額に算入する。

2．法人が個人から債務の免除を受けた場合、その免除された債務の金額は、原則として、益金の額に算入する。

3．法人が個人から無償で土地の譲渡を受けた場合、その土地の時価に相当する金額は、原則として、益金の額に算入する。

4．法人が支払いを受けた完全支配関係のある他の法人の株式等（完全子法人株式等）に係る配当等の額は、所定の手続により、その全額が益金不算入となる。

解答と解説

1．不適切。法人が法人税の還付を受けた場合、その還付された金額は益金の額に算入しないが、還付加算金（還付金につく利息相当分）は益金の額に算入する。

2．適切。

3．適切。

4．適切。

正解 1

消費税

> **消費税に関する次の記述のうち、最も不適切なものはどれか。**
>
> 1．消費税の課税事業者が行う居住の用に供する家屋の貸付けは、その貸付期間が1ヵ月以上であれば、消費税の課税取引に該当する。
>
> 2．簡易課税制度の適用を受けることができるのは、消費税の課税期間に係る基準期間における課税売上高が5,000万円以下の事業者である。
>
> 3．消費税の課税事業者が行う金融商品取引法に規定する有価証券の譲渡は、消費税の非課税取引に該当する。
>
> 4．消費税の課税事業者である法人は、原則として、消費税の確定申告書を各課税期間の末日の翌日から2ヵ月以内に、納税地の所轄税務署長に提出しなければならない。

解答と解説

1．不適切。消費税の課税事業者が行う居住の用に供する家屋の貸付けは、その貸付期間が1ヵ月未満であれば、消費税の課税取引に該当する。貸付期間が1ヵ月以上であれば、消費税の非課税取引に該当する。

2．適切。

3．適切。

4．適切。なお、消費税の課税事業者である個人は、原則として、翌年3月31日までに消費税の確定申告書を提出しなければならない。

正解 **1**

会社、役員間及び会社間の税務

> 会社と役員間の取引に係る所得税・法人税に関する次の記述のうち、最も**不適切なもの**はどれか。
>
> 1. 会社が役員に対して無利息で金銭の貸付けを行った場合、原則として、通常収受すべき利息に相当する金額が、会社の益金の額に算入される。
> 2. 役員が会社の所有する社宅に無償で居住している場合、原則として、通常の賃貸料相当額が、その役員の給与所得の収入金額に算入される。
> 3. 会社が役員に対して支給する当該会社の株式上場に係る記念品（現物に代えて支給する金銭は含まない）であって、社会通念上記念品としてふさわしく、かつ、その価額が1万円以下のものは、役員の給与所得の収入金額に算入しない。
> 4. 役員が所有する建物を適正な時価の2分の1以上かつ適正な時価未満の価額で会社に譲渡した場合、その役員は、適正な時価により当該土地を譲渡したものとして譲渡所得の計算を行う。

解答と解説

1. 適切。
2. 適切。
3. 適切。
4. 不適切。役員が所有する建物を適正な時価の2分の1以上かつ適正な時価未満の価額で会社に譲渡した場合、その役員は、譲渡価額で譲渡したものとして、通常どおり、譲渡所得の計算を行う。なお、適正な時価の2分の1未満で譲渡した場合には、適正な時価により譲渡したものとして譲渡所得の計算を行う（みなし譲渡）。

正解 **4**

決算書と法人税申告書

> 貸借対照表および損益計算書の一般的な特徴に関する次の記述のうち、最も不適切なものはどれか。
>
> 1. 貸借対照表の無形固定資産は、物理的な形態を持たない特許権や商標権等の資産の金額を表示している。
> 2. 貸借対照表の固定負債は、返済期限が決算日の翌日から起算して1年以内に到来しない借入金等の負債の金額を表示している。
> 3. 損益計算書の営業利益は、売上総利益金額から販売費及び一般管理費の合計額を控除した金額を表示している。
> 4. 損益計算書の税引前当期純利益は、経常利益または経常損失の金額に営業外収益・営業外費用を加算・減算した金額を表示している。

解答と解説

1. 適切。
2. 適切。
3. 適切。
4. 不適切。損益計算書の税引前当期純利益は、経常利益または経常損失の金額に特別利益・特別損失を加算・減算した金額を表示している。

正解 4

第4章 D タックスプランニング

第 **5** 章

E

不動産

不動産の見方

> 　不動産鑑定評価基準における不動産の価格を求める鑑定評価の手法に関する次の記述のうち、**最も不適切なもの**はどれか。
>
> １．収益還元法は、文化財の指定を受けた建造物等の一般的に市場性を有しない不動産以外のものには基本的にすべて適用すべきものとされている。
>
> ２．収益還元法のうち直接還元法は、対象不動産の一期間の純収益を還元利回りで還元して対象不動産の価格を求める手法である。
>
> ３．原価法は、価格時点における対象不動産の再調達原価を求め、この再調達原価について減価修正を行って対象不動産の価格を求める手法である。
>
> ４．取引事例比較法では、取引事例の取引時点が価格時点と異なり、その間に価格水準の変動があると認められる場合であっても、当該取引事例の価格は取引時点の価格から修正する必要はないとされている。

解答と解説

１．適切。

２．適切。

３．適切。

４．不適切。取引事例比較法では、取引事例の取引時点が価格時点と異なり、その間に価格水準の変動があると認められる場合には、当該取引事例の価格は取引時点の価格から修正することとされている。

正解　4

不動産の取引

　宅地建物取引業法に関する次の記述のうち、**最も不適切なもの**はどれか。**なお、買主は宅地建物取引業者ではないものとする。**

1．宅地建物取引業者が建物の貸借の媒介を行う場合、貸主と借主の双方から受け取ることができる報酬の合計額は、当該建物の借賃（消費税等相当額を除く）の２ヵ月分に相当する額に消費税等相当額を加算した額が上限となる。

2．宅地建物取引業者は、自ら売主となる宅地の売買契約の締結に際して、代金の額の10分の２を超える額の手付を受領することができない。

3．宅地建物取引業者が、自ら売主となる宅地の売買契約の締結に際して手付を受領したときは、その手付がいかなる性質のものであっても、買主が契約の履行に着手する前であれば、当該宅地建物取引業者はその倍額を現実に提供して、契約の解除をすることができる。

4．専任媒介契約の有効期間は、３ヵ月を超えることができず、これより長い期間を定めたときは、その期間は３ヵ月とされる。

解答と解説

1．不適切。宅地建物取引業者が建物の貸借の媒介を行う場合、貸主と借主の双方から受け取ることができる報酬の合計額は、当該建物の借賃（消費税等相当額を除く）の１ヵ月分に相当する額に消費税等相当額を加算した額が上限となる。

2．適切。

3．適切。

4．適切。なお、専属専任媒介契約の有効期間も同様である。

正解　1

不動産に関する法令上の規制（1）

不動産の売買契約に係る民法の規定に関する次の記述のうち、最も適切なものはどれか。なお、特約については考慮しないものとする。

1．同一の不動産について二重に売買契約が締結された場合、譲受人相互間においては、所有権移転登記の先後にかかわらず、原則として、売買契約を先に締結した者が当該不動産の所有者となる。

2．売買の目的物である建物が、その売買契約の締結から当該建物の引渡しまでの間に、台風によって全壊した場合、売主の責めに帰することができない事由であるため、買主は、売主に対する建物代金の支払いを拒むことはできない。

3．不動産が共有されている場合、各共有者は、自己が有している持分を第三者に譲渡するときは、他の共有者全員の同意を得なければならない。

4．売買契約締結後、買主の責めに帰することができない事由により、当該契約の目的物の引渡債務の全部が履行不能となった場合、買主は履行の催告をすることなく、直ちに契約の解除をすることができる。

解答と解説

1．不適切。同一の不動産について二重に売買契約が締結された場合、原則として、先に所有権移転登記をした者が当該不動産の所有権を対抗できる。

2．不適切。売買の目的物である建物が、その売買契約の締結から当該建物の引渡しまでの間に、台風によって全壊した場合、買主は、売主に対する建物代金の支払いを拒むことができる。

3．不適切。不動産が共有されている場合、各共有者は、自己が有している持分を第三者に譲渡するときに、他の共有者全員の同意を得る必要はない。

4．適切。代金の支払いが遅れるなどの履行遅滞の場合、催告をしなければ契約の解除はできないが、売買の目的物である建物が滅失するなど履行不能の場合は、（催告をすることなく）直ちに契約を解除できる。

正解 4

不動産に関する法令上の規制（2）

借地借家法に関する次の記述のうち、最も適切なものはどれか。なお、本問においては、同法第22条の借地権を一般定期借地権といい、同法第22条から第24条の定期借地権等以外の借地権を普通借地権という。

1．事業の用に供する建物の所有を目的とするときは、一般定期借地権を設定することができない。

2．一般定期借地権の存続期間は、50年以上としなければならない。

3．普通借地権の存続期間は30年とされており、契約でこれより長い期間を定めることはできない。

4．普通借地権の存続期間が満了する場合において、借地権者が契約の更新を請求し、借地権設定者に更新を拒絶する正当の事由がないときは、借地上に建物があるかどうかにかかわらず、従前の契約と同一の条件で契約を更新したものとみなされる。

解答と解説

1．不適切。一般定期借地権の設定において、建物の用途に関する制限はない。

2．適切。

3．不適切。普通借地権の存続期間は30年以上とされており、30年より長い期間を定めることができる。

4．不適切。普通借地権の存続期間が満了する場合において、借地権者が契約の更新を請求し、借地権設定者に更新を拒絶する正当の事由がないときは、借地上に建物がある場合に限り、従前の契約と同一の条件（存続期間を除く）で契約を更新したものとみなされる。

正解 2

不動産に関する法令上の規制（3）

> **都市計画法に関する次の記述のうち、最も適切なものはどれか。**
>
> 1．すべての都市計画区域において、都市計画に市街化区域と市街化調整区域の区分（区域区分）を定めなければならない。
> 2．都市計画区域のうち、用途地域が定められている区域については、防火地域または準防火地域のいずれかを定めなければならない。
> 3．市街化調整区域内において、農業を営む者の居住の用に供する建築物の建築の用に供する目的で行う開発行為は、開発許可を受ける必要はない。
> 4．土地区画整理事業の施行として行う開発行為は、開発許可を受けなければならない。

解答と解説

1．不適切。都市計画区域において、必要があれば、都市計画に市街化区域と市街化調整区域の区分（区域区分）を定めることができるとされている。ただし、三大都市圏の既成市街地・近郊整備地帯等の区域や指定都市の区域の全部または一部を含む都市計画区域については、区域区分を必ず定めることとされている。

2．不適切。都市計画区域には、都市計画に防火地域または準防火地域を定めることができるとされている。

3．適切。

4．不適切。土地区画整理事業の施行として行う開発行為は、開発許可を受ける必要はない。

正解 3

不動産に関する法令上の規制（４）

　都市計画区域および準都市計画区域内における建築基準法の規定に関する次の記述のうち、最も不適切なものはどれか。

1．建築基準法第42条第2項により道路境界線とみなされる線と道路との間の敷地部分（セットバック部分）は、建蔽率および容積率を算定する際の敷地面積に算入することができない。

2．第一種低層住居専用地域、第二種低層住居専用地域または田園住居地域内における建築物の高さは、原則として、10mまたは12mのうち都市計画で定められた限度を超えることができない。

3．近隣商業地域、商業地域および工業地域においては、地方公共団体の条例で日影規制（日影による中高層の建築物の高さの制限）の対象区域として指定することができない。

4．建築物が防火地域および準防火地域にわたる場合においては、原則として、その全部について防火地域内の建築物に関する規定が適用される。

解答と解説

1．適切。

2．適切。

3．不適切。商業地域、工業地域および工業専用地域においては、地方公共団体の条例で日影規制（日影による中高層の建築物の高さの制限）の対象区域として指定することができない。

4．適切。

正解　3

不動産の取得・保有に係る税金

> 不動産に係る固定資産税および都市計画税に関する次の記述のうち、最も不適切なものはどれか。
>
> 1. 固定資産税の納税義務者が、年の中途にその課税対象となっている家屋を取り壊した場合であっても、当該家屋に係るその年度分の固定資産税の全額を納付する義務がある。
>
> 2. 住宅用地に係る固定資産税の課税標準については、住宅1戸当たり200㎡以下の部分について課税標準となるべき価格の3分の1相当額とする特例がある。
>
> 3. 都市計画税は、都市計画区域のうち、原則として市街化区域内に所在する土地または家屋の所有者に対して課される。
>
> 4. 都市計画税の税率は各地方自治体の条例で定められるが、制限税率である0.3%を超えることはできない。

解答と解説

1. 適切。その年の1月1日現在における家屋の所有者は、年の中途に家屋を取り壊した場合であっても、その年度分の固定資産税の納税義務者となる。

2. 不適切。住宅用地に係る固定資産税の課税標準については、住宅1戸当たり200㎡以下の部分について課税標準となるべき価格の6分の1相当額とする特例がある。

3. 適切。

4. 適切。

/ 正解 2

不動産の譲渡に係る税金

　個人が土地を譲渡した場合の譲渡所得に関する次の記述のうち、最も不適切なものはどれか。

1．相続（限定承認に係るものを除く）により取得した土地を譲渡した場合、その土地の所有期間を判定する際の取得の日は、被相続人の取得時期が引き継がれる。

2．土地の譲渡に係る所得が長期譲渡所得に区分される場合、課税長期譲渡所得金額に対し、原則として、所得税（復興特別所得税を含む）30.63％、住民税９％の税率で課税される。

3．土地の譲渡に係る所得については、その土地を譲渡した日の属する年の１月１日における所有期間が５年以下の場合、短期譲渡所得に区分される。

4．土地を譲渡する際に支出した仲介手数料は、譲渡所得の金額の計算上、譲渡費用に含まれる。

解答と解説

1．適切。

2．不適切。土地の譲渡に係る所得が長期譲渡所得に区分される場合、課税長期譲渡所得金額に対し、原則として、所得税（復興特別所得税を含む）15.315％、住民税５％の税率で課税される。なお、課税短期譲渡所得金額に対しては、所得税（復興特別所得税を含む）30.63％、住民税９％の税率で課税される。

3．適切。

4．適切。

正解　2

不動産の賃貸

> 　不動産賃貸に係る所得税に関する次の記述のうち、最も不適切なものはどれか。
>
> 1．不動産所得の金額の計算上、2023年中に取得した建物を同年中に貸し付けた場合の当該建物の減価償却費の計算においては、定額法または定率法の選択が可能である。
>
> 2．不動産所得の金額の計算上、当該不動産所得に係る所得税および住民税の額は必要経費に算入されない。
>
> 3．不動産所得に係る総収入金額を計算する場合において、契約により支払日が定められている賃貸料は、原則として、その定められた支払日が収入すべき時期となる。
>
> 4．アパート等の貸付けが不動産所得における事業的規模であるかどうかの判定において、貸与することができる独立した室数がおおむね10以上であれば、特に反証がない限り、事業的規模として取り扱われる。

解答と解説

1．不適切。不動産所得の金額の計算上、2023年中に取得した建物を同年中に貸し付けた場合の当該建物の減価償却費の計算においては、定額法とされている。定率法を選択することはできない。

2．適切。

3．適切。

4．適切。なお、一軒家の貸付けについては、おおむね5棟以上であれば、特に反証がない限り、事業的規模として取り扱われる。本肢に記述されている内容とあわせて「5棟10室基準」と呼ばれている。

正解　1

不動産の証券化

> 　不動産の投資判断の手法等に関する次の記述のうち、最も不適切なものはどれか。
>
> 1．レバレッジ効果とは、投資に対する収益率が借入金の金利を上回っている場合に、借入金の利用により自己資金に対する利回りが上昇する効果をいう。
>
> 2．DCF法は、連続する複数の期間に発生する純収益および復帰価格を、その発生時期に応じて現在価値に割り引いて、それぞれを合計して対象不動産の収益価格を求める手法である。
>
> 3．NPV法（正味現在価値法）による投資判断においては、対象不動産から得られる収益の現在価値の合計額が投資額を上回っている場合、その投資は有利であると判定することができる。
>
> 4．IRR法（内部収益率法）による投資判断においては、対象不動産に対する投資家の期待収益率が対象不動産の内部収益率を上回っている場合、その投資は有利であると判定することができる。

第5章

E

不動産

解答と解説

1．適切。

2．適切。

3．適切。

4．不適切。IRR法（内部収益率法）による内部収益率は、予測される収益率といえる。内部収益率法による投資判断においては、対象不動産の内部収益率が投資家の期待収益率を上回っている場合、その投資は有利であると判定することができる。

正解　4

不動産の見方（1）

　不動産の登記や調査に関する次の記述のうち、最も不適切なものはどれか。

1．抵当権の登記の登記事項は、権利部乙区に記録される。

2．区分建物を除く建物に係る登記記録において、床面積は、壁その他の区画の中心線で囲まれた部分の水平投影面積（壁芯面積）により記録される。

3．新築した建物の所有権を取得した者は、その所有権の取得の日から1ヵ月以内に、所有権保存登記を申請しなければならない。

4．登記情報提供サービスでは、登記所が保有する登記情報を、インターネットを使用してパソコン等で確認することができるが、取得した登記情報に係る電子データには登記官の認証文は付されない。

解答と解説

1．適切。抵当権など所有権以外の登記の登記事項は、権利部乙区に記録される。一方、所有権の登記の登記事項は、権利部甲区に記録される。

2．適切。なお、区分建物に係る登記記録において、床面積は、壁その他の区画の内側線で囲まれた部分の水平投影面積（内法面積）により記録される。

3．不適切。新築した建物の所有権を取得した者は、その所有権の取得の日から1ヵ月以内に、表題登記（表題部の登記）を申請しなければならない。

4．適切。なお、登記事項証明書には、登記官の認証文が付されている。

正解 **3**

不動産の見方（2）

　不動産の鑑定評価の手法に関する次の記述のうち、最も不適切なものはどれか。

1. 原価法は、価格時点における対象不動産の再調達原価を求め、この再調達原価について減価修正を行って対象不動産の価格を求める手法である。

2. 取引事例比較法では、取引事例の取引時点が価格時点と異なり、その間に価格水準の変動があると認められる場合、当該取引事例の価格を価格時点の価格に修正する必要がある。

3. 収益還元法は、対象不動産が将来生み出すであろうと期待される純収益の現在価値の総和を求めることにより、対象不動産の価格を求める手法である。

4. 収益還元法は、文化財の指定を受けた建造物等の一般的に市場性を有しない不動産や賃貸の用に供されていない自用の不動産の価格を求める際には、基本的に適用してはならないとされる。

解答と解説

1. 適切。

2. 適切。

3. 適切。なお、収益還元法には、直接還元法とDCF法がある。

4. 不適切。収益還元法は、文化財の指定を受けた建造物等の一般的に市場性を有しない不動産以外のものにはすべて適用すべきものである。賃貸の用に供されていない自用の不動産については、賃貸を想定することにより適用すべきとされる。

正解 4

不動産に関する法令上の規制（1）

> 不動産の売買契約に係る民法の規定に関する次の記述のうち、最も不適切なものはどれか。なお、特約については考慮しないものとする。
>
> 1．同一の不動産について二重に売買契約が締結された場合、譲受人相互間においては、売買契約の締結の先後にかかわらず、原則として、所有権移転登記を先にした者が、当該不動産の所有権の取得を他方に対抗することができる。
>
> 2．不動産の売買契約において買主が売主に手付金を交付した場合、売主が契約の履行に着手する前であれば、買主はその手付金を放棄することで契約を解除することができる。
>
> 3．不動産が共有されている場合に、各共有者が、自己の有している持分を第三者に譲渡するときは、他の共有者の同意を得る必要がある。
>
> 4．売買の目的物である建物が、その売買契約の締結から当該建物の引渡しまでの間に、地震によって全壊した場合、買主は、売主に対する建物代金の支払いを拒むことができる。

解答と解説

1．適切。不動産の登記には、対抗力がある。

2．適切。なお、買主が契約の履行に着手する前であれば、売主はその手付金の倍額を償還することで契約を解除することができる。

3．不適切。不動産が共有されている場合に、各共有者が、自己の有している持分を第三者に譲渡するときは、他の共有者の同意を得る必要はない。

4．適切。売買契約の締結から建物の引渡しまでの間に、地震など売主の責に帰することができない事由により建物が滅失して履行不能となった場合、買主は、売主に対する建物代金の支払いを拒むことができる。

正解 3

不動産に関する法令上の規制（2）

借地借家法に関する次の記述のうち、最も不適切なものはどれか。なお、本問においては、同法第22条の借地権を一般定期借地権といい、第22条から第24条の定期借地権等以外の借地権を普通借地権という。

1．普通借地権の設定契約において、期間の定めがないときは、存続期間は30年とされる。

2．普通借地権の存続期間が満了した時点で借地上に建物が存在しない場合は、借地権者が契約の更新を請求しても、従前の契約と同一の条件で契約が更新されたものとはみなされない。

3．一般定期借地権の設定契約において、存続期間は30年とすることができる。

4．一般定期借地権の設定契約は、公正証書による等書面（電磁的記録による場合を含む）によってしなければならない。

解答と解説

1．適切。

2．適切。普通借地権の存続期間が満了した時点で借地上に建物が存在する場合に限り、借地権者が契約の更新を請求した場合、従前の契約と同一の条件で契約が更新されたものとみなされる。

3．不適切。一般定期借地権の設定契約において、存続期間は50年以上で定める。

4．適切。なお、事業用定期借地権等の設定契約は、公正証書によってしなければならない。

正解　3

不動産に関する法令上の規制（3）

> 借地借家法に関する次の記述のうち、最も適切なものはどれか。なお、本問においては、同法第38条による定期建物賃貸借契約を定期借家契約といい、それ以外の建物賃貸借契約を普通借家契約という。
>
> 1．普通借家契約において存続期間を6ヵ月と定めた場合、その存続期間は1年とみなされる。
> 2．期間の定めのない普通借家契約において、建物の賃貸人が賃貸借の解約の申入れをし、正当の事由があると認められる場合、建物の賃貸借は、解約の申入れの日から6ヵ月を経過することによって終了する。
> 3．もっぱら事業の用に供する建物について定期借家契約を締結する場合、その契約は公正証書によってしなければならない。
> 4．定期借家契約は、契約当事者間の合意があっても、存続期間を3ヵ月未満とすることはできない。

解答と解説

1．不適切。普通借家契約において存続期間を1年未満で定めた場合、期間の定めのない普通借家契約とみなされる。

2．適切。なお、賃借人が解約の申入れした場合、建物の賃貸借は、解約の申入れの日から3カ月を経過することによって終了する。

3．不適切。定期借家契約を締結する場合、建物の用途にかかわらず、その契約は公正証書による等書面（電磁的記録による場合を含む）によってしなければならない。

4．不適切。定期借家契約の存続期間に上限下限の定めはないため、存続期間を3ヵ月未満とすることもできる。

正解 2

不動産に関する法令上の規制（4）

　都市計画区域および準都市計画区域内における建築基準法の規定に関する次の記述のうち、最も不適切なものはどれか。

1. 商業地域、工業地域および工業専用地域においては、地方公共団体の条例で日影規制（日影による中高層の建築物の高さの制限）の対象区域として指定することができない。

2. 建築物の高さに係る隣地斜線制限は、第一種低層住居専用地域、第二種低層住居専用地域および田園住居地域には適用されない。

3. 第一種低層住居専用地域内には、原則として、老人ホームを建築することはできるが、病院を建築することはできない。

4. 道路斜線制限（前面道路との関係についての建築物の各部分の高さの制限）は、原則として、第一種低層住居専用地域、第二種低層住居専用地域における建築物にのみ適用され、商業地域における建築物には適用されない。

解答と解説

1. 適切。

2. 適切。

3. 適切。

4. 不適切。道路斜線制限は、すべての用途地域および用途地域の無指定区域において適用される。

正解　4

不動産に関する法令上の規制（5）

> 建物の区分所有等に関する法律に関する次の記述のうち、最も不適切なものはどれか。
>
> 1．建物ならびにその敷地および附属施設の管理を行うための団体は、区分所有者によって構成されるが、その構成員になるかどうかの選択についてはそれぞれの区分所有者の任意である。
>
> 2．一棟の建物のうち、構造上の独立性と利用上の独立性を備えた建物の部分は、区分所有権の目的となる専有部分の対象となるが、規約により共用部分とすることができる。
>
> 3．区分所有者が建物および建物が所在する土地と一体として管理または使用する庭、通路その他の土地は、規約により建物の敷地とすることができる。
>
> 4．集会においては、区分所有者および議決権の各5分の4以上の多数により、建替え決議をすることができる。

解答と解説

1．不適切。区分所有者は必ず管理組合（管理を行うための団体）の構成員となり、構成員とならないことを選択することはできない。

2．適切。たとえば、管理人室や集会室などが規約共用部分となる。

3．適切。

4．適切。

正解　1

不動産の取得・保有に係る税金

> 不動産の取得に係る税金に関する次の記述のうち、最も不適切なものはどれか。
>
> 1. 不動産取得税は、相続により不動産を取得した場合には課されないが、贈与により不動産を取得した場合には課される。
> 2. 不動産取得税は、土地の取得について所有権移転登記が未登記であっても、当該取得に対して課される。
> 3. 登録免許税は、建物を新築した場合の建物表題登記に対して課される。
> 4. 登録免許税は、贈与により不動産を取得した場合の所有権移転登記に対して課される。

解答と解説

1. 適切。
2. 適切。不動産取得税は、現実に不動産を取得した者に課され、登記の有無は問われない。
3. 不適切。登録免許税は、建物を新築した場合の建物表題登記に対して課されない。
4. 適切。

正解 3

不動産の譲渡に係る税金

　　個人が土地を譲渡した場合の譲渡所得に関する次の記述のうち、最も不適切なものはどれか。

1．相続により取得した土地を譲渡した場合、その土地の所有期間を判定する際の取得の日は、相続人が当該相続を登記原因として所有権移転登記をした日である。

2．土地の譲渡に係る所得が長期譲渡所得に区分される場合、課税長期譲渡所得金額に対し、原則として、所得税（復興特別所得税を含む）が15.315％、住民税が5％の税率で課される。

3．土地の譲渡に係る所得については、その土地を譲渡した日の属する年の1月1日における所有期間が5年以下の場合、短期譲渡所得に区分される。

4．譲渡所得の金額の計算上、譲渡した土地の取得費が不明な場合には、譲渡収入金額の5％相当額を取得費とすることができる。

解答と解説

1．不適切。相続により取得した土地を譲渡した場合、その土地の所有期間を判定する際の取得の日は、被相続人が取得した日である（限定承認を除く）。

2．適切。なお、土地の譲渡に係る所得が短期譲渡所得に区分される場合、課税短期譲渡所得金額に対し、原則として、所得税（復興特別所得税を含む）が30.63％、住民税が9％の税率で課される。

3．適切。

4．適切。このことを「概算取得費」という。

正解　1

不動産の証券化

> 　不動産の投資判断の手法等に関する次の記述のうち、最も適切なものはどれか。
>
> 1．DCF法は、対象不動産の一期間の純収益を還元利回りで還元して対象不動産の収益価格を求める手法である。
>
> 2．NPV法（正味現在価値法）による投資判断においては、対象不動産から得られる収益の現在価値の合計額が投資額を上回っている場合、その投資は有利であると判定することができる。
>
> 3．NOI利回り（純利回り）は、対象不動産から得られる年間の総収入額を総投資額で除して算出される利回りであり、不動産の収益性を測る指標である。
>
> 4．DSCR（借入金償還余裕率）は、対象不動産から得られる収益による借入金の返済余裕度を評価する指標であり、対象不動産に係る当該指標の数値が1.0を下回っている場合は、対象不動産から得られる収益だけで借入金を返済することができる。

解答と解説

1．不適切。本肢の記述は、直接還元法についての説明である。

2．適切。

3．不適切。NOI利回り（純利回り）は、対象不動産から得られる年間の純収益（総収入額から年間費用を控除した額）を総投資額で除して算出される利回りであり、不動産の収益性を測る指標である。

4．不適切。DSCR（借入金償還余裕率）は、対象不動産から得られる収益による借入金の返済余裕度を評価する指標であり、対象不動産に係る当該指標の数値が1.0以上である場合は、対象不動産から得られる収益（純収益）だけで借入金を返済することができる。

正解　2

不動産の見方

土地の価格に関する次の記述のうち、最も適切なものはどれか。

1．地価公示の公示価格は、毎年4月1日を標準地の価格判定の基準日としている。

2．都道府県地価調査の標準価格は、毎年7月1日を基準地の価格判定の基準日としている。

3．相続税路線価は、地価公示の公示価格の70％を価格水準の目安としている。

4．固定資産税評価額は、全国の各地域を管轄する国税局長が、固定資産評価基準に基づき決定する。

解答と解説

1．不適切。地価公示の公示価格は、毎年1月1日を標準地の価格判定の基準日としている。

2．適切。

3．不適切。相続税路線価は、地価公示の公示価格の80％を価格水準の目安としている。

4．不適切。固定資産税評価額は、市町村長が、固定資産評価基準に基づき決定する。

正解 2

不動産の取引（１）

　宅地建物取引業法に関する次の記述のうち、最も適切なものはどれか。なお、買主は宅地建物取引業者ではないものとする。

１．アパートやマンションの所有者が、当該建物の賃貸を自ら業として行うためには、あらかじめ宅地建物取引業の免許を取得しなければならない。

２．宅地建物取引業者が、自ら売主となる宅地の売買契約の締結に際して手付を受領したときは、その手付がいかなる性質のものであっても、買主が契約の履行に着手する前であれば、当該宅地建物取引業者はその手付を返還することで、契約の解除をすることができる。

３．専任媒介契約を締結した宅地建物取引業者は、依頼者に対し、当該専任媒介契約に係る業務の処理状況を、５日間に１回以上報告しなければならない。

４．宅地建物取引業者は、自ら売主となる宅地の売買契約の締結に際して、代金の額の10分の２を超える額の手付を受領することができない。

解答と解説

１．不適切。自ら所有するアパートやマンションの賃貸を自ら業として行うことは、宅地建物取引業には該当しないため、その免許を取得しなくても行うことができる。

２．不適切。宅地建物取引業者が、自ら売主となる宅地の売買契約の締結に際して手付を受領したときは、その手付がいかなる性質のものであっても、解約手付とみなされる。したがって、買主が契約の履行に着手する前であれば、当該宅地建物取引業者はその手付の倍額を返還することで、契約の解除をすることができる。

３．不適切。専任媒介契約を締結した宅地建物取引業者は、依頼者に対し、当該専任媒介契約に係る業務の処理状況を、２週間に１回以上報告しなければならない。なお、専属専任媒介契約の場合は、１週間に１回以上となる。

４．適切。

正解 **4**

不動産の取引（2）

民法および借地借家法に関する次の記述のうち、最も不適切なものはどれか。なお、本問においては、借地借家法第38条における定期建物賃貸借契約を定期借家契約といい、それ以外の建物賃貸借契約を普通借家契約という。また、記載のない特約については考慮しないものとする。

1．賃借人は、建物の引渡しを受けた後の通常の使用および収益によって生じた建物の損耗ならびに経年変化については、賃貸借が終了したときに原状に復する義務を負わない。

2．普通借家契約において、賃借人が賃貸人の同意を得て建物に付加した造作について、賃貸借終了時、賃借人が賃貸人に、その買取りを請求しない旨の特約をした場合、その特約は無効である。

3．定期借家契約を締結するときは、賃貸人は、あらかじめ、賃借人に対し、契約の更新がなく、期間満了により賃貸借が終了することについて、その旨を記載した書面を交付し、または、賃借人の承諾を得て当該書面に記載すべき事項を電磁的方法により提供して、説明しなければならない。

4．定期借家契約において、経済事情の変動があっても賃貸借期間中は賃料を増減額しないこととする特約をした場合、その特約は有効である。

解答と解説

1．適切。

2．不適切。いわゆる賃借人の「造作買取請求権」を排除する特約は、有効である。

3．適切。

4．適切。なお、普通借家契約では、賃貸借期間中は賃料を減額しないこととする特約は無効となる。

正解　2

不動産に関する法令上の規制（1）

都市計画法に関する次の記述のうち、最も適切なものはどれか。

1. すべての都市計画区域について、都市計画に市街化区域と市街化調整区域の区域区分を定めなければならない。
2. 都市計画区域のうち、市街化調整区域は、おおむね10年以内に優先的かつ計画的に市街化を図るべき区域である。
3. 開発許可を受けた開発区域内の土地においては、開発工事完了の公告があるまでの間は、原則として、建築物を建築することができない。
4. 市街化調整区域内において、農業を営む者の居住の用に供する建築物の建築を目的として行う開発行為は、開発許可を受ける必要がある。

解答と解説

1. 不適切。都市計画区域について無秩序な市街化を防止し、計画的な市街化を図るため必要があるときは、都市計画に、市街化区域と市街化調整区域との区域区分を定めることができる。ただし、一部の都市計画区域については、区域区分を定めるものとされている。

2. 不適切。都市計画区域のうち、市街化調整区域は、市街化を抑制すべき区域である。

3. 適切。

4. 不適切。市街化調整区域内において開発行為を行う場合、原則として開発許可を受ける必要がある。ただし、農業を営む者の居住の用に供する建築物の建築を目的として行う開発行為は、開発許可を受ける必要がない。

正解 3

不動産に関する法令上の規制（２）

都市計画区域および準都市計画区域内における建築基準法の規定に関する次の記述のうち、最も不適切なものはどれか。

1. 建築基準法第42条第２項により道路境界線とみなされる線と道路との間の敷地部分（セットバック部分）は、建蔽率を算定する際の敷地面積に算入することができない。

2. 建築物の敷地が２つの異なる用途地域にわたる場合、その全部について、敷地の過半の属する用途地域の建築物の用途に関する規定が適用される。

3. 防火地域内にある耐火建築物は、いずれの用途地域内にある場合であっても、建蔽率の制限に関する規定の適用を受けない。

4. 商業地域内の建築物には、北側斜線制限（北側高さ制限）は適用されない。

解答と解説

1. 適切。

2. 適切。

3. 不適切。指定建蔽率が80％に指定されている区域で、そこが防火地域に指定されており、耐火建築物を建築する場合、建蔽率の制限を受けないが、指定建蔽率が80％でない地域では10％の緩和であり、建蔽率の制限がなくなるわけではない。

4. 適切。北側斜線制限（北側高さ制限）が適用されるのは、第一種・二種低層住居専用地域、田園住居地域、第一種・第二種中高層住居専用地域（日影規制の適用を受ける地域を除く）である。

正解 3

不動産に関する法令上の規制（3）

> 　建物の区分所有等に関する法律に関する次の記述のうち、最も不適切なものはどれか。
>
> 1．管理者は、少なくとも毎年1回、集会を招集しなければならない。
>
> 2．区分所有者は、敷地利用権が数人で有する所有権である場合、規約に別段の定めがない限り、敷地利用権を専有部分と分離して処分することができない。
>
> 3．共用部分に対する各区分所有者の共有持分は、各共有者が有する専有部分の床面積の割合によるものとされ、規約で別段の定めをすることはできない。
>
> 4．専有部分が数人の共有に属するときは、共有者は、議決権を行使すべき者1人を定めなければならない。

解答と解説

1．適切。

2．適切。

3．不適切。共用部分に対する各区分所有者の共有持分は、各共有者が有する専有部分の床面積の割合によるものとされているが、規約で別段の定めをすることができる。

4．適切。

正解　3

不動産の取得・保有に係る税金

> 不動産に係る固定資産税および都市計画税に関する次の記述のうち、最も不適切なものはどれか。
>
> 1. 年の中途に固定資産税の課税対象となる土地または家屋が譲渡された場合、その譲受人は、原則として、その年度内の所有期間に応じた当年度分の固定資産税を納付しなければならない。
> 2. 住宅用地に係る固定資産税の課税標準については、小規模住宅用地（住宅1戸当たり200㎡以下の部分）について、課税標準となるべき価格の6分の1相当額とする特例がある。
> 3. 土地および家屋に係る固定資産税の標準税率は1.4%と定められているが、各市町村はこれと異なる税率を定めることができる。
> 4. 都市計画税は、都市計画区域のうち、原則として、市街化区域内に所在する土地または家屋の所有者に対して課される。

解答と解説

1. 不適切。年の中途に固定資産税の課税対象となる土地または家屋を譲渡した場合であっても、その譲渡人は、原則として、その年度分の固定資産税をすべて納付しなければならない。
2. 適切。
3. 適切。
4. 適切。

正解 1

不動産の譲渡に係る税金（１）

> 個人が土地を譲渡した場合の譲渡所得に関する次の記述のうち、最も不適切なものはどれか。
>
> １．土地の譲渡に係る所得については、その土地を譲渡した日の属する年の１月１日における所有期間が10年以下の場合、短期譲渡所得に区分される。
>
> ２．譲渡所得の金額の計算上、譲渡した土地の取得費が不明な場合には、譲渡収入金額の５％相当額を取得費とすることができる。
>
> ３．相続（限定承認に係るものを除く）により取得した土地を譲渡した場合、その土地の所有期間を判定する際の取得の時期は、被相続人の取得の時期が引き継がれる。
>
> ４．土地を譲渡する際に支出した仲介手数料は、譲渡所得の金額の計算上、譲渡費用に含まれる。

解答と解説

１．不適切。土地の譲渡に係る所得については、その土地を譲渡した日の属する年の１月１日における所有期間が５年以下の場合、短期譲渡所得に区分される。５年超の場合は、長期譲渡所得に区分される。

２．適切。このことを「概算取得費」という。

３．適切。

４．適切。

正解　1

不動産の譲渡に係る税金（２）

> 　不動産の譲渡に係る各種特例に関する次の記述のうち、最も適切なものはどれか。なお、記載されたもの以外の要件はすべて満たしているものとする。
>
> １．自宅を譲渡して「居住用財産を譲渡した場合の3,000万円の特別控除」の適用を受ける場合、当該自宅の所有期間は、譲渡した日の属する年の1月1日において10年を超えていなければならない。
>
> ２．自宅を譲渡して「居住用財産を譲渡した場合の長期譲渡所得の課税の特例」（軽減税率の特例）の適用を受ける場合、同年に取得して入居した家屋について住宅借入金等特別控除の適用を受けることはできない。
>
> ３．「居住用財産を譲渡した場合の3,000万円の特別控除」と「居住用財産を譲渡した場合の長期譲渡所得の課税の特例」（軽減税率の特例）は、重複して適用を受けることができない。
>
> ４．相続により取得した土地について、「相続財産に係る譲渡所得の課税の特例」（相続税の取得費加算の特例）の適用を受けるためには、当該土地を、当該相続の開始があった日の翌日から相続税の申告期限の翌日以後1年を経過する日までの間に譲渡しなければならない。

解答と解説

１．不適切。自宅を譲渡して「居住用財産を譲渡した場合の3,000万円の特別控除」の適用を受ける場合、所有期間に関する要件はない。

２．適切。

３．不適切。「居住用財産を譲渡した場合の3,000万円の特別控除」と「居住用財産を譲渡した場合の長期譲渡所得の課税の特例」（軽減税率の特例）は、重複して適用を受けることができる。

４．不適切。「相続税の取得費加算の特例」の適用を受けるためには、相続により取得した土地を、当該相続の開始があった日の翌日から相続税の申告期限の翌日以後3年を経過する日までの間に譲渡しなければならない。

正解　2

E-30

✓ Check! ☐☐☐
2024年1月第50問

不動産の証券化

> 　不動産の投資判断手法等に関する次の記述のうち、最も適切なものはどれか。
>
> 1．NOI利回り（純利回り）は、対象不動産から得られる年間の総収入を総投資額で除して算出される利回りであり、不動産の収益性を測る指標である。
> 2．DCF法は、連続する複数の期間に発生する総収入および復帰価格を、その発生時期に応じて現在価値に割り引き、それぞれを合計して対象不動産の収益価格を求める手法である。
> 3．借入金併用型投資では、投資の収益率が借入金の金利を下回っている場合、レバレッジ効果により、自己資金に対する投資の収益率向上を期待することができる。
> 4．IRR（内部収益率）とは、投資によって得られる将来のキャッシュフローの現在価値と投資額が等しくなる割引率をいう。

解答と解説

1．不適切。NOI利回り（純利回り）は、対象不動産から得られる年間の純収益（総収入から年間費用を控除したもの）を総投資額で除して算出される利回りである。

2．不適切。DCF法は、連続する複数の期間に発生する純収益および復帰価格（売却予定価格）を、その発生時期に応じて現在価値に割り引き、それぞれを合計して対象不動産の収益価格を求める手法である。

3．不適切。借入金併用型投資では、投資の収益率が借入金の金利を上回っている場合、レバレッジ効果により、自己資金に対する投資の収益率向上を期待することができる。

4．適切。なお、IRR（内部収益率）が投資家の期待収益率を上回っている場合、有利な投資であると判断することができる。

正解 4

第5章 E 不動産

相続・事業承継

贈与と法律

> **贈与税の申告と納付に関する次の記述のうち、最も適切なものはどれか。**
>
> 1．贈与税の納付は、贈与税の申告書の提出期限までに贈与者が行わなければならない。
>
> 2．贈与税の申告書の提出期間は、原則として、贈与があった年の翌年2月16日から3月15日までである。
>
> 3．贈与税を延納するためには、納付すべき贈与税額が10万円を超えていなければならない。
>
> 4．贈与税の納付について、金銭による一括納付や延納による納付を困難とする事由がある場合、その納付を困難とする金額を限度として物納が認められる。

解答と解説

1．不適切。贈与税の納付は、贈与税の申告書の提出期限までに受贈者が行わなければならない。

2．不適切。贈与税の申告書の提出期間は、原則として、贈与があった年の翌年2月1日から3月15日までである。

3．適切。

4．不適切。贈与税の納付については、相続税とは異なり物納は認められていない。

正解　3

相続と法律（1）

　相続人が次の（ア）〜（ウ）である場合、民法上、それぞれの場合における被相続人の配偶者の法定相続分の組み合わせとして、最も適切なものはどれか。

（ア）被相続人の配偶者および子の合計2人
（イ）被相続人の配偶者および母の合計2人
（ウ）被相続人の配偶者および兄の合計2人

1．（ア）1／2　（イ）1／3　（ウ）1／4
2．（ア）1／2　（イ）2／3　（ウ）3／4
3．（ア）3／4　（イ）2／3　（ウ）1／2
4．（ア）1／3　（イ）2／3　（ウ）3／4

解答と解説

（ア）相続人が配偶者および子の組み合わせの場合、配偶者の法定相続分は1／2である。

（イ）相続人が配偶者および直系血族の組み合わせの場合、配偶者の法定相続分は2／3である。

（ウ）相続人が配偶者および兄弟姉妹の組み合わせの場合、配偶者の法定相続分は3／4である。

正解 2

第6章 F　相続・事業承継

相続と法律（2）

> **遺産の分割に関する次の記述のうち、最も不適切なものはどれか。**
>
> 1．共同相続人は、一定の場合を除き、遺産の全部ではなく一部の分割内容のみを定めた遺産分割協議書を作成することができる。
>
> 2．換価分割は、共同相続人が相続により取得した財産の全部または一部を金銭に換価し、その換価代金を共同相続人の間で分割する方法である。
>
> 3．代償分割は、現物分割を困難とする事由がある場合に、共同相続人が家庭裁判所に申し立て、その審判を受けることにより認められる分割方法である。
>
> 4．相続人が代償分割により他の相続人から交付を受けた代償財産は、相続税の課税対象となる。

解答と解説

1．適切。

2．適切。

3．不適切。代償分割は、共同相続人間の協議により自由に行うことができる分割方法である。

4．適切。

正解 3

相続と法律（3）

> **遺言に関する次の記述のうち、最も不適切なものはどれか。**
>
> 1．公正証書遺言を作成する際には、証人2人以上の立会いが必要とされる。
> 2．公正証書遺言を作成した遺言者は、その遺言を自筆証書遺言によって撤回することができる。
> 3．自筆証書遺言を作成する際に財産目録を添付する場合、その目録はパソコン等で作成することができる。
> 4．自筆証書遺言は、自筆証書遺言書保管制度により法務局（遺言書保管所）に保管されているものであっても、相続開始後に家庭裁判所の検認を受けなければならない。

解答と解説

1．適切。
2．適切。遺言者は、遺言の方式により遺言の撤回ができるが、先の遺言と同じ形式である必要はないため、公正証書遺言を自筆証書遺言によって撤回することができる。
3．適切。
4．不適切。自筆証書遺言書保管制度により法務局（遺言書保管所）に保管されている自筆証書遺言は、相続開始後に家庭裁判所の検認を受ける必要はない。

正解 **4**

第 **6** 章

F

相続・事業承継

相続財産の評価（不動産以外）、相続財産の評価（不動産）

> 　相続人が負担した次の費用等のうち、相続税の課税価格の計算上、相続財産の価額から債務控除をすることができるものはどれか。なお、相続人は債務控除の適用要件を満たしているものとする。
>
> 1．被相続人が生前に購入した墓碑の購入代金で、相続開始時点で未払いのもの
>
> 2．被相続人が所有していた不動産に係る固定資産税のうち、相続開始時点で納税義務は生じているが、納付期限が到来していない未払いのもの
>
> 3．被相続人に係る初七日および四十九日の法要に要した費用のうち、社会通念上相当と認められるもの
>
> 4．被相続人の相続に係る相続税の申告書を作成するために、相続人が支払った税理士報酬

解答と解説

1．債務控除することはできない。生前に購入した墓碑等の非課税財産に係る購入代金は、相続開始時点で未払いであっても、債務控除することはできない。

2．債務控除することができる。納付期限が到来していない未払い税金（固定資産税など）は、債務控除することができる。

3．債務控除することはできない。法要費用は、葬式費用には該当しないため、債務控除をすることはできない。

4．債務控除することはできない。税理士費用など、被相続人の相続開始後に生じる費用は、債務控除することはできない。

正解　2

相続と税金

　下記〈親族関係図〉において、Aさんの相続が開始した場合の相続税額の計算における遺産に係る基礎控除額として、最も適切なものはどれか。なお、Cさんは相続の放棄をしている。また、Eさんは、Aさんの普通養子（特別養子縁組以外の縁組による養子）である。

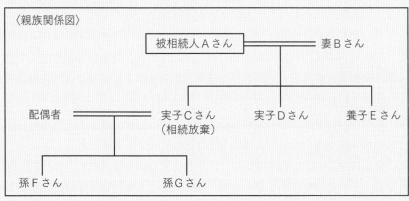

〈親族関係図〉

被相続人Aさん ━━━ 妻Bさん

配偶者 ━━━ 実子Cさん（相続放棄）　実子Dさん　養子Eさん

孫Fさん　　　　孫Gさん

1．4,200万円
2．4,800万円
3．5,400万円
4．6,000万円

解答と解説

遺産に係る基礎控除額 ＝ 3,000万円 ＋ 600万円 × 法定相続人の数

　　　　　　　　　　＝ 3,000万円 ＋ 600万円 × 4人

　　　　　　　　　　＝ 5,400万円

※　法定相続人の数は、妻B、実子C（相続放棄者は数に含む）、実子D、養子E（実子がいる場合、普通養子は1人まで数に含む）の4人である。

正解　3

相続財産の評価（不動産以外）

> 相続税における取引相場のない株式の評価に関する次の記述のうち、最も適切なものはどれか。なお、特定の評価会社の株式には該当しないものとする。
>
> 1. 類似業種比準方式における比準要素は、1株当たりの配当金額、1株当たりの利益金額および1株当たりの純資産価額（帳簿価額によって計算した金額）である。
> 2. 会社規模が大会社である会社において、中心的な同族株主が取得した株式の価額は、原則として、類似業種比準方式と純資産価額方式の併用方式によって評価する。
> 3. 会社規模が小会社である会社において、中心的な同族株主が取得した株式の価額は、原則として、類似業種比準方式によって評価する。
> 4. 同族株主のいる会社において、同族株主以外の株主が取得した株式の価額は、その会社規模にかかわらず、原則として、純資産価額方式によって評価する。

解答と解説

1. 適切。
2. 不適切。会社規模が大会社である会社において、中心的な同族株主が取得した株式の価額は、原則として、類似業種比準方式によって評価する。
3. 不適切。会社規模が小会社である会社において、中心的な同族株主が取得した株式の価額は、原則として、純資産価額方式によって評価する。
4. 不適切。同族株主のいる会社において、同族株主以外の株主が取得した株式の価額は、その会社規模にかかわらず、原則として、配当還元方式によって評価する。

正解　1

相続財産の評価（不動産）

宅地および宅地の上に存する権利の相続税における評価に関する次の記述のうち、最も不適切なものはどれか。なお、評価の対象となる宅地は、借地権（建物等の所有を目的とする地上権または土地の賃借権）の設定に際し、その設定の対価として通常権利金その他の一時金を支払う「借地権の取引慣行のある地域」にあるものとする。また、宅地の上に存する権利は、定期借地権および一時使用目的の借地権等を除くものとする。

1. Aさんが、従前宅地であった土地を車庫などの施設がない青空駐車場（月極駐車場）の用に供していた場合において、Aさんの相続が開始したときは、相続税額の計算上、その土地の価額は貸宅地として評価する。

2. Bさんが、所有する宅地の上にアパートを建築して賃貸の用に供していた場合において、Bさんの相続が開始したときは、相続税額の計算上、その宅地の価額は貸家建付地として評価する。

3. Cさんが、借地権の設定に際して通常の権利金を支払って賃借した宅地の上にCさん名義の自宅を建築して居住の用に供していた場合において、Cさんの相続が開始したときは、相続税額の計算上、その宅地の上に存するCさんの権利の価額は、借地権として評価する。

4. Dさんが、借地権の設定に際して通常の権利金を支払って賃借した宅地の上にDさん名義のアパートを建築して賃貸の用に供していた場合において、Dさんの相続が開始したときは、相続税額の計算上、その宅地の上に存するDさんの権利の価額は、貸家建付借地権として評価する。

解答と解説

1. 不適切。車庫などの施設がない青空駐車場（月極駐車場）の用に供している土地の価額は、自用地として評価する。

2. 適切。

3. 適切。

4. 適切。

正解 1

相続・事業承継の最新の動向

　　中小企業における経営の承継の円滑化に関する法律における「遺留分に関する民法の特例」（以下「本特例」という）に関する次の記述のうち、最も不適切なものはどれか。

1．本特例の適用を受けることによって、後継者が旧代表者から贈与により取得した自社株式の全部または一部について、その価額を、遺留分を算定するための財産の価額に算入しないことができる。

2．本特例の適用を受けることによって、後継者が旧代表者から贈与により取得した自社株式の全部または一部について、遺留分を算定するための財産の価額に算入すべき価額を、本特例の適用に係る合意をした時点の価額とすることができる。

3．本特例の適用を受けるためには、経済産業大臣の確認および家庭裁判所の許可を受ける必要がある。

4．後継者が贈与により取得した自社株式が金融商品取引所に上場されている場合であっても、本特例の適用を受けることができる。

解答と解説

1．適切。いわゆる「除外合意」についての記述である。

2．適切。いわゆる「固定合意」についての記述である。

3．適切。

4．不適切。本特例は、非上場株式について適用を受けることができるが、上場株式は対象外である。

正解　4

不動産の相続対策

民法における配偶者居住権に関する次の記述のうち、最も適切なものはどれか。

1. 配偶者居住権の存続期間は、原則として、被相続人の配偶者の終身の間である。

2. 被相続人の配偶者は、取得した配偶者居住権を譲渡することができる。

3. 被相続人の配偶者は、居住建物を被相続人と被相続人の子が相続開始時において共有していた場合であっても、当該建物に係る配偶者居住権を取得することができる。

4. 被相続人の配偶者は、被相続人の財産に属した建物に相続開始時において居住していなかった場合であっても、当該建物に係る配偶者居住権を取得することができる。

解答と解説

1. 適切。

2. 不適切。配偶者居住権は譲渡することができない。

3. 不適切。被相続人の配偶者は、居住建物を被相続人が相続開始時において配偶者以外の者と共有していた場合には、当該建物に係る配偶者居住権を取得することはできない。

4. 不適切。被相続人の配偶者は、被相続人の財産に属した建物に相続開始時において居住していた場合に限り、当該建物に係る配偶者居住権を取得することができる。

正解 1

第6章 F

相続・事業承継

贈与と法律

> **民法上の贈与に関する次の記述のうち、最も適切なものはどれか。**
>
> 1. 書面によらない贈与は、その履行の終わった部分についても、各当事者が解除をすることができる。
> 2. 負担付贈与とは、贈与者が受贈者に対して一定の債務を負担させることを条件とする贈与をいい、その受贈者の負担により利益を受ける者は贈与者に限られる。
> 3. 死因贈与とは、贈与者の死亡によって効力が生じる贈与をいい、贈与者のみの意思表示により成立する。
> 4. 定期贈与とは、贈与者が受贈者に対して定期的に財産を給付することを目的とする贈与をいい、贈与者または受贈者の死亡によって、その効力を失う。

解答と解説

1. 不適切。書面によらない贈与は、その履行の終わった部分を除いて、各当事者が解除をすることができる。

2. 不適切。負担付贈与とは、贈与者が受贈者に対して一定の債務を負担させることを条件とする贈与をいい、その受贈者の負担により利益を受ける者は贈与者に限られない。なお、第三者の利益となるものについては、第三者は負担額に相当する金額を贈与により取得したものとみなされ、第三者に贈与税が課税される。

3. 不適切。死因贈与とは、贈与者の死亡によって効力が生じる贈与をいい、贈与者の贈与の意思表示に対して、受贈者が受諾の意思表示をすることにより成立する。

4. 適切。

正解 4

贈与と税金（1）

> 　贈与税の非課税財産等に関する次の記述のうち、最も不適切なものはどれか。
>
> 1．扶養義務者相互間において生活費または教育費に充てるためにした贈与により取得した財産のうち、通常必要と認められるものは、贈与税の課税対象とならない。
>
> 2．個人から受ける社交上必要と認められる香典や見舞金等の金品で、贈与者と受贈者との関係等に照らして社会通念上相当と認められるものは、贈与税の課税対象とならない。
>
> 3．離婚に伴う財産分与により取得した財産は、その価額が婚姻中の夫婦の協力によって得た財産の額等の事情を考慮して社会通念上相当な範囲内である場合、原則として、贈与税の課税対象とならない。
>
> 4．父が所有する土地の名義を無償で子の名義に変更した場合、その名義変更により取得した土地は、原則として、贈与税の課税対象とならない。

解答と解説

1．適切。なお、生活費や教育費の名目で贈与を受けた場合であっても、それを預金したり株式や不動産などの買入資金に充てている場合は、贈与税の課税対象となる。

2．適切。

3．適切。

4．不適切。父が所有する土地の名義を無償で子の名義に変更した場合、その名義変更により取得した土地は、原則として、贈与税の課税対象となる。

正解　4

贈与と税金（2）

贈与税の申告と納付に関する次の記述のうち、最も適切なものはどれか。

1. 贈与税の申告書は、原則として、贈与を受けた年の翌年2月1日から3月15日までの間に、受贈者の納税地の所轄税務署長に提出しなければならない。
2. 国税電子申告・納税システム（e-Tax）は、贈与税の申告には対応していない。
3. 贈与税を納期限までに納付することが困難である場合、その納付を困難とする金額を限度として延納または物納を申請することができる。
4. 贈与税の納付について認められる延納期間は、最長10年である。

解答と解説

1. 適切。
2. 不適切。国税電子申告・納税システム（e-Tax）は、贈与税の申告にも対応している。
3. 不適切。贈与税を納期限までに納付することが困難である場合、その納付を困難とする金額を限度として延納を申請することができる。相続税と異なり、物納を申請することはできない。
4. 不適切。贈与税の納付について認められる延納期間は、最長5年である。

正解 **1**

相続と法律（１）

法定後見制度に関する次の記述の空欄（ア）～（ウ）にあてはまる語句の組み合わせとして、最も適切なものはどれか。

・法定後見制度は、本人の判断能力が（　ア　）に、家庭裁判所によって選任された成年後見人等が本人を法律的に支援する制度である。

・法定後見制度において、後見開始の審判がされたときは、その内容が（　イ　）される。

・成年後見人は、成年被後見人が行った法律行為について、原則として、（　ウ　）。

1．（ア）不十分になる前　　（イ）戸籍に記載
　　（ウ）取り消すことができる

2．（ア）不十分になった後　（イ）登記　　（ウ）取り消すことができる

3．（ア）不十分になった後　（イ）戸籍に記載
　　（ウ）取り消すことはできない

4．（ア）不十分になる前　　（イ）登記
　　（ウ）取り消すことはできない

解答と解説

（ア）法定後見制度は、本人の判断能力が<u>不十分になった後</u>に、家庭裁判所によって選任された成年後見人等が本人を法律的に支援する制度である。なお、本人の判断能力が不十分になる前に契約する制度は、任意後見制度である。

（イ）法定後見制度において、後見開始の審判がされたときは、その内容が<u>登記</u>される。戸籍には記載されない。

（ウ）成年後見人は、成年被後見人が行った法律行為について、日常生活に関する行為以外の行為について、<u>取り消すことができる</u>。

正解　2

相続と法律（２）

> 　民法上の相続分に関する次の記述のうち、最も適切なものはどれか。なお、記載のない事項については考慮しないものとする。
>
> １．被相続人は、遺言で、共同相続人の相続分を定めることができるが、これを定めることを第三者に委託することはできない。
>
> ２．共同相続人の１人が遺産の分割前にその相続分を共同相続人以外の第三者に譲り渡した場合、他の共同相続人は、当該第三者に対して一定期間内にその価額および費用を支払うことで、その相続分を譲り受けることができる。
>
> ３．父母の一方のみを同じくする兄弟姉妹の法定相続分は、父母の双方を同じくする兄弟姉妹の法定相続分と同じである。
>
> ４．養子の法定相続分は、実子の法定相続分の２分の１である。

解答と解説

１．不適切。被相続人は、遺言で、共同相続人の相続分を定め、またはこれを定めることを第三者に委託することができる。

２．適切。

３．不適切。父母の一方のみを同じくする兄弟姉妹の法定相続分は、父母の双方を同じくする兄弟姉妹の法定相続分の２分の１である。

４．不適切。養子の法定相続分は、実子の法定相続分と同じである。

正解　**2**

相続と法律（３）

> **民法上の遺言に関する次の記述のうち、最も適切なものはどれか。**
>
> １．相続人が自筆証書遺言を発見し、家庭裁判所の検認を受ける前に開封した場合、その遺言は無効となる。
>
> ２．遺言者が自筆証書遺言に添付する財産目録をパソコンで作成する場合、当該目録への署名および押印は不要である。
>
> ３．公正証書遺言の作成において、遺言者の推定相続人とその配偶者は証人として立ち会うことができない。
>
> ４．公正証書遺言は、自筆証書遺言によって撤回することはできず、公正証書遺言によってのみ撤回することができる。

解答と解説

１．不適切。自筆証書遺言の発見者が、家庭裁判所の検認を受ける前に開封した場合であってもその遺言は無効とはならない。ただし、封印のある遺言書は、家庭裁判所で相続人等の立会いの上開封しなければならないとされている。

２．不適切。遺言者が自筆証書遺言に添付する財産目録をパソコンで作成する場合、当該目録の各ページに署名および押印が必要である。

３．適切。公正証書遺言の作成において、２人以上の証人の立会いが必要であるが、遺言者の推定相続人や受遺者、それらの配偶者などは証人となることはできない。

４．不適切。遺言者は、いつでも遺言の方式に従って、その遺言の全部または一部を撤回することができる。先の遺言の方式と撤回するための遺言の方式は同じである必要はない。したがって、公正証書遺言は、自筆証書遺言によって撤回することができる。

/ 正解 3

第6章 F

相続・事業承継

F-17

相続財産の評価（不動産以外）

> 相続税の課税財産等に関する次の記述のうち、最も不適切なものはどれか。
>
> 1．契約者（＝保険料負担者）および被保険者が夫、死亡保険金受取人が妻である生命保険契約において、夫の死亡により妻が受け取った死亡保険金は、原則として、遺産分割の対象とならない。
>
> 2．契約者（＝保険料負担者）および被保険者が父、死亡保険金受取人が子である生命保険契約において、子が相続の放棄をした場合は、当該死亡保険金について、死亡保険金の非課税金額の規定の適用を受けることができない。
>
> 3．老齢基礎年金の受給権者である被相続人が死亡し、その者に支給されるべき年金給付で死亡後に支給期の到来するものを相続人が受け取った場合、当該未支給の年金は、相続税の課税対象となる。
>
> 4．被相続人の死亡により、当該被相続人に支給されるべきであった退職手当金で被相続人の死亡後3年以内に支給が確定したものについて、相続人がその支給を受けた場合、当該退職手当金は、相続税の課税対象となる。

解答と解説

1．適切。契約者（＝保険料負担者）および被保険者が夫、死亡保険金受取人が妻である生命保険契約において、夫の死亡により妻が受け取った死亡保険金は、みなし相続財産であり、遺産分割の対象とならない。

2．適切。相続の放棄をした者は相続人ではないため、死亡保険金を受け取った場合に、死亡保険金の非課税金額（500万円×法定相続人の数）の規定の適用を受けることができない。

3．不適切。未支給年金は、受け取った者の所得税（一時所得）の課税対象となる。

4．適切。なお、被相続人の死亡後3年を超えてから支給が確定したものについては、受け取った者の所得税（一時所得）の課税対象となる。

正解 3

相続と法律（4）

> **相続税の計算に関する次の記述のうち、最も不適切なものはどれか。**
>
> 1．遺産に係る基礎控除額の計算上、法定相続人の数は、相続人が相続の放棄をした場合には、その放棄がなかったものとした場合における相続人の数である。
>
> 2．遺産に係る基礎控除額の計算上、法定相続人の数に含めることができる養子の数は、被相続人に実子がなく、養子が2人以上いる場合には1人である。
>
> 3．遺産に係る基礎控除額の計算上、被相続人の特別養子となった者は実子とみなされる。
>
> 4．遺産に係る基礎控除額の計算上、被相続人の子がすでに死亡し、代襲して相続人となった被相続人の孫は実子とみなされる。

解答と解説

1．適切。

2．不適切。遺産に係る基礎控除額の計算上、法定相続人の数に含めることができる養子の数は、被相続人に実子がいないときは養子が2人以上いる場合には2人となる。なお、被相続人に実子がいるときは養子が2人以上いる場合には1人となる。

3．適切。被相続人の特別養子となった者は実子とみなされるため、養子の数の制限を受けない。

4．適切。代襲して相続人となった被相続人の孫は実子とみなされるため、養子の数の制限を受けない。

正解 2

相続財産の評価（不動産）

Aさんの相続が開始した場合の相続税額の計算における下記〈資料〉の甲宅地の評価に関する次の記述のうち、最も適切なものはどれか。なお、記載のない事項については考慮しないものとする。

〈資料〉

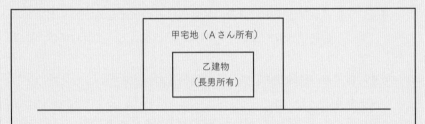

※Aさんの相続人は、妻および長男の合計2名である。
※甲宅地は、使用貸借契約により長男に貸し付けられており、長男が所有する乙建物の敷地の用に供されている。
※乙建物は、相続開始時において、長男の居住の用に供されている。

1. 長男が相続により甲宅地を取得した場合、貸宅地として評価する。
2. 長男が相続により甲宅地を取得した場合、自用地として評価する。
3. 妻が相続により甲宅地を取得した場合、貸宅地として評価する。
4. 妻が相続により甲宅地を取得した場合、貸家建付地として評価する。

解答と解説

使用貸借契約による場合、借地権の価額は0（ゼロ）として扱うため、甲土地は自用地として評価する。

正解　2

事業と経営

株式譲渡によるM＆A等に関する次の記述のうち、最も不適切なものはどれか。なお、本問において、株式会社は非上場会社であるものとする。

1．M＆Aにより、株式会社の取締役が保有する当該株式会社の株式を買収会社に譲渡した場合、原則として、当該株式の譲渡による所得に対して、申告分離課税により所得税および住民税が課される。

2．M＆Aにより、株式会社の取締役が保有する当該株式会社の株式を買収会社に譲渡した場合、譲渡所得の金額の計算上、その収入金額は、原則として、取引当事者間の契約により決定された譲渡金額である。

3．株式会社は、あらかじめ定款に定めておくことにより、相続により当該株式会社の株式（譲渡制限株式）を取得した者に対して、当該株式を当該株式会社に売り渡すことを請求することができる。

4．株式譲渡制限会社である株式会社においては、株主でなければ取締役に就任することはできない。

解答と解説

1．適切。なお、M＆Aとは、企業の合併・買収のことである。

2．適切。

3．適切。

4．不適切。株式会社においては、株主でなくても取締役に就任することができる。ただし、非公開会社においては、取締役が株主でなければならない旨を定款で定めることができる。

正解 4

第6章 F

相続・事業承継

183

贈与と法律

> **民法上の贈与に関する次の記述のうち、最も適切なものはどれか。**
> 1．贈与は、当事者の一方が、ある財産を無償で相手方に与える意思表示を
> することにより効力が生じ、相手方が受諾する必要はない。
> 2．定期贈与は、贈与者または受贈者のいずれか一方が生存している限り、
> その効力を失うことはない。
> 3．死因贈与は、民法の遺贈に関する規定が準用されるため、書面によって
> しなければならない。
> 4．書面によらない贈与は、その履行の終わった部分を除き、各当事者が解
> 除をすることができる。

解答と解説

1．不適切。贈与は、当事者の一方が、ある財産を無償で相手方に与える意思表
示をし、相手方がそれを受諾することによって効力が生じる。

2．不適切。定期贈与は、贈与者または受贈者のいずれか一方が死亡した場合、
その効力を失う。

3．不適切。死因贈与は、その性質に反しない限り民法の遺贈に関する規定が準
用されるが、その契約は必ずしも書面で行う必要はない。

4．適切。

正解 **4**

贈与と税金（1）

みなし贈与財産等に関する次の記述のうち、最も不適切なものはどれか。

1．負担付贈与があった場合において、受贈者の負担額が贈与者以外の第三者の利益に帰すときは、原則として、当該第三者が受贈者の負担額に相当する金額を贈与によって取得したこととなり、贈与税の課税対象となる。

2．子が父から著しく低い価額の対価で土地を譲り受けた場合には、原則として、その相続税評価額と支払った対価の額との差額を、子が父から贈与により取得したものとみなされ、贈与税の課税対象となる。

3．債務者である個人が資力を喪失して債務を弁済することが困難になり、債権者である個人から当該債務の免除を受けた場合、当該免除を受けた金額のうちその債務を弁済することが困難である部分の金額は、贈与税の課税対象とならない。

4．離婚による財産分与により取得した財産は、その価額が婚姻中の夫婦の協力によって得た財産の額その他一切の事情を考慮して社会通念上相当な範囲内である場合、原則として、贈与税の課税対象とならない。

解答と解説

1．適切。

2．不適切。子が父から著しく低い価額の対価で土地を譲り受けた場合には、原則として、その通常の取引価格と支払った対価の額との差額を、子が父から贈与により取得したものとみなされ、贈与税の課税対象となる。

3．適切。

4．適切。

正解 2

贈与と税金（2）

　贈与税の配偶者控除（以下「本控除」という）に関する次の記述のうち、最も不適切なものはどれか。

1．本控除は、贈与を受けた年の1月1日時点において婚姻期間が20年以上である配偶者から受けた贈与でなければ、適用を受けることができない。

2．配偶者から受けた贈与について本控除の適用を受けたことがある場合、その後、同一の配偶者から贈与を受けても、再び本控除の適用を受けることはできない。

3．本控除の適用を受けた場合、贈与税額の計算上、贈与税の課税価格から、基礎控除額のほかに最高2,000万円を控除することができる。

4．本控除の適用を受け、その翌年に贈与者の相続が開始した場合、本控除の適用を受けた財産のうち、その控除額に相当する金額は、相続税の課税価格に加算されない。

解答と解説

1．不適切。本控除は、贈与日時点において婚姻期間が20年以上である配偶者から受けた贈与でなければ、適用を受けることができない。

2．適切。

3．適切。

4．適切。本控除を受けた金額は、いわゆる相続税の生前贈与加算の対象とならない。

正解　1

相続と法律

　民法上の相続人等に関する次の記述のうち、最も適切なものはどれか。なお、記載のない事項については考慮しないものとする。

1．離婚した元配偶者との間に出生した被相続人の子が当該元配偶者の親権に服している場合、その子は相続人とならない。

2．特別養子縁組による養子は、実方の父母および養親の相続人となる。

3．被相続人の子が廃除により相続権を失った場合、その者に被相続人の直系卑属である子がいるときは、その子（被相続人の孫）は代襲相続人となる。

4．被相続人と婚姻の届出をしていないが、被相続人といわゆる内縁関係にあった者は、被相続人の配偶者とみなされて相続人となる。

解答と解説

1．不適切。離婚した元配偶者との間に出生した被相続人の子は、親権が父母のいずれにあるかにかかわらず、相続人となる。

2．不適切。特別養子縁組による養子は、養親の相続人となるが実方の父母の相続人とはならない。

3．適切。

4．不適切。被相続人といわゆる内縁関係にあった者は、配偶者とみなされることはなく、相続人とはならない。

正解 3

第6章 F

相続・事業承継

相続財産の評価（不動産以外）（１）

> **相続税の非課税財産に関する次の記述のうち、最も適切なものはどれか。**
>
> １．被相続人の死亡により、相続人が被相続人に支給されるべきであった退職手当金の支給を受けた場合、当該退職手当金の支給が被相続人の死亡後５年以内に確定したものであれば、相続人は、当該退職手当金について死亡退職金の非課税金額の規定の適用を受けることができる。
>
> ２．死亡退職金の非課税金額の規定による非課税限度額は、被相続人の死亡が業務上の死亡である場合、被相続人の死亡時における賞与以外の普通給与の３年分に相当する金額である。
>
> ３．契約者（＝保険料負担者）および被保険者を被相続人とする生命保険契約に基づき、相続の放棄をした者が受け取った死亡保険金については、死亡保険金の非課税金額の規定は適用されない。
>
> ４．死亡保険金の非課税金額の規定による非課税限度額の計算上の相続人の数には、相続の放棄をした者は含まれない。

解答と解説

１．不適切。被相続人の死亡により、相続人が被相続人に支給されるべきであった退職手当金の支給を受けた場合、当該退職手当金の支給が被相続人の死亡後３年以内に確定したものは、死亡退職金として相続税の対象となる。相続人は、当該退職手当金について死亡退職金の非課税金額の規定の適用を受けることができる。

２．不適切。死亡退職金の非課税金額の規定による非課税限度額は、「500万円×法定相続人の数」である。

３．適切。死亡保険金の非課税金額の規定は、相続人に適用される規定である。相続の放棄をした者は相続人ではないため、この規定の適用を受けることはできない。

４．不適切。死亡保険金の非課税金額の規定による非課税限度額の計算上の相続人の数（いわゆる法定相続人の数）には、相続の放棄をした者を含む。

正解 ３

相続と税金

下記〈親族関係図〉において、Aさんの相続が開始した場合の相続税額の計算における遺産に係る基礎控除額として、最も適切なものはどれか。なお、CさんはAさんの相続開始前に死亡している。また、Eさんは、Aさんの普通養子（特別養子縁組以外の縁組による養子）であり、相続の放棄をしている。

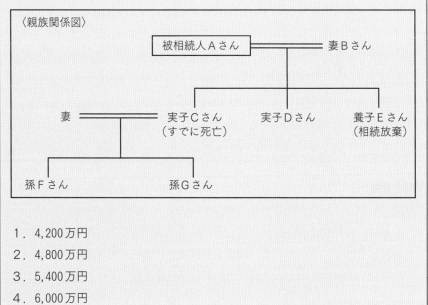

1. 4,200万円
2. 4,800万円
3. 5,400万円
4. 6,000万円

解答と解説

遺産に係る基礎控除額＝3,000万円＋600万円×法定相続人の数※

　　　　　　　　　　　＝3,000万円＋600万円×5人

　　　　　　　　　　　＝6,000万円

　法定相続人の数は、妻B、実子D、養子E（実子がいる場合、養子は1人まで数に含み、かつ、放棄者は数に含む）、実子Cの代襲相続人である孫F・孫Gの5人である。

正解 **4**

相続財産の評価（不動産以外）（２）

相続税における取引相場のない株式の評価等に関する次の記述のうち、最も適切なものはどれか。なお、評価の対象となる株式は、特定の評価会社の株式には該当しないものとする。

1. 株式を取得した株主が同族株主に該当するかどうかは、その株主およびその同族関係者が有する議決権割合により判定する。

2. 会社規模が小会社である会社において、中心的な同族株主が取得した株式の価額は、原則として、類似業種比準方式によって評価する。

3. 同族株主のいる会社において、同族株主以外の株主が取得した株式の価額は、その会社規模にかかわらず、原則として、純資産価額方式によって評価する。

4. 配当還元方式では、株式の１株当たりの年配当金額を５％の割合で還元して元本である株式の価額を評価する。

解答と解説

1. 適切。

2. 不適切。会社規模が小会社である会社において、中心的な同族株主が取得した株式の価額は、原則として、純資産価額方式によって評価する。

3. 不適切。同族株主のいる会社において、同族株主以外の株主が取得した株式の価額は、その会社規模にかかわらず、原則として、配当還元方式によって評価する。

4. 不適切。配当還元方式では、株式の１株当たりの年配当金額を10％の割合で還元して元本である株式の価額を評価する。

正解 1

相続財産の評価（不動産）

宅地の相続税評価額の算定方法等に関する次の記述のうち、最も適切なものはどれか。

1．宅地の評価方法には、路線価方式と倍率方式があり、どちらの方式を採用するかについては、納税者が任意に選択することができる。

2．倍率方式は、固定資産税評価額に国税局長が一定の地域ごとに定める倍率を乗じて計算した金額によって評価する方式である。

3．正面と側方に路線がある宅地（角地）を路線価方式によって評価する場合、原則として、それぞれの路線価に奥行価格補正率を乗じた価額を比較し、低い方の路線価が正面路線価となる。

4．路線価は、路線に面する標準的な宅地の1坪当たりの価額であり、千円単位で表示される。

解答と解説

1．不適切。宅地の評価方法には、路線価方式と倍率方式があり、どちらの方式を採用するかについては、宅地の所在地により各国税局長が指定する。納税者が任意に選択することはできない。

2．適切。

3．不適切。正面と側方に路線がある宅地（角地）を路線価方式によって評価する場合、原則として、それぞれの路線価に奥行価格補正率を乗じた価額を比較し、高い方の路線価が正面路線価となる。低い方の路線価は側方路線価となる。

4．不適切。路線価は、路線に面する標準的な宅地の1㎡当たりの価額であり、千円単位で表示される。

正解 2

事業承継対策

非上場企業の事業承継のための自社株移転等に関する次の記述のうち、最も不適切なものはどれか。

1. 「非上場株式等についての贈与税の納税猶予及び免除の特例」の適用を受けるためには、特例承継計画を策定し、所定の期限までに都道府県知事に提出して、その確認を受ける必要がある。

2. 「非上場株式等についての贈与税の納税猶予及び免除の特例」と相続時精算課税は、重複して適用を受けることができない。

3. 経営者が保有している自社株式を後継者である子に譲渡した場合、当該株式の譲渡による所得に対して、申告分離課税により所得税および住民税が課される。

4. 株式の発行会社が、経営者の親族以外の少数株主が保有する自社株式を買い取ることにより、当該会社の株式の分散を防止または抑制することができる。

解答と解説

1. 適切。

2. 不適切。「非上場株式等についての贈与税の納税猶予及び免除の特例」と相続時精算課税は、重複して適用を受けることができる。

3. 適切。経営者が保有している自社株式を後継者である子に譲渡した場合、当該株式の譲渡による所得に対して、非上場株式等に係る譲渡所得として申告分離課税により所得税および住民税が課される。

4. 適切。

正解 2

事業と経営

> **会社法に関する次の記述のうち、最も不適切なものはどれか。**
>
> 1．すべての株式会社は、取締役会を置かなければならない。
>
> 2．株式会社において株主は、その有する株式の引受価額を限度として責任を負う。
>
> 3．定時株主総会は、毎事業年度終了後一定の時期に招集しなければならないが、臨時株主総会は、必要がある場合にいつでも招集することができる。
>
> 4．取締役は、いつでも、株主総会の決議によって解任することができる。

解答と解説

1．不適切。すべての株式会社は、取締役1人以上を置かなければならないが、取締役会はすべての株式会社には設置が義務付けられていない。

2．適切。いわゆる「株主有限責任の原則」である。

3．適切。

4．適切。取締役の選任・解任は、株主総会の決議事項である。

正解 1

II

実技編

個人資産相談業務

第 1 問

ライフプランニングと資金計画（1）

　会社員のAさん（46歳）は、妻Bさん（45歳）、長男Cさん（11歳）および長女Dさん（9歳）との4人暮らしである。Aさんは、住宅ローンの返済や教育資金の準備など、今後の資金計画を再検討したいと考えており、その前提として、公的年金制度から支給される遺族給付や障害給付について知りたいと思っている。

　そこで、Aさんは、懇意にしているファイナンシャル・プランナーのMさんに相談することにした。

　Aさんとその家族に関する資料は、以下のとおりである。

〈Aさんとその家族に関する資料〉

(1)　Aさん（1977年1月12日生まれ・会社員）

　・公的年金加入歴：下図のとおり（2023年4月までの期間）

　・全国健康保険協会管掌健康保険、雇用保険に加入中

20歳	22歳		46歳
国民年金	厚　生　年　金　保　険		
保険料納付済期間 （27月）	被保険者期間 （48月）	被保険者期間 （241月）	

　　　　　　　　　　　（2003年3月以前の　）（2003年4月以後の　）
　　　　　　　　　　　（平均標準報酬月額25万円）（平均標準報酬額38万円）

(2)　妻Bさん（1977年11月22日生まれ・パート従業員）

　・公的年金加入歴：20歳から22歳までの大学生であった期間（29月）は国民年金の第1号被保険者として保険料を納付し、22歳からAさんと結婚するまでの10年間（120月）は厚生年金保険に加入。結婚後は、国民年金に第3号被保険者として加入している。

　・全国健康保険協会管掌健康保険の被扶養者である。

(3)　長男Cさん（2011年6月6日生まれ）

(4)　長女Dさん（2013年6月21日生まれ）

※妻Bさん、長男Cさんおよび長女Dさんは、現在および将来においても、Aさんと同居し、Aさんと生計維持関係にあるものとする。

※妻Bさん、長男Cさんおよび長女Dさんは、現在および将来においても、

公的年金制度における障害等級に該当する障害の状態にないものとする。
※上記以外の条件は考慮せず、各問に従うこと。

《問1》 Mさんは、Aさんに対して、公的年金制度の遺族給付および遺族年金生活者支援給付金について説明した。Mさんが説明した以下の文章の空欄①〜④に入る最も適切な語句または数値を、下記の〈語句群〉のなかから選び、その記号を解答用紙に記入しなさい。なお、問題の性質上、明らかにできない部分は「□□□」で示してある。

Ⅰ 「Aさんが現時点（2023年5月28日）において死亡した場合、妻Bさんは遺族基礎年金および遺族厚生年金を受給することができます。遺族基礎年金を受給することができる遺族の範囲は、国民年金の被保険者等の死亡の当時その者によって生計を維持されていた『子のある配偶者』または『子』です。『子』とは、18歳到達年度の末日までの間にあるか、20歳未満で障害等級（　①　）に該当する障害の状態にあり、かつ、現に婚姻していない子を指します。子のある配偶者の遺族基礎年金の年金額（2022年度価額）は、『777,800円＋子の加算額』の算式により算出され、子の加算額は、第1子・第2子までは1人につき□□□円、第3子以降は1人につき□□□円となります。仮に、Aさんが現時点（2023年5月28日）で死亡した場合、妻Bさんが受給することができる遺族基礎年金の年金額は、（　②　）円（2022年度価額）となります。また、妻Bさんは遺族年金生活者支援給付金も受給することができます。その年額は（　③　）円（2022年度価額）となります」

Ⅱ 「Aさんが厚生年金保険の被保険者期間中に死亡した場合、遺族厚生年金の年金額は、原則として、Aさんの厚生年金保険の被保険者記録を基礎として計算した老齢厚生年金の報酬比例部分の額の（　④　）相当額になります。ただし、その計算の基礎となる被保険者期間の月数が300月に満たないときは、300月とみなして年金額が計算されます」

《問2》　Mさんは、Aさんが現時点（2023年5月28日）で死亡した場合に妻Bさんが受給することができる遺族厚生年金の年金額（2022年度価額）を試算した。妻Bさんが受給することができる遺族厚生年金の年金額を求める下記の〈計算式〉の空欄①～③に入る最も適切な数値を、解答用紙に記入しなさい。計算にあたっては、《設例》の〈Aさんとその家族に関する資料〉に基づくこととし、年金額の端数処理は円未満を四捨五入すること。なお、問題の性質上、明らかにできない部分は「□□□」で示してある。

〈計算式〉

遺族厚生年金の年金額

$$\left(\text{（　①　）円} \times \frac{7.125}{1,000} \times \square\square\square\text{月} + \square\square\square\text{円} \times \frac{5.481}{1,000} \times \square\square\square\text{月}\right)$$

$$\times \frac{300\text{月}}{\text{（　②　）月}} \times \square\square\square = \text{（　③　）円（円未満四捨五入）}$$

《問3》　Mさんは、Aさんに対して、公的年金制度の遺族給付や障害給付について説明した。Mさんが説明した次の記述①～③について、適切なものには○印を、不適切なものには×印を解答用紙に記入しなさい。なお、各記述において、ほかに必要とされる要件等はすべて満たしているものとする。

① 「仮に、Aさんが現時点（2023年5月28日）において死亡した後、長女Dさんの18歳到達年度の末日が終了し、妻Bさんの有する遺族基礎年金の受給権が消滅した場合、妻Bさんが65歳に達するまでの間、寡婦年金が支給されます」

② 「仮に、Aさんが障害を負い、その障害の程度が公的年金制度における障害等級1級と認定されて障害基礎年金を受給することになった場合、その障害基礎年金の年金額（2022年度価額）は、『777,800円×1.5＋子の加

算額』の算式により算出されます」

③　「仮に、Aさんが障害を負い、その障害の程度が公的年金制度における障害等級3級と認定されて障害厚生年金を受給することになった場合、その障害厚生年金の年金額に配偶者の加給年金額は加算されません」

解答と解説

《問1》

①　「子」とは、18歳到達年度の末日までの間にあるか、20歳未満で障害等級<u>1級または2級</u>に該当する障害の状態にあり、かつ、現に婚姻していない子を指す。

②　遺族基礎年金の年金額＝777,800円＋子の加算額（2人分）

　　　　　　　　　　　　＝777,800円＋223,800円＋223,800円＝<u>1,225,400</u>円

③　遺族年金生活者支援給付金の年額＝5,020円（月額）×12月＝<u>60,240</u>円

④　遺族厚生年金の年金額は、原則として、Aさんの厚生年金保険の被保険者記録を基礎として計算した老齢厚生年金の報酬比例部分の額の<u>4分の3</u>相当額になる。

正解	①ロ　②リ　③ホ　④ル

《問2》

遺族厚生年金の年金額 ＝ $\left((\underline{①250,000}) 円 \times \dfrac{7.125}{1,000} \times 48月 + 380,000円 \times \dfrac{5.481}{1,000} \right.$

$\left. \times 241月 \right) \times \dfrac{300月}{(\underline{②289月})} \times \dfrac{3}{4} = 457,357.2\cdots \rightarrow (\underline{③457,357}) 円$

正解	①250,000円　②289月　③457,357円

《問3》

①　不適切。長女Dさんの18歳到達年度の末日が終了し、妻Bさんの有する遺族基礎年金の受給権が消滅した場合、妻Bさんが65歳に達するまでの間、中高齢寡婦加算が支給される。

②　不適切。障害等級1級と認定された場合の障害基礎年金の年金額は、「777,800円×1.25＋子の加算額」の算式により算出される。

③　適切。障害等級1級および2級の障害厚生年金には配偶者の加給年金額は加算されるが、障害等級3級の障害厚生年金には加算されない。

正解	①×　②×　③○

ライフプランニングと資金計画（2）

　　X株式会社（以下、「X社」という）に勤務するAさん（48歳）は、会社員の妻Bさん（49歳）および大学生の長女Cさん（19歳）との3人暮らしである。Aさんは、大学卒業後、X社に入社し、現在に至るまで同社に勤務しており、継続雇用制度を利用して65歳まで働く予定である。

　　Aさんは、最近、公的年金制度について理解したいと考えており、また、確定拠出年金の個人型年金にも興味を持っている。そこで、Aさんは、ファイナンシャル・プランナーのMさんに相談することにした。

〈Aさんとその家族に関する資料〉

(1) Aさん（1974年12月10日生まれ・48歳・会社員）

・公的年金加入歴：下図のとおり（65歳までの見込みを含む）

・全国健康保険協会管掌健康保険、雇用保険に加入している。

・X社が実施している確定給付企業年金の加入者である。

20歳　　　　　22歳		65歳
国民年金 保険料納付済期間 （28月）	厚 生 年 金 保 険 被保険者期間 （72月）	被保険者期間 （440月）
	（2003年3月以前の 平均標準報酬月額25万円）	（2003年4月以後の 平均標準報酬額42万円）

(2) 妻Bさん（1974年3月20日生まれ・49歳・会社員）

・公的年金加入歴：20歳から22歳の大学生であった期間（25月）は国民年金の第1号被保険者として保険料を納付し、22歳から現在に至るまでの期間（329月）は厚生年金保険に加入している。また、65歳になるまでの間、厚生年金保険の被保険者として勤務する見込みである。

・全国健康保険協会管掌健康保険、雇用保険に加入している。

・勤務先は確定拠出年金の企業型年金および他の企業年金を実施していない。

(3) 長女Cさん（2003年11月15日生まれ・19歳・大学生）

・Aさんが加入する全国健康保険協会管掌健康保険の被扶養者である。

※妻Bさんおよび長女Cさんは、現在および将来においても、Aさんと同居

し、Aさんと生計維持関係にあるものとする。

※家族全員、現在および将来においても、公的年金制度における障害等級に
該当する障害の状態にないものとする。

※上記以外の条件は考慮せず、各問に従うこと。

《問1》 Aさんが、原則として65歳から受給することができる公的年金制
度からの老齢給付について、次の①、②を求め、解答用紙に記入しなさい
（計算過程の記載は不要）。計算にあたっては、《設例》の〈Aさんとその家
族に関する資料〉および下記の〈資料〉に基づくこと。なお、年金額は
2023年度価額に基づいて計算し、年金額の端数処理は円未満を四捨五入す
ること。

① 老齢基礎年金の年金額

② 老齢厚生年金の年金額

〈資料〉

○**老齢基礎年金の計算式（4分の1免除月数、4分の3免除月数は省略）**

$$795,000円 \times \frac{保険料納付済月数 + 保険料半額免除月数 \times \frac{\Box}{\Box} + 保険料全額免除月数 \times \frac{\Box}{\Box}}{480}$$

○**老齢厚生年金の計算式（本来水準の額）**

ⅰ）報酬比例部分の額（円未満四捨五入）＝ⓐ＋ⓑ

　ⓐ 2003年3月以前の期間分

$$平均標準報酬月額 \times \frac{7.125}{1,000} \times 2003年3月以前の被保険者期間の月数$$

　ⓑ 2003年4月以後の期間分

$$平均標準報酬額 \times \frac{5.481}{1,000} \times 2003年4月以後の被保険者期間の月数$$

ⅱ）経過的加算額（円未満四捨五入）＝1,657円×被保険者期間の月数

$$- 795,000円 \times \frac{1961年4月以後で20歳以上60歳未満の厚生年金保険の被保険者期間の月数}{480}$$

ⅲ）加給年金額＝397,500円

（要件を満たしている場合のみ加算すること）

《問2》 Mさんは、Aさんに対して、確定拠出年金の個人型年金（以下、「個人型年金」という）について説明した。Mさんが説明した以下の文章の空欄①～④に入る最も適切な語句または数値を、下記の〈語句群〉のなかから選び、その記号を解答用紙に記入しなさい。

I 「Aさんおよび妻Bさんは、老後の年金収入を増やす方法として、個人型年金に加入することができます。個人型年金は、加入者の指図により掛金を運用し、その運用結果に基づく給付を受け取る制度であり、拠出できる掛金の限度額は、Aさんの場合は年額144,000円、妻Bさんの場合は年額（　①　）円です。加入者が拠出した掛金は、その全額を所得税の（　②　）として総所得金額等から控除することができます」

II 「Aさんが60歳から個人型年金の老齢給付金を受給するためには、通算加入者等期間が（　③　）年以上なければなりません。なお、Aさんの通算加入者等期間が（　③　）年以上である場合、老齢給付金の受給開始時期を、60歳から（　④　）歳になるまでの間で選択することができます」

〈語句群〉

イ．5　　ロ．10　　ハ．20　　ニ．75　　ホ．80　　ヘ．85
ト．240,000　　チ．276,000　　リ．816,000　　ヌ．社会保険料控除
ル．小規模企業共済等掛金控除　　ヲ．生命保険料控除

《問3》 Mさんは、Aさんに対して、公的年金制度等についてアドバイスをした。Mさんがアドバイスした次の記述①～③について、適切なものには○印を、不適切なものには×印を解答用紙に記入しなさい。

① 「Aさんが希望すれば、66歳以後、老齢基礎年金および老齢厚生年金の繰下げ支給の申出をすることができます。仮に、Aさんが70歳で老齢基礎年金の繰下げ支給の申出をした場合、当該年金額の増額率は24％となります」

② 「長女Cさんが、2023年11月以降の大学生である期間について国民年金の学生納付特例の適用を受ける場合、長女Cさん本人に係る所得要件はありますが、Aさんおよび妻Bさんに係る所得要件はありません」

③ 「Aさんが確定拠出年金の個人型年金の加入後に死亡した場合において、個人別管理資産があるときは、Aさんの遺族は所定の手続により死亡一時

金を受け取ることができます。Aさんの遺族が受け取る死亡一時金は、所得税と相続税のいずれの課税対象にもなりません」

解答と解説

《問1》

① 老齢基礎年金の年金額

$$795,000 円 \times \frac{480 月}{480} = 795,000 円$$

※保険料納付済月数（20歳以上60歳未満）＝480月

② 老齢厚生年金の年金額

ⅰ）報酬比例部分の額（円未満四捨五入）

$$250,000 円 \times \frac{7.125}{1,000} \times 72 月 + 420,000 円 \times \frac{5.481}{1,000} \times 440 月 = 1,141,138.8 円$$

$$\rightarrow 1,141,139 円$$

ⅱ）経過的加算額

$$1,657 円 \times 480 月 - 795,000 円 \times \frac{452 月}{480} = 46,735 円$$

※1　Aさんの被保険者期間の月数は「72月＋440月＝512月」であるが、1,657円に乗じる月数は上限480月となる。

※2　20歳以上60歳未満の厚生年金保険の被保険者期間の月数は「72月＋440月－60月＝452月」である。

ⅲ）加給年金額

　Aさんの場合、厚生年金保険の被保険者期間は20年以上あるが、Aさんが65歳到達時点において妻Bさんはすでに65歳に達しているため、加給年金額は加算されない。

基本年金額（ⅰ）＋ⅱ））

　1,141,139円＋46,735円＝1,187,874円（＝老齢厚生年金の年金額）

　なお、計算式中の795,000円、1,657円は2023年度価額であり、2024年度価額はそれぞれ816,000円、1,701円（いずれも67歳以下の者の額）である。

| 正解 | ①795,000（円）　②1,187,874（円） |

《問2》

① 妻Bさん（厚生年金保険の被保険者）の勤務先は、確定拠出年金の企業型年

金および他の企業年金を実施していないため、確定拠出年金の個人型年金の掛金の限度額は、年額<u>276,000</u>円である。

② 確定拠出年金の加入者が拠出した掛金は、その全額を所得税の<u>小規模企業共済等掛金控除</u>として総所得金額等から控除することができる。

③ 60歳から確定拠出年金の個人型年金の老齢給付金を受給するためには、通算加入者等期間が<u>10</u>年以上なければならない。

④ 通算加入者等期間が10年以上である場合、老齢給付金の受給開始時期を、60歳から<u>75</u>歳になるまでの間で選択することができる。

/正解 ①チ ②ル ③ロ ④ニ

《問3》

① 不適切。70歳で老齢基礎年金の繰下げ支給の申出をした場合（繰下げ月数60月）、当該年金額の増額率は「0.7％×60月＝42％」である。

② 適切。

③ 不適切。確定拠出年金の加入者が死亡して遺族が受け取る死亡一時金は、相続税の課税対象となる。

/正解 ①× ②○ ③×

ライフプランニングと資金計画（3）

　Aさん（43歳）は、大学卒業後に14年勤めた会社を2017年3月末日に退職し、個人事業主として独立した。現在、事業は軌道に乗り、収入は安定している。

　Aさんは、最近、公的年金制度について理解したうえで、老後の収入を増やすことができる各種制度を利用したいと考えている。

　そこで、Aさんは、ファイナンシャル・プランナーのMさんに相談することにした。

〈Aさんとその家族に関する資料〉

(1)　Aさん（43歳、個人事業主）

・1980年7月18日生まれ

・公的年金加入歴：下図のとおり（60歳までの見込みを含む）

　なお、20歳から22歳の大学生であった期間（33月）は国民年金の学生納付特例制度の適用を受けており、その期間の保険料については追納していない。

20歳	22歳	36歳	60歳
国民年金 学生納付特例期間 （33月）	厚生年金保険 被保険者期間 （168月） 平均標準報酬額：30万円	国民年金 保険料納付済期間 （279月）	
	2003年4月	2017年4月	

(2)　妻Bさん（41歳、会社員）

・1982年12月8日生まれ

・公的年金加入歴：20歳から22歳の大学生であった期間（28月）は国民年金の第1号被保険者として保険料を納付し、22歳から現在に至るまでの期間は厚生年金保険に加入している。

　また、65歳になるまでの間、厚生年金保険の被保険者として勤務する見込みである。

※妻Bさんは、現在および将来においても、Aさんと同居し、Aさんと生計維持関係にあるものとする。

※Aさんと妻Bさんは、現在および将来においても、公的年金制度における

障害等級に該当する障害の状態にないものとする。

※上記以外の条件は考慮せず、各問に従うこと。

《問1》　Aさんが、原則として65歳から受給することができる老齢基礎年金および老齢厚生年金の年金額（2023年度価額）を計算した次の〈計算の手順〉の空欄①～④に入る最も適切な数値を解答用紙に記入しなさい。なお、計算にあたっては、《設例》の〈Aさんとその家族に関する資料〉および下記の〈資料〉に基づくこと。また、問題の性質上、明らかにできない部分は「□□□」で示してある。

〈計算の手順〉

1. 老齢基礎年金の年金額（円未満四捨五入）

　　（　①　）円

2. 老齢厚生年金の年金額

(1) 報酬比例部分の額（円未満四捨五入）

　　（　②　）円

(2) 経過的加算額（円未満四捨五入）

　　（　③　）円

(3) 基本年金額（上記「(1)＋(2)」の額）

　　　□□□円

(4) 加給年金額（要件を満たしている場合のみ加算すること）

(5) 老齢厚生年金の年金額

　　（　④　）円

〈資料〉

○老齢基礎年金の計算式（4分の1免除月数、4分の3免除月数は省略）

$$795{,}000 \text{円} \times \frac{\text{保険料} \atop \text{納付済月数} + \text{保険料} \atop \text{半額免除月数} \times \frac{\square}{\square} + \text{保険料} \atop \text{全額免除月数} \times \frac{\square}{\square}}{480}$$

○老齢厚生年金の計算式（本来水準の額）

ⅰ）報酬比例部分の額（円未満四捨五入）＝ⓐ＋ⓑ

　ⓐ　2003年3月以前の期間分

$$\text{平均標準報酬月額} \times \frac{7.125}{1{,}000} \times \frac{\text{2003年3月以前の}}{\text{被保険者期間の月数}}$$

　　ⓑ　2003年4月以後の期間分

$$平均標準報酬額 \times \frac{5.481}{1,000} \times 2003年4月以後の被保険者期間の月数$$

ⅱ）経過的加算額（円未満四捨五入）＝1,657円×被保険者期間の月数

$$- \, 795,000円 \times \frac{1961年4月以後で20歳以上60歳未満の厚生年金保険の被保険者期間の月数}{480}$$

ⅲ）加給年金額＝397,500円

　　　　　　　　　　　　　（要件を満たしている場合のみ加算すること）

《問2》　Mさんは、Aさんに対して、公的年金制度等の各種取扱いについて説明した。Mさんが説明した次の記述①～③について、適切なものには〇印を、不適切なものには×印を解答用紙に記入しなさい。

① 「Aさんは、国民年金の付加保険料を納付することができます。仮に、Aさんが月額400円の付加保険料を180月納付し、65歳から老齢基礎年金を受け取る場合、老齢基礎年金の額に付加年金として年額36,000円が上乗せされます」

② 「老齢基礎年金および老齢厚生年金は、繰下げ支給の申出により、繰り下げた月数に応じて増額された年金を受給することができます。Aさんの場合、65歳1カ月以降に繰下げ支給の申出をすることができ、その増額率は、繰り下げた月数に応じて最小で0.7％、最大で84.0％となります」

③ 「小規模企業共済制度は、個人事業主が廃業等した場合に必要となる資金を準備しておくための制度です。支払った掛金が所得控除の対象になることはメリットですが、契約者本人の都合で任意に解約ができないことに注意が必要です」

《問3》　Mさんは、Aさんに対して、国民年金基金について説明した。Mさんが説明した以下の文章の空欄①～③に入る最も適切な語句または数値を、下記の〈語句群〉のなかから選び、その記号を解答用紙に記入しなさい。なお、問題の性質上、明らかにできない部分は「□□□」で示してある。

「国民年金基金は、老齢基礎年金に上乗せする年金を支給する任意加入の年金制度です。加入は口数制となっており、1口目は、保証期間のある

（　①　）年金Ａ型と保証期間のない（　①　）年金Ｂ型のいずれかの給付の型を選択します。２口目以降は、２種類の（　①　）年金と５種類の□□□年金のなかから選択することができます。掛金の額は、加入者が選択した給付の型や口数、加入時の年齢等で決まり、掛金の拠出限度額は月額（　②　）円です。なお、国民年金基金に加入している間は、国民年金の付加保険料を納付することができません。

　　国民年金基金の給付には、老齢年金のほかに遺族一時金があります。遺族一時金は、加入員が年金を受け取る前に死亡した場合などに、その遺族に対して支払われます。遺族が受け取った遺族一時金は、（　③　）」

┌〈語句群〉
│　イ．12,000　　　ロ．23,000　　　ハ．30,000　　　ニ．68,000
│　ホ．70,000　　　ヘ．確定　　　ト．有期　　　チ．終身
│　リ．所得税の課税対象となります　　　ヌ．相続税の課税対象となります
│　ル．所得税と相続税のいずれの課税対象にもなりません
└

解答と解説

《問１》

１．老齢基礎年金の年金額（円未満四捨五入）＝ 795,000円 × $\dfrac{447月^{※}}{480}$

　　　　　　　　　　　　　　　　　　　　　　＝ 740,343.75円 → ① 740,344円

　　※保険料納付済月数＝480月 − 33月（学生納付特例期間）＝ 447月

２．老齢厚生年金の年金額

　(1)　報酬比例部分の額（円未満四捨五入）

　　　300,000円 × $\dfrac{5.481}{1,000}$ × 168月 ＝ 276,242.4円 → ② 276,242円

　(2)　経過的加算額（円未満四捨五入）

　　　1,657円 × 168月 − 795,000円 × $\dfrac{168月}{480}$ ＝ ③ 126円

　(3)　基本年金額（上記「(1)＋(2)」の額）

　　　276,242円 ＋ 126円 ＝ 276,368円

(4) 加給年金額

　　Aさんの場合、厚生年金保険の被保険者期間が20年未満であるため、加給年金額は加算されない。

(5) 老齢厚生年金の年金額

　　④276,368円

　　なお、計算式中の795,000円、1,657円は2023年度価額であり、2024年度価額はそれぞれ816,000円、1,701円（いずれも67歳以下の者の額）である。

/正解/ ①740,344（円）　②276,242（円）③126（円）　④276,368（円）

《問2》

① 適切。付加年金の年額＝200円×付加保険料納付済月数

　　　　　　　　　　　　＝200円×180月＝36,000円

② 不適切。老齢基礎年金および老齢厚生年金の繰下げ支給の申出は、66歳0ヵ月以降に行うことができる。繰下げ支給による年金額の増額率は、繰下げ1月につき0.7％、最大繰下げ月数は120月であるため、最小で「0.7％×12月＝8.4％」、最大で「0.7％×120月＝84.0％」となる

③ 不適切。小規模企業共済制度で支払った掛金は、その全額が所得控除（小規模企業共済等掛金控除）の対象となり、契約者本人の都合で任意に解約することもできる。

/正解/ ①○　②×　③×

《問3》

① 国民年金基金の加入は口数制となっており、1口目は、保証期間のある<u>終身年金A型</u>と保証期間のない<u>終身年金B型</u>のいずれかの給付の型を選択する。2口目以降は2種類の終身年金と5種類の確定年金のなかから選択できる。

② 国民年金基金の掛金の拠出限度額は月額<u>68,000</u>円である。

③ 国民年金基金の加入員が年金を受け取る前に死亡した場合などに遺族に支払われる遺族一時金は、<u>所得税と相続税のいずれの課税対象にもならない</u>。

/正解/ ①チ　②ニ　③ル

第 2 問

金融資産運用（1）

会社員のAさん（45歳）は、妻Bさん（43歳）および長女Cさん（18歳）との3人家族である。Aさんは、高校で資産形成の授業を受けた長女Cさんが株式投資に興味を持ち始めたことを知り、長女Cさんと一緒に株式投資の方法について理解したいと考えている。

そこで、Aさんは、長女Cさんと一緒に、ファイナンシャル・プランナーのMさんに相談することにした。Mさんは、Aさんと長女Cさんに対して、同業種のX社株式およびY社株式（東京証券取引所上場銘柄）を例として、株式投資の方法等について説明を行うことにした。

〈X社およびY社の財務データ〉　　　　　　（単位：百万円）

	X社	Y社
資 産 の 部 合 計	195,000	73,000
負 債 の 部 合 計	60,000	30,000
純 資 産 の 部 合 計	135,000	43,000
売 上 高	130,000	108,000
営 業 利 益	17,500	13,000
経 常 利 益	16,500	14,000
当 期 純 利 益	12,000	11,000
配 当 金 総 額	3,000	3,200

※純資産の金額と自己資本の金額は同じである。

〈X社株式およびY社株式の情報〉

X社：株価1,300円、発行済株式数1億株、1株当たり年間配当金30円

Y社：株価1,200円、発行済株式数8,000万株、1株当たり年間配当金40円

※X社およびY社の決算期はともに2023年6月30日（金）であり、同日が次回の配当の権利確定日に該当する。

※上記以外の条件は考慮せず、各問に従うこと。

《問4》　Mさんは、Aさんと長女Cさんに対して、株式取引のルール等について説明した。Mさんが説明した次の記述①～③について、適切なものには○印を、不適切なものには×印を解答用紙に記入しなさい。

① 「国内株式市場における代表的な株価指標である日経平均株価は、東京証券取引所のスタンダード市場に上場している銘柄のうち、代表的な225銘柄を対象とした修正平均型の株価指標です」

② 「上場株式の注文方法のうち、指値注文では、高い値段の買い注文が低い値段の買い注文に優先して売買が成立し、同じ値段の買い注文については、寄付や引けなどを除き、先に出された注文が後に出された注文に優先して売買が成立します」

③ 「X社株式の次回の配当を受け取るためには、普通取引の場合、権利確定日の2営業日前である2023年6月28日（水）までに買付けを行い、権利確定日に株主として株主名簿に記載される必要があります」

《問5》 《設例》のデータに基づいて算出される次の①、②を求め、解答用紙に記入しなさい（計算過程の記載は不要）。〈答〉は表示単位の小数点以下第3位を四捨五入し、小数点以下第2位までを解答すること。

① X社株式のPER

② Y社株式のPBR

《問6》 Mさんは、Aさんと長女Cさんに対して、《設例》のデータに基づいて、株式の投資指標等について説明した。Mさんが説明した次の記述①〜③について、適切なものには○印を、不適切なものには×印を解答用紙に記入しなさい。

① 「一般に、ROEの数値が高いほうが経営の効率性が高いと判断されます。ROEは、Y社のほうがX社よりも高くなっています」

② 「株主への利益還元の大きさに着目した指標として、配当性向があります。配当性向は、X社のほうがY社よりも高くなっています」

③ 「株式投資において、PERやPBR等が低い銘柄など、企業の業績や財務内容等からみて株価が割安と判断される銘柄に投資する手法は、一般に、グロース投資と呼ばれます」

解答と解説

《問4》

① 不適切。日経平均株価は、東京証券取引所のプライム市場に上場している銘

柄のうち、代表的な225銘柄を対象とした修正平均型の株価指標である。

② 適切。それぞれ、「価格優先の原則」「時間優先の原則」という。

③ 適切。2023年6月28日（水）に買付けを行った場合、その日を含めて3営業日目の6月30日（金）が受渡日となり、権利確定日に株主として株主名簿に記載されるため、次回の配当を受け取ることができる。

正解 ①× ②○ ③○

《問5》

① PER（倍）＝ $\dfrac{株価}{1\,株当たり（当期）純利益}$

X社株式のPER＝ $\dfrac{1,300\,円}{12,000\,百万円 \div 1\,億株}$ ＝ $\dfrac{1,300\,円}{120\,円}$ ＝ 10.8333… → 10.83倍

② PBR（倍）＝ $\dfrac{株価}{1\,株当たり純資産}$

Y社株式のPBR＝ $\dfrac{1,200\,円}{43,000\,百万円 \div 8,000\,万株}$ ＝ $\dfrac{1,200\,円}{537.5\,円}$ ＝ 2.232… → 2.23倍

正解 ①10.83倍 ②2.23倍

《問6》

① 適切。ROE（％）＝ $\dfrac{当期純利益}{自己資本} \times 100$

X社のROE＝ $\dfrac{12,000\,百万円}{135,000\,百万円} \times 100$ ＝ 8.888…％

Y社のROE＝ $\dfrac{11,000\,百万円}{43,000\,百万円} \times 100$ ＝ 25.58…％

ROEは、Y社のほうがX社よりも高くなっている。

② 不適切。配当性向（％）＝ $\dfrac{配当金総額}{当期純利益} \times 100$

X社の配当性向＝ $\dfrac{3,000\,百万円}{12,000\,百万円} \times 100$ ＝ 25％

Y社の配当性向＝ $\dfrac{3,200\,百万円}{11,000\,百万円} \times 100$ ＝ 29.09…％

配当性向は、Y社のほうがX社よりも高くなっている。

③ 不適切。PERやPBR等が低い銘柄など、企業の業績や財務内容等からみて

株価が割安と判断される銘柄に投資する手法は、一般に、バリュー投資と呼ばれる。

| 正解 | ①○ ②× ③× |

金融資産運用（2）

　会社員のAさん（30歳）は、将来に向けた資産形成のため、株式や投資信託に投資したいと考えているが、これまで投資経験がなく、株式や投資信託の銘柄を選ぶ際の判断材料や留意点について知りたいと思っている。

　そこで、Aさんは、ファイナンシャル・プランナーのMさんに相談することにした。Mさんは、Aさんに対して、X社株式（東京証券取引所上場銘柄）およびY投資信託を例として、株式や投資信託に投資する際の留意点等について説明を行うことにした。

〈X社株式の情報〉

・株　　価　：1,700円　・発行済株式数　：5,000万株

・決算期　：2023年11月30日（木）（次回の配当の権利確定日に該当する）

〈X社の財務データ〉　　　（単位：百万円）

	80期	81期
資 産 の 部 合 計	102,000	110,000
負 債 の 部 合 計	23,000	27,000
純 資 産 の 部 合 計	79,000	83,000
売 　 上 　 高	65,000	73,000
営 業 利 益	6,800	7,500
経 常 利 益	6,500	7,000
当 期 純 利 益	4,900	5,200
配 当 金 総 額	2,400	2,600

※純資産の金額と自己資本の金額は同じである。

〈Y投資信託（公募株式投資信託）に関する資料〉

銘柄名	：エマージング株式ファンド
投資対象地域／資産	：海外／新興国株式
信託期間	：無期限
基準価額	：13,500円（1万口当たり）
決算日	：年1回（11月15日）
購入時手数料	：3.3%（税込）
運用管理費用（信託報酬）	：2.068%（税込）

信託財産留保額　　　　　　：0.3%

※上記以外の条件は考慮せず、各問に従うこと。

《問4》《設例》の〈X社株式の情報〉および〈X社の財務データ〉に基づいて算出される次の①、②を求めなさい（計算過程の記載は不要）。〈答〉は、表示単位の小数点以下第3位を四捨五入し、小数点以下第2位までを解答すること。

① 81期におけるROE（自己資本は80期と81期の平均を用いる）

② 81期における配当利回り

《問5》 Mさんは、Aさんに対して、X社株式を購入する際の留意点等について説明した。Mさんが説明した次の記述①～③について、適切なものには○印を、不適切なものには×印を解答用紙に記入しなさい。

① 「X社株式のPERは15倍を下回っています。一般に、PERが低い銘柄ほど株価は割安とされていますが、X社株式に投資する際は、他の投資指標とあわせて同業他社の数値と比較するなど、多角的な視点で検討することが望まれます」

② 「仮に、Aさんが特定口座（源泉徴収あり）において、X社株式を株価1,700円で300株購入して同年中に株価1,750円で全株売却した場合、その他の取引や手数料等を考慮しなければ、売却益1万5,000円に対して20.315%相当額が源泉徴収等されます」

③ 「上場株式の配当を受け取るためには、普通取引の場合、権利確定日の2営業日前までに株式を買い付け、権利確定日まで売却せずに保有する必要があります。仮に、Aさんが2023年11月28日（火）にX社株式を普通取引により買い付け、翌営業日の29日（水）に売却した場合、X社株式の次回の配当を受け取ることはできません」

《問6》 Mさんは、Aさんに対して、Y投資信託を購入する際の留意点等について説明した。Mさんが説明した次の記述①～③について、適切なものには○印を、不適切なものには×印を解答用紙に記入しなさい。

① 「運用管理費用（信託報酬）は、投資信託を保有する投資家が負担する

費用です。一般に、アクティブ型投資信託は、パッシブ型投資信託よりも
　　運用管理費用（信託報酬）が高い傾向があります」
②　「ドルコスト平均法は、価格が変動する商品を定期的に一定口数購入す
　　る方法であり、定期的に一定額購入する方法よりも平均購入単価を引き下
　　げる効果が期待できます」
③　「仮に、Y投資信託から収益分配金が支払われ、分配後の基準価額がA
　　さんの個別元本を上回っていた場合、当該分配金はすべて元本払戻金（特
　　別分配金）となります」

解答と解説

《問4》

①　ROE（％）＝ $\dfrac{\text{当期純利益}}{\text{自己資本}^{※}}$ × 100

$$= \frac{5{,}200\text{百万円}}{(79{,}000\text{百万円} + 83{,}000\text{百万円}) \div 2} \times 100$$

$$= 6.419\cdots \rightarrow 6.42\%$$

※問題の指示のとおり、自己資本は80期と81期の平均を用いる。

②　配当利回り（％）＝ $\dfrac{\text{1株当たり配当金}}{\text{株価}}$ × 100

$$= \frac{2{,}600\text{百万円} \div 5{,}000\text{万株}}{1{,}700\text{円}} \times 100 = 3.058\cdots \rightarrow 3.06\%$$

> 正解　①6.42（％）　②3.06（％）

《問5》

①　不適切。X社株式のPERは下記のように16.346…倍であり、15倍を上回っ
　　ている。

PER（倍）＝ $\dfrac{\text{株価}}{\text{1株当たり（当期）純利益}}$

X社株式のPER＝ $\dfrac{1{,}700\text{円}}{5{,}200\text{百万円} \div 5{,}000\text{万株}} = 16.346\cdots\text{倍}$

②　適切。特定口座（源泉徴収あり）においてX社株式を売却した場合、下記の
　　ように売却益15,000円に対して20.315％相当額が源泉徴収等される。
　　　売却益＝（1,750円－1,700円）× 300株 = 15,000円

③　不適切。Aさんが2023年11月28日（火）にX社株式を普通取引により買い付けた場合、11月30日（木）の権利確定日に株主となるため、翌営業日の29日（水）以降に売却した場合であってもX社株式の次回の配当を受け取ることができる。

/正解　①×　②○　③×

《問6》

①　適切。アクティブ型投資信託は組入れ銘柄の選択等にコストがかかるため、パッシブ型投資信託よりも運用管理費用（信託報酬）が高い傾向がある。

②　不適切。ドルコスト平均法は、価格が変動する商品を定期的に一定額購入する方法であり、定期的に一定口数購入する方法よりも平均購入単価を引き下げる効果が期待できる。

③　不適切。Y投資信託から収益分配金が支払われ、分配後の基準価額がAさんの個別元本を上回っていた場合、当該分配金はすべて普通分配金となる。

/正解　①○　②×　③×

金融資産運用（3）

会社員のAさん（30歳）は、将来に向けた資産形成のため、株式や債券への投資による資産運用を考えている。株式については同業種の上場会社であるX社とY社の株式に、債券については上場会社であるZ社の社債に興味を持ったが、実際に投資する前に、投資指標や売買等に係る税金について理解しておきたいと考えている。

そこで、Aさんは、ファイナンシャル・プランナーのMさんに相談することにした。

〈X社およびY社に関する資料〉

・財務データ　　　　　　　（単位：百万円）

	X社	Y社
資産の部合計	310,000	470,000
負債の部合計	60,000	180,000
純資産の部合計	250,000	290,000
売　　上　　高	180,000	360,000
営　業　利　益	20,000	34,000
経　常　利　益	21,000	35,000
当　期　純　利　益	17,000	24,000
配　当　金　総　額	6,300	7,000

※純資産の金額と自己資本の金額は同じである。

・株式に関する情報

　X社：株価1,500円、発行済株式数1億8,000万株、1株当たり年間配当金35円

　Y社：株価2,400円、発行済株式数1億株、1株当たり年間配当金70円

〈Z社債に関する資料〉

　・購入価格：99.30円（額面100円当たり）

　・表面利率：0.55％

　・利払日　：年2回

　・残存期間：4年

　・償還価格：100円（額面100円当たり）

※Z社債は、特定公社債に該当する。

※上記以外の条件は考慮せず、各問に従うこと。

《問4》 Mさんは、Aさんに対して、《設例》のデータに基づいて、株式の投資指標について説明した。Mさんが説明した次の記述①〜③について、適切なものには○印を、不適切なものには×印を解答用紙に記入しなさい。

① 「X社およびY社のROEはいずれも8％を上回っています。一般に、ROEが高い会社ほど、自己資本の効率的な活用がなされていると判断することができます」

② 「X社株式およびY社株式のPBRはいずれも1倍を下回っています。一般に、PBRが低いほど株価は割安と判断されますが、PBRが1倍を大きく下回る株式は、その企業の資本収益性や成長性に対する投資家の評価が低い可能性があります」

③ 「配当性向は、X社のほうがY社よりも高くなっています。一般に、配当性向が高いほど、株主への利益還元の度合いが高いと考えることができます」

《問5》 Mさんは、Aさんに対して、株式および債券の売買等に係る税金について説明した。Mさんが説明した次の記述①〜③について、適切なものには○印を、不適切なものには×印を解答用紙に記入しなさい。

① 「Aさんが特定口座（源泉徴収あり）においてX社株式を株価1,500円で500株購入し、購入した年に株価1,700円で全株売却する場合、その他の取引や手数料等を考慮しなければ、売却益となる10万円の20.315％相当額が源泉徴収等されます」

② 「AさんがX社株式やY社株式を購入して配当金の支払を受けた場合、その配当金について、申告分離課税を選択して所得税の確定申告をすることにより、配当控除の適用を受けることができます」

③ 「Z社債の利子は、源泉分離課税の対象となり、その支払を受ける際に当該利子額の20.315％相当額が源泉徴収等されることで納税が完結するため、X社株式やY社株式などの上場株式の譲渡損失の金額と損益通算することはできません」

《問6》 Z社債を《設例》の〈Z社債に関する資料〉に基づいて購入した場合において、次の①、②をそれぞれ求め、解答用紙に記入しなさい（計算過程の記載は不要）。なお、〈答〉は、表示単位の小数点以下第3位を四捨五入し、小数点以下第2位までを解答すること。また、税金等は考慮しないものとする。

① Z社債を償還まで保有した場合の最終利回り（年率・単利）

② Z社債を2年後に額面100円当たり99.90円で売却した場合の所有期間利回り（年率・単利）

解答と解説

《問4》

① 不適切。ROE（％）＝ $\dfrac{\text{当期純利益}}{\text{自己資本}} \times 100$

X社のROE＝ $\dfrac{17,000\text{百万円}}{250,000\text{百万円}} \times 100 = 6.8\%$

Y社のROE＝ $\dfrac{24,000\text{百万円}}{290,000\text{百万円}} \times 100 = 8.27\cdots\%$

Y社のROEは8％を上回っているが、X社のROEは8％を下回っている。

② 不適切。PBR（倍）＝ $\dfrac{\text{株価}}{\text{1株当たり純資産}}$

X社株式のPBR＝ $\dfrac{1,500\text{円}}{250,000\text{百万円} \div 18,000\text{万株}} = 1.08\text{倍}$

Y社株式のPBR＝ $\dfrac{2,400\text{円}}{290,000\text{百万円} \div 10,000\text{万株}} = 0.82\cdots\text{倍}$

X社株式のPBRは1倍を上回っているが、Y社株式のPBRは1倍を下回っている。

③ 適切。配当性向（％）＝ $\dfrac{\text{配当金総額}}{\text{当期純利益}} \times 100$

X社の配当性向＝ $\dfrac{6,300\text{百万円}}{17,000\text{百万円}} \times 100 = 37.05\cdots\%$

Y社の配当性向＝ $\dfrac{7,000\text{百万円}}{24,000\text{百万円}} \times 100 = 29.16\cdots\%$

配当性向は、Ｘ社のほうがＹ社よりも高い。

正解　①×　②×　③○

《問5》

① 適切。売却益＝（1,700円－1,500円）×500株＝10万円

　特定口座（源泉徴収あり）において上場株式を売却して売却益が生じた場合、その20.315％が源泉徴収等される。

② 不適切。上場株式の配当金について、配当控除の適用を受けるためには、総合課税を選択して所得税の確定申告をする必要がある。

③ 不適切。Ｚ社債は特定公社債に該当するため、その利子は申告分離課税の対象となり、上場株式の譲渡損失の金額と損益通算することができる。

正解　①○　②×　③×

《問6》

① Ｚ社債を償還まで保有した場合の最終利回り

$$最終利回り（\%）＝\dfrac{表面利率＋\dfrac{償還価格（額面金額100円）－購入価格}{残存期間}}{購入価格}×100$$

$$＝\dfrac{0.55円＋\dfrac{100円－99.30円}{4年}}{99.30円}×100＝0.730\cdots→0.73\%$$

② Ｚ社債を2年後に額面100円当たり99.90円で売却した場合の所有期間利回り

$$所有期間利回り（\%）＝\dfrac{表面利率＋\dfrac{売却金額－購入価格}{所有期間}}{購入価格}×100$$

$$＝\dfrac{0.55円＋\dfrac{99.90円－99.30円}{2年}}{99.30円}×100＝0.855\cdots→0.86\%$$

正解　①0.73（％）　②0.86（％）

第 3 問

タックスプランニング（1）

> 　Aさん（47歳）は、20年前から地元の商店街で妻Bさん（48歳）と小売店を営んでおり、2年前に父が亡くなってからは、母Cさん（73歳）と3人で暮らしている。なお、Aさんは、開業後直ちに青色申告承認申請書と青色事業専従者給与に関する届出書を所轄税務署長に対して提出している青色申告者である。また、下記の〈Aさんの2022年分の収入等に関する資料〉において、不動産所得の金額の前の「▲」は赤字であることを表している。
>
> 〈Aさんとその家族に関する資料〉
>
> Aさん　　（47歳）：個人事業主（青色申告者）
>
> 妻Bさん（48歳）：Aさんが営む事業に専ら従事している。青色事業専従者として、2022年中に100万円の給与を受け取っている。
>
> 母Cさん（73歳）：2022年中の収入は、公的年金の老齢給付のみであり、その収入金額は70万円である。
>
> 〈Aさんの2022年分の収入等に関する資料〉
>
> (1)　事業所得の金額　　　　　　　　：500万円（青色申告特別控除後）
>
> (2)　不動産所得の金額　　　　　　　：▲40万円
>
> ※損失の金額40万円のうち、当該不動産所得を生ずべき土地の取得に係る負債の利子20万円を含む。
>
> (3)　一時払変額個人年金保険（10年確定年金）の解約返戻金
>
> 契約年月　　　　　　　　　　　　：2014年10月
>
> 契約者（＝保険料負担者）・被保険者：Aさん
>
> 死亡保険金受取人　　　　　　　　：妻Bさん
>
> 解約返戻金額　　　　　　　　　　：560万円
>
> 正味払込保険料　　　　　　　　　：500万円
>
> ※妻Bさんおよび母Cさんは、Aさんと同居し、生計を一にしている。
>
> ※Aさんとその家族は、いずれも障害者および特別障害者には該当しない。
>
> ※Aさんとその家族の年齢は、いずれも2022年12月31日現在のものである。
>
> ※上記以外の条件は考慮せず、各問に従うこと。

《問7》 所得税における青色申告制度に関する以下の文章の空欄①〜③に入る最も適切な数値を、下記の〈数値群〉のなかから選び、その記号を解答用紙に記入しなさい。

Ⅰ 「事業所得の金額の計算上、青色申告特別控除として最高（ ① ）万円を控除することができます。（ ① ）万円の青色申告特別控除の適用を受けるためには、事業所得に係る取引を正規の簿記の原則に従い記帳し、その記帳に基づいて作成した貸借対照表、損益計算書その他の計算明細書を添付した確定申告書を法定申告期限内に提出することに加えて、e-Taxによる申告（電子申告）または電子帳簿保存を行う必要があります。なお、確定申告書を法定申告期限後に提出した場合、青色申告特別控除額は最高（ ② ）万円となります」

Ⅱ 「青色申告者が受けられる税務上の特典として、青色申告特別控除のほかに、青色事業専従者給与の必要経費算入、純損失の（ ③ ）年間の繰越控除、純損失の繰戻還付、棚卸資産の評価について低価法を選択できることなどが挙げられます」

┌─〈数値群〉─────────────
│ イ. 3　　ロ. 5　　ハ. 7　　ニ. 10
│ ホ. 38　　ヘ. 48　　ト. 55　　チ. 65
└────────────────────

《問8》 Aさんの2022年分の所得税の課税に関する次の記述①〜③について、適切なものには○印を、不適切なものには×印を解答用紙に記入しなさい。

① 「不動産所得の金額の計算上生じた損失の金額のうち、土地の取得に係る負債の利子20万円に相当する部分の金額は、他の所得の金額と損益通算することはできません」

② 「妻Bさんの合計所得金額は48万円以下であるため、Aさんは配偶者控除の適用を受けることができます」

③ 「母Cさんは75歳未満であるため、老人扶養親族には該当せず、一般の控除対象扶養親族に該当します。母Cさんに係る扶養控除の控除額は、38万円です」

《問9》 Aさんの2022年分の所得税の算出税額を計算した下記の表の空欄①〜③に入る最も適切な数値を求めなさい。なお、問題の性質上、明らかにできない部分は「□□□」で示してある。

(a)	総所得金額	（ ① ）円
	社会保険料控除	□□□円
	生命保険料控除	□□□円
	地震保険料控除	□□□円
	扶養控除	□□□円
	基礎控除	（ ② ）円
(b)	所得控除の額の合計額	□□□円
(c)	課税総所得金額（(a)−(b)）	2,700,000円
(d)	算出税額（(c)に対する所得税額）	（ ③ ）円

〈資料〉所得税の速算表

課税総所得金額		税率	控除額
万円超	万円以下		
	〜 195	5％	−
195	〜 330	10％	9万7,500円
330	〜 695	20％	42万7,500円
695	〜 900	23％	63万6,000円
900	〜 1,800	33％	153万6,000円
1,800	〜 4,000	40％	279万6,000円
4,000	〜	45％	479万6,000円

解答と解説

《問7》

① 事業所得の金額の計算上、青色申告特別控除として最高<u>65</u>万円を控除することができる。<u>65</u>万を控除するためには、一定の要件を満たしたうえで、e-Taxによる申告（電子申告）または電子帳簿保存を行う必要がある。

② 確定申告書を法定申告期限後に提出した場合、青色申告特別控除額は最高<u>10</u>万円となる。

③ 青色申告者が受けられる税務上の特典として、純損失の<u>3</u>年間の繰越控除などがある。

正解 ①チ ②ニ ③イ

《問8》

① 適切。

② 不適切。妻Bさんは、青色事業専従者として給与の支払いを受けている者なので、合計所得金額の多寡にかかわらず、Aさんは配偶者控除の適用を受けることができない。

③ 不適切。母Cさんは70歳以上であるため老人扶養親族には該当し、Aさんと同居しているため同居老親等となる。母Cさんに係る扶養控除の控除額は、58万円である。

正解　○　②×　③×

《問9》

① 一時所得の金額＝総収入金額－支出金額－特別控除額（最高50万円）

$$＝560万円－500万円－50万円＝10万円$$

損益通算の対象となる不動産所得の損失の金額＝40万円－20万円＝20万円

※土地の取得に係る負債の利子の部分は、損益通算の対象とならない。

総所得金額＝500万円－20万円＋10万円×$\frac{1}{2}$＝<u>4,850,000</u>円

※一時所得のうち総所得金額に算入される金額は、2分の1である。

② Aさんの合計所得金額は2,400万円以下であるため、基礎控除の控除額は<u>480,000</u>円となる。

〈基礎控除の控除額〉

合計所得金額	控除額
2,400万円以下	48万円
2,400万円超2,450万円以下	32万円
2,450万円超2,500万円以下	16万円

③ 算出税額＝270万円×10％－97,500円＝<u>172,500</u>円

正解　①4,850,000円　②480,000円　③172,500円

タックスプランニング（2）

　X株式会社（以下、「X社」という）に勤務する会社員のAさん（60歳）は、妻Bさん（53歳）および長女Cさん（21歳）との3人暮らしである。Aさんは、2023年8月に定年を迎え、X社から退職金の支給を受けたが、X社の継続雇用制度を利用して、引き続き同社に勤務している。なお、下記の〈Aさんの2023年分の収入等に関する資料〉において、不動産所得の金額の前の「▲」は赤字であることを表している。

〈Aさんとその家族に関する資料〉

Aさん　　　（60歳）：会社員

妻Bさん　　（53歳）：パートタイマー。2023年中に給与収入90万円を得ている。

長女Cさん（21歳）：大学生。2023年中の収入はない。

〈Aさんの2023年分の収入等に関する資料〉

(1)　給与収入の金額　　　　　　　　：900万円

(2)　不動産所得の金額　　　　　　　：▲40万円（白色申告）

※損失の金額40万円のうち、当該不動産所得を生ずべき土地の取得に係る負債の利子の額10万円を含む。

(3)　一時払変額個人年金保険（10年確定年金）の解約返戻金

契約年月　　　　　　　　　　　　：2014年7月

契約者（＝保険料負担者）・被保険者：Aさん

死亡給付金受取人　　　　　　　　：妻Bさん

解約返戻金額　　　　　　　　　　：500万円

正味払込保険料　　　　　　　　　：430万円

(4)　X社から支給を受けた退職金の額：2,450万円

・定年を迎えるまでの勤続期間は36年5カ月である。

・「退職所得の受給に関する申告書」を提出している。

※妻Bさんおよび長女Cさんは、Aさんと同居し、生計を一にしている。

※Aさんとその家族は、いずれも障害者および特別障害者には該当しない。

※Aさんとその家族の年齢は、いずれも2023年12月31日現在のものである。

※上記以外の条件は考慮せず、各問に従うこと。

《問7》　AさんがX社から受け取った退職金に係る退職所得の金額を計算した下記の計算式の空欄①～④に入る最も適切な数値を、解答用紙に記入しなさい。なお、Aさんは、これ以外に退職手当等の収入はないものとする。また、問題の性質上、明らかにできない部分は「□□□」で示してある。

〈退職所得控除額〉

800万円＋（　①　）万円×｛（　②　）年－20年｝＝（　③　）万円

〈退職所得の金額〉

（2,450万円－（　③　）万円）×□□□＝（　④　）万円

《問8》　Aさんの2023年分の所得税の課税に関する次の記述①～③について、適切なものには○印を、不適切なものには×印を解答用紙に記入しなさい。

① 「Aさんは不動産所得の金額に損失が生じているため、確定申告をすることによって、純損失の繰越控除の適用を受けることができます」

② 「Aさんが長女Cさんの国民年金保険料を支払った場合、その支払った保険料はAさんの社会保険料控除の対象となります」

③ 「Aさんが適用を受けることができる配偶者控除および扶養控除の額は、それぞれ38万円です」

《問9》　Aさんの2023年分の所得金額について、次の①、②を求め、解答用紙に記入しなさい（計算過程の記載は不要）。なお、①の計算上、Aさんが所得金額調整控除の適用対象者に該当している場合、所得金額調整控除額を控除すること。また、〈答〉は万円単位とすること。

① 総所得金額に算入される給与所得の金額

② 総所得金額

〈資料〉給与所得控除額

給与収入金額		給与所得控除額
万円超	万円以下	
～	180	収入金額×40％－10万円 $\left(\begin{array}{l}55万円に満たない\\場合は、55万円\end{array}\right)$
180 ～	360	収入金額×30％＋8万円
360 ～	660	収入金額×20％＋44万円
660 ～	850	収入金額×10％＋110万円
850 ～		195万円

解答と解説

《問7》

〈退職所得控除額〉

退職所得控除額（勤続年数20年超の場合）

= 800万円＋70万円×（勤続年数－20年）

800万円＋（①70）万円×｛（②37）年※－20年｝＝（③1,990）万円

※1年未満の勤続年数は切上げるため、36年5ヵ月は37年とする。

〈退職所得の金額〉

退職所得の金額＝（収入金額－退職所得控除額）$\times \dfrac{1}{2}$

（2,450万円－（③1,990）万円）$\times \dfrac{1}{2}$ ＝（④230）万円

| 正解 | ①70（万円）　②37（年）　③1,990（万円）　④230（万円） |

《問8》

① 不適切。Aさんの不動産所得の金額の損失は、給与所得の金額と損益通算した場合に損失の残額は生じないため、純損失の繰越控除の適用を受けることはできない。

② 適切。社会保険料控除は、本人・生計を一にする配偶者その他の親族の負担すべき社会保険料を支払った場合に適用を受けることができる。

③ 不適切。Aさんの合計所得金額は900万円超950万円以下（総所得金額680万円＋退職所得の金額230万円＝910万円）で、妻Bさんの合計所得金額は下記のように48万円以下であるため、Aさんが適用を受けることができる配偶者控除の額は26万円である。一方、長女Cさん（21歳）は19歳以上23歳未満

であるため特定扶養親族に該当し、Aさんが適用を受けることができる扶養控除の額は63万円である。

妻Bさんの合計所得金額（給与所得の金額）＝給与収入金額－給与所得控除額

＝90万円－55万円＝35万円

〈配偶者控除の控除額〉

合計所得金額	控除額
900万円以下	36万円
900万円超　950万円以下	26万円
950万円超　1,000万円以下	13万円

正解　①×　②○　③×

《問9》

① 総所得金額に算入される給与所得の金額

給与所得の金額＝給与収入金額－給与所得控除額

＝900万円－195万円＝705万円

所得金額調整控除額＝（900万円－850万円）×10％＝5万円

※Aさんの給与収入は850万円超で23歳未満の扶養親族がいるため、所得金額調整控除の適用対象者に該当する。

総所得金額に算入される給与所得の金額＝705万円－5万円＝700万円

② 総所得金額

不動産所得の損失（▲40万円）のうち損益通算の対象となる額

＝▲40万円＋10万円＝▲30万円

一時所得の金額＝総収入金額－支出金額－特別控除額（最高50万円）

＝500万円－430万円－50万円＝20万円

総所得金額＝700万円－30万円＋20万円×$\frac{1}{2}$＝680万円

正解　①700（万円）　②680（万円）

タックスプランニング（3）

X株式会社（以下、「X社」という）に勤務する会社員のAさん（60歳）は、妻Bさん（58歳）および母Cさん（84歳）との3人暮らしである。Aさんは、2023年10月に定年を迎え、X社から退職金の支給を受けたが、同社の継続雇用制度を利用して、引き続き勤務している。

〈Aさんとその家族に関する資料〉

Aさん　　（60歳）：会社員

妻Bさん（58歳）：パートタイマー。2023年中に給与収入90万円を得ている。

母Cさん（84歳）：2023年中の収入は、公的年金の老齢給付のみであり、その収入金額は60万円である。

〈Aさんの2023年分の収入等に関する資料〉

(1)　給与収入の金額　　　　　　　　　：900万円

※給与所得の金額は、705万円である。

(2)　上場株式の譲渡損失の金額　　　　：80万円

※2023年中に金融商品取引業者等を通じて譲渡したことにより生じた損失の金額であり、全額が特定口座（源泉徴収あり）内で生じている。

(3)　確定拠出年金の老齢給付金の年金額：6万円

※2023年中に支払った掛金の額は、12万円である。

(4)　個人年金保険契約に基づく年金収入：90万円（必要経費は60万円）

(5)　X社から支給を受けた退職金の額　：2,500万円

※退職所得の金額は500万円であり、退職金の受給時に「退職所得の受給に関する申告書」を提出している。

※妻Bさんおよび母Cさんは、Aさんと同居し、生計を一にしている。

※Aさんとその家族は、いずれも障害者および特別障害者には該当しない。

※Aさんとその家族の年齢は、いずれも2023年12月31日現在のものである。

※上記以外の条件は考慮せず、各問に従うこと。

《問7》　Aさんの2023年分の所得税の課税に関する次の記述①～③につい

て、適切なものには〇印を、不適切なものには×印を解答用紙に記入しなさい。

① 「Aさんは、退職金の受給時に『退職所得の受給に関する申告書』を提出しているため、退職金の額の20.42％相当額が源泉徴収されていますが、他の所得とあわせて確定申告をすることで所得税の還付を受けられる可能性があります」

② 「Aさんが、特定口座（源泉徴収あり）内で生じた上場株式の譲渡損失の金額について、翌年分以後の上場株式等に係る譲渡所得等の金額および上場株式等に係る配当所得等の金額から繰越控除するためには、当該損失の金額について確定申告をする必要があります」

③ 「Aさんの給与収入の金額は850万円を超えているため、総所得金額の計算上、給与所得の金額から所定の算式により算出した所得金額調整控除額を控除します」

《問8》　Aさんの2023年分の所得金額について、次の①、②を求め、解答用紙に記入しなさい（計算過程の記載は不要）。なお、〈答〉は万円単位とすること。

① 雑所得の金額

② 総所得金額

〈資料〉公的年金等控除額の速算表（一部抜粋）

公的年金等に係る雑所得以外の所得に係る合計所得金額が 1,000万円超2,000万円以下		
年金を受け取る 人の年齢	公的年金等の収入金額 (A)	公的年金等控除額
65歳未満	130万円以下	500,000円
	130万円超　　410万円以下	A×25％＋175,000円
	410万円超　　770万円以下	A×15％＋585,000円
	770万円超　1,000万円以下	A×5％＋1,355,000円
	1,000万円超	1,855,000円

《問9》　Aさんの2023年分の所得税における所得控除に関する以下の文章の空欄①〜④に入る最も適切な語句または数値を、下記の〈語句群〉のなかから選び、その記号を解答用紙に記入しなさい。

Ⅰ 「Aさんが支払った確定拠出年金の掛金は、小規模企業共済等掛金控除の対象となります。Aさんが適用を受けることができる小規模企業共済等掛金控除の控除額は、（ ① ）万円です」

Ⅱ 「Aさんは、妻Bさんについて配偶者控除の適用を受けることが（ ② ）」

Ⅲ 「母Cさんは、老人扶養親族のうち同居老親等に該当します。Aさんが適用を受けることができる扶養控除の控除額は、（ ③ ）万円です」

Ⅳ 「Aさんの合計所得金額は2,400万円以下であるため、基礎控除の控除額は（ ④ ）万円となります」

〈語句群〉
イ. 4　　ロ. 6　　ハ. 12　　ニ. 38　　ホ. 48
ヘ. 58　　ト. 63　　チ. できます　　リ. できません

解答と解説

《問7》

① 不適切。退職金の受給時に「退職所得の受給に関する申告書」を提出しているため、退職所得控除額等を考慮した退職所得の金額に対して、超過累進税率による適正な税額が源泉徴収されている。

② 適切。特定口座（源泉徴収あり）内で生じた上場株式の譲渡益は申告不要とすることができるが、譲渡損失が生じた場合に翌年以後3年間の繰越控除の適用を受けるためには、その譲渡損失を確定申告する必要がある。

③ 不適切。Aさんの給与収入の金額は850万円を超えているが、23歳未満の扶養親族はおらず、障害者および特別障害者に該当する者もいないため、所得金額調整控除額を控除することはできない。

正解　①×　②○　③×

《問8》

① 雑所得の金額

(1) 公的年金等に係る雑所得の金額（確定拠出年金の老齢給付金の年金額）
公的年金等の収入金額－公的年金等控除額
＝6万円－50万円＜0円　∴0円

(2) その他の雑所得の金額（個人年金保険契約に基づく年金収入）

公的年金等以外の総収入金額－必要経費

= 90万円－60万円＝30万円

(3) 雑所得の金額＝(1)+(2)＝30万円

② 総所得金額

705万円（給与所得）＋30万円（雑所得）＝735万円

上場株式の譲渡損失の金額は、給与所得や雑所得の金額と損益通算すること
はできない。退職所得は分離課税であるため、総所得金額には算入しない。

| 正解 | ①30（万円）　②735（万円） |

《問9》

① 確定拠出年金の掛金は、その全額（Aさんの場合は<u>12</u>万円）が小規模企業
共済等掛金控除の対象となる。

② Aさんの合計所得金額は、以下のように1,000万円を超えるため、妻Bさん
の合計所得金額が48万円以下であっても、配偶者控除の適用を受けることは
<u>できない</u>。

Aさんの合計所得金額＝735万円（総所得金額）＋500万円（退職所得）

= 1,235万円

③ 母Cさん（84歳）は、70歳以上でAさんと同居しているため老人扶養親族
のうち同居老親等に該当する。Aさんが適用を受けることができる扶養控除の
控除額は、<u>58</u>万円である。

④ Aさんの合計所得金額は2,400万円以下であるため、基礎控除の控除額は<u>48</u>
万円となる。

〈基礎控除の控除額〉

合計所得金額	控除額
2,400万円以下	48万円
2,400万円超2,450万円以下	32万円
2,400万円超2,500万円以下	16万円

| 正解 | ①ハ　②リ　③ヘ　④ホ |

第 4 問

不動産（1）

個人事業主のAさん（50歳）は、2年前に父の相続により甲土地（600㎡）を取得している。甲土地は、父の代から月極駐車場として賃貸しているが、収益性は高くない。

Aさんが甲土地の活用方法について検討していたところ、ハウスメーカーのX社から「甲土地は、最寄駅から徒歩3分の好立地にあり、相応の需要が見込めるため、賃貸マンションの建築を検討してみませんか。Aさんが建築したマンションを弊社に一括賃貸（普通借家契約・マスターリース契約（特定賃貸借契約））していただければ、弊社が入居者の募集・建物管理等を行ったうえで、賃料を保証させていただきます」と提案を受けた。

Aさんは、自ら賃貸マンションを経営することも考慮したうえで、X社の提案について検討したいと考えている。

〈甲土地の概要〉

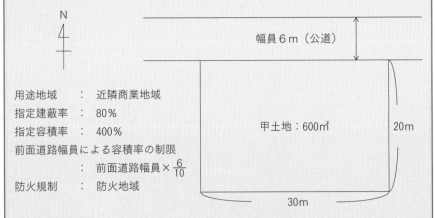

用途地域　　　：　近隣商業地域
指定建蔽率　　：　80％
指定容積率　　：　400％
前面道路幅員による容積率の制限
　　　　　　　：　前面道路幅員×$\frac{6}{10}$
防火規制　　　：　防火地域

・指定建蔽率および指定容積率とは、それぞれ都市計画において定められた数値である。

・特定行政庁が都道府県都市計画審議会の議を経て指定する区域ではない。

※上記以外の条件は考慮せず、各問に従うこと。

《問10》　甲土地上に耐火建築物を建築する場合における次の①、②を求め、解答用紙に記入しなさい（計算過程の記載は不要）。

① 建蔽率の上限となる建築面積

② 容積率の上限となる延べ面積

《問11》 Aさんが、甲土地上に賃貸マンションを建築する場合の留意点等に関する次の記述①〜③について、適切なものには○印を、不適切なものには×印を解答用紙に記入しなさい。

① 「Aさんが、所有するマンションについて自ら建物の管理や入居者の募集、入居者との賃貸借契約を行う場合には、あらかじめ宅地建物取引業の免許を取得する必要がありますが、マスターリース契約（特定賃貸借契約）に基づき、X社に建物を一括賃貸する場合は、宅地建物取引業の免許は不要です」

② 「AさんがX社と普通借家契約としてマスターリース契約（特定賃貸借契約）を締結し、当該契約において賃料が保証される場合であっても、X社から経済事情の変動等を理由として契約期間中に賃料の減額請求を受ける可能性があります」

③ 「不動産の収益性を測る指標の１つであるNOI利回り（純利回り）は、不動産投資によって得られる賃料等の年間総収入額を総投資額で除して算出されます。この指標では、簡便に不動産の収益性を把握することができますが、不動産投資に伴う諸経費は考慮されていないため、あくまで目安として利用するようにしてください」

《問12》 Aさんが、甲土地上に賃貸マンションを建築する場合の課税に関する次の記述①〜③について、適切なものには○印を、不適切なものには×印を解答用紙に記入しなさい。

① 「Aさんが甲土地に賃貸マンションを建築し、不動産取得税および登録免許税を支払った場合、不動産所得の金額の計算上、いずれも必要経費に算入することができます」

② 「Aさんが甲土地に賃貸マンションを建築した場合、相続税額の計算上、甲土地は貸家建付地として評価されます。甲土地の貸家建付地としての価額は、当該マンションの賃貸割合が高いほど、高く評価されます」

③ 「Aさんが甲土地に賃貸マンションを建築した場合、甲土地に係る固定資産税の課税標準を、住宅１戸につき200㎡までの部分（小規模住宅用

地）について課税標準となるべき価格の6分の1の額とする特例の適用を受けることができます」

解答と解説

《問10》

① 建蔽率の上限となる建築面積
敷地面積×建蔽率＝600㎡×100％※＝600㎡
※指定建蔽率が80％である防火地域内に耐火建築物を建築するため、建蔽率の制限はなくなる（100％）。

② 容積率の上限となる延べ面積
前面道路幅員による容積率の制限：$6\,\text{m} \times \dfrac{6}{10} = 360\％ < 指定容積率400\％$

360％と400％を比較して低いほうの360％が、上限となる容積率となる。
敷地面積×容積率＝600㎡×360％＝2,160㎡

/正解 ①600㎡ ②2,160㎡

《問11》

① 不適切。所有するマンションについて自ら建物の管理や入居者の募集、入居者との賃貸借契約を行う場合には、これらは宅地建物取引業には該当しないため、宅地建物取引業の免許を取得する必要はない。なお、Aさんから賃貸マンションを一括で借り受けて賃貸するX社についても、免許は不要である。

② 適切。普通借家契約では、特約の有無にかかわらず、借主は賃料の減額請求をすることができる。

③ 不適切。NOI利回り（純利回り）は、不動産投資によって得られる賃料等の年間総収入額から年間費用を控除した純収益を総投資額で除して算出される。一方、単純利回りは、年間総収入額を総投資額で除して算出するため、簡便に収益性を把握することができるが、諸経費が考慮されていない。

/正解 ①× ②〇 ③×

《問12》

① 適切。

② 不適切。貸家建付地の評価額は、「自用地評価額×（1－借地権割合×借家権割合×賃貸割合）」により計算される。この計算式では、賃貸割合（入居率）が高いほど評価額は低くなる。

③　適切。固定資産税における「住宅用地に対する課税標準の特例」では、自己居住用住宅だけでなく、賃貸用住宅の敷地も適用の対象となる。

正解　①○　②×　③○

不動産（2）

　Aさん（55歳）は、5年前に父親の相続（単純承認）により取得した自宅（建物とその敷地である甲土地）および月極駐車場（青空駐車場・乙土地）を所有している。父親が45年前に甲土地とともに購入した建物は老朽化が進んでおり、Aさんは自宅での生活に不便さを感じている。また、所有する月極駐車場では、その一部に空車が続いている。

　Aさんは、甲土地（自宅）および乙土地（駐車場）を売却し、同じ地域にマンションを購入して移り住むことを考えているが、相続した甲土地および乙土地を売却することに少し後ろめたさを感じている。先日、Aさんは、不動産会社を通じ、ドラッグストアのX社から「甲土地および乙土地に新規出店させていただけませんか。なお、甲土地および乙土地については、Aさんに建設協力金方式による有効活用をご検討いただきたいと考えています」との提案を受けた。

〈甲土地および乙土地の概要〉

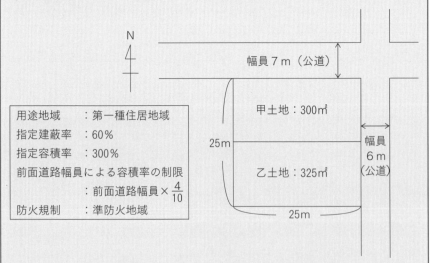

用途地域	：第一種住居地域
指定建蔽率	：60%
指定容積率	：300%
前面道路幅員による容積率の制限	：前面道路幅員×$\frac{4}{10}$
防火規制	：準防火地域

・甲土地、甲土地と乙土地を一体とした土地は、建蔽率の緩和について特定行政庁が指定する角地である。

・指定建蔽率および指定容積率とは、それぞれ都市計画において定められた数値である。

・特定行政庁が都道府県都市計画審議会の議を経て指定する区域ではない。

※上記以外の条件は考慮せず、各問に従うこと。

《問10》 甲土地と乙土地を一体とした土地上に耐火建築物を建築する場合における次の①、②を求めなさい（計算過程の記載は不要）。

① 建蔽率の上限となる建築面積

② 容積率の上限となる延べ面積

《問11》 自宅（建物とその敷地である甲土地）の譲渡および月極駐車場（乙土地）の賃貸借契約に関する次の記述①～③について、適切なものには○印を、不適切なものには×印を解答用紙に記入しなさい。

① 「Ａさんがマンションに転居し、その後、居住していない現在の自宅を譲渡する場合、Ａさんが『居住用財産を譲渡した場合の3,000万円の特別控除の特例』の適用を受けるためには、現在の自宅にＡさんが居住しなくなった日から3年を経過する日の属する年の12月31日までに譲渡しなければなりません」

② 「『居住用財産を譲渡した場合の長期譲渡所得の課税の特例（軽減税率の特例）』の適用を受けるためには、譲渡した年の1月1日において居住用財産の所有期間が10年を超えていなければなりません。Ａさんが現在の自宅を譲渡する場合、譲渡所得の金額の計算上、相続により取得した現在の自宅の取得時期は相続開始日とされるため、当該特例の適用を受けることはできません」

③ 「乙土地に係る月極駐車場の賃貸借契約には、借地借家法が適用されるため、当該契約に中途解約に関する条項がある場合であっても、正当な事由がない場合は、貸主であるＡさんから解約を申し入れることができません」

《問12》 建設協力金方式による甲土地と乙土地を一体とした土地の有効活用に関する次の記述①～③について、適切なものには○印を、不適切なものには×印を解答用紙に記入しなさい。

① 「建設協力金方式は、ＡさんがＸ社から建設資金の一部または全部を借り受けて、Ｘ社の要望に沿った店舗を建設し、その店舗をＸ社に賃貸する

手法です。借り受けた建設資金は、元本の返済に加え、利子の支払が必要となることがありますが、不動産所得の金額の計算上、返済した元利金は必要経費に算入することができます」

② 「建設協力金方式による土地の有効活用において、建設した店舗に係る固定資産税の納税義務は、Aさんが負うことになります」

③ 「Aさんが建設した店舗をX社に賃貸した後、その賃貸期間中にAさんの相続が開始した場合、相続税額の計算上、店舗は貸家として評価され、甲土地と乙土地を一体とした土地は貸宅地として評価されます」

解答と解説

《問10》

① 建蔽率の上限となる建築面積

敷地面積×建蔽率＝（300㎡＋325㎡）×（60％＋10％[※]＋10％[※]）＝500㎡

※建蔽率の緩和について特定行政庁が指定する角地であるため、10％加算される。また、準防火地域内に耐火建築物を建築するため、さらに10％加算される。

② 容積率の上限となる延べ面積

前面道路幅員による容積率の制限：$7\,\text{m} \times \dfrac{4}{10} = 280\％ ＜指定容積率300\％$

280％と300％を比較して低いほうの280％が、上限となる容積率となる。

敷地面積×容積率＝（300㎡＋325㎡）×280％＝1,750㎡

| 正解 | ①500（㎡）　②1,750（㎡） |

《問11》

① 適切。

② 不適切。Aさんが現在の自宅を譲渡する場合、譲渡所得の金額の計算上、相続により取得した現在の自宅の取得時期は被相続人の取得の日（45年前）とされるため、当該特例の適用を受けることができる。

③ 不適切。青空駐車場は借地借家法の適用を受けないため、正当事由がなくとも貸主から解約することが可能である。

| 正解 | ①○　②×　③× |

《問12》

① 不適切。不動産所得の金額の計算上、返済した元金は必要経費に算入するこ

とができない。利子は必要経費に算入することができる。

② 適切。建設した店舗の所有者はＡさんであるため、店舗に係る固定資産税の納税義務は、Ａさんが負う。

③ 不適切。Ａさんが建設した店舗をＸ社に賃貸した後、その賃貸期間中にＡさんの相続が開始した場合、相続税額の計算上、店舗は貸家として評価され、甲土地と乙土地を一体とした土地は貸家建付地として評価される。

正解　①×　②○　③×

不動産（3）

　会社員のAさん（52歳）は、2年前に父親の相続により取得した甲土地（600㎡）を所有している。甲土地は、月極駐車場として賃貸しているが、収益性は高くない。

　Aさんが甲土地について売却することを検討していたところ、先日、知り合いの不動産会社の社長から、「甲土地は最寄駅から近く、店舗や賃貸マンションの立地に適している。定期借地権方式による土地活用を検討してみてはどうか」との提案を受けた。

〈甲土地の概要〉

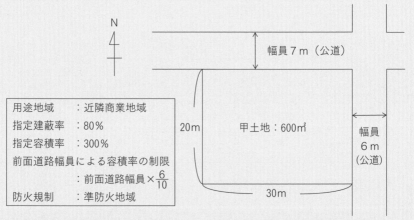

用途地域	：近隣商業地域
指定建蔽率	：80％
指定容積率	：300％
前面道路幅員による容積率の制限	：前面道路幅員×$\frac{6}{10}$
防火規制	：準防火地域

・甲土地は、建蔽率の緩和について特定行政庁が指定する角地である。

・指定建蔽率および指定容積率とは、それぞれ都市計画において定められた数値である。

・特定行政庁が都道府県都市計画審議会の議を経て指定する区域ではない。

※上記以外の条件は考慮せず、各問に従うこと。

《問10》　甲土地上に耐火建築物を建築する場合における次の①、②を求め、解答用紙に記入しなさい（計算過程の記載は不要）。

①　建蔽率の上限となる建築面積

②　容積率の上限となる延べ面積

《問11》　定期借地権方式による甲土地の有効活用に関する次の記述①〜③について、適切なものには○印を、不適切なものには×印を解答用紙に記入しなさい。

① 「定期借地権方式は、事業者等に対して甲土地を一定期間賃貸する手法です。仮に、Ａさんが甲土地に事業用定期借地権を設定する場合、その契約は公正証書によってしなければなりません」

② 「事業用定期借地権は、ドラッグストアやコンビニ等の店舗だけでなく、賃貸マンションや老人ホーム等の居住用の施設を有する建物を建築する場合にも設定することができます」

③ 「甲土地に建物譲渡特約付借地権を設定した場合、その設定後30年以上を経過した日に、Ａさんが甲土地上の建物を借地権者から買い取ったときは、借地契約が終了します。買い取った建物は賃貸することで家賃収入を得ることができますが、建物の維持管理の状態などによっては、十分な収益が見込めない可能性があります」

《問12》　定期借地権方式により甲土地を有効活用する場合の課税等に関する次の記述①〜③について、適切なものには○印を、不適切なものには×印を解答用紙に記入しなさい。

① 「Ａさんが甲土地に定期借地権を設定した場合、甲土地上の建物については借地権者が、甲土地については借地権割合に基づきＡさんと借地権者が、それぞれ固定資産税の納税義務者となります」

② 「Ａさんが甲土地に事業用定期借地権を設定し、その存続期間中にＡさんの相続が開始した場合、相続税額の計算上、甲土地は貸家建付地として評価されます」

③ 「Ａさんが甲土地に事業用定期借地権を設定した場合、当該借地契約は、借地権者から申出があっても更新することはできませんが、Ａさんと借地権者の合意のもと、借地借家法で定められた事業用定期借地権の存続期間内で存続期間を延長することや、存続期間満了時において再契約することは可能です」

《問10》

① 建蔽率の上限となる建築面積

　　敷地面積×建蔽率＝600㎡×（80％＋10％[※]＋10％[※]）＝600㎡

　　※準防火地域内に耐火建築物を建築するため、10％加算される。また、建蔽率の緩和について特定行政庁が指定する角地でため、さらに10％加算される。

② 容積率の上限となる延べ面積

　　前面道路幅員による容積率の制限：$7\,\mathrm{m} \times \dfrac{6}{10} = 420\％ ＞指定容積率300\％$

　　420％と300％を比較して低いほうの300％が、上限となる容積率となる。

　　敷地面積×容積率＝600㎡×300％＝1,800㎡

正解　①600（㎡）　②1,800（㎡）

《問11》

① 適切。

② 不適切。事業用定期借地権は、事業用の建物を建築する場合には設定することはできるが、賃貸マンションや老人ホーム等の居住用の建物を建築する場合には設定することはできない。

③ 適切。

正解　①○　②×　③○

《問12》

① 不適切。固定資産税は、甲土地の所有者であるＡさんが納税義務者となる。

② 不適切。借地権が設定されている土地は、貸宅地として評価される。

③ 適切。

正解　①×　②×　③○

第 5 問

相続・事業承継（1）

　非上場企業であるX株式会社（以下、「X社」という）の代表取締役社長であったAさんは、2023年4月26日（水）に病気により75歳で死亡した。Aさんは、自宅に自筆証書遺言を残しており、相続人等は自筆証書遺言の内容に従い、Aさんの財産を下記のとおり取得する予定である。なお、妻Bさんは、死亡保険金および死亡退職金を受け取っている。また、長女Dさんは、Aさんの相続開始前に死亡している。

〈Aさんの親族関係図〉

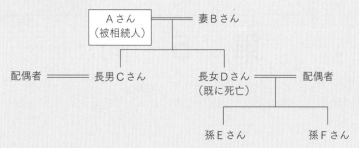

〈各人が取得する予定の相続財産（みなし相続財産を含む）〉

① 妻Bさん（76歳）

　　現金および預貯金 … 2,500万円

　　自宅（敷地300㎡） … 7,500万円（「小規模宅地等についての相続税の課税価格の計算の特例」適用前の金額）

　　自宅（建物） ……… 1,500万円（固定資産税評価額）

　　死亡保険金 ………… 1,500万円（受取額。契約者（＝保険料負担者）・被保険者はAさん、死亡保険金受取人は妻Bさん）

　　死亡退職金 ………… 3,000万円（受取額）

② 長男Cさん（51歳）

　　現金および預貯金 … 5,000万円

　　X社株式 ………… 1億円（相続税評価額）

③ 孫Eさん（25歳）

現金および預貯金 ・・・ 2,000万円

④ 孫Fさん（23歳）

現金および預貯金 ・・・ 2,000万円

※上記以外の条件は考慮せず、各問に従うこと。

《問13》 Aさんの相続等に関する次の記述①〜③について、適切なものには〇印を、不適切なものには×印を解答用紙に記入しなさい。

① 「妻Bさんや長男Cさんが、Aさんの相続について単純承認する場合、原則として、相続の開始があったことを知った時から3カ月以内に、家庭裁判所にその旨を申述しなければなりません」

② 「Aさんの2023年分の所得税について確定申告書を提出しなければならない場合に該当するとき、相続人は、原則として、相続の開始があったことを知った日の翌日から4カ月以内に準確定申告書を提出しなければなりません」

③ 「妻Bさんが受け取った死亡退職金は、みなし相続財産として相続税の課税対象となります。妻Bさんが受け取った死亡退職金3,000万円のうち、相続税の課税価格に算入される金額は1,500万円となります」

《問14》 Aさんの相続に係る相続税の総額を試算した下記の表の空欄①〜③に入る最も適切な数値を求めなさい。なお、課税遺産総額（相続税の課税価格の合計額－遺産に係る基礎控除額）は2億円とし、問題の性質上、明らかにできない部分は「□□□」で示してある。

(a) 相続税の課税価格の合計額	□□□万円
(b) 遺産に係る基礎控除額	（ ① ）万円
課税遺産総額（(a)−(b)）	2億円
相続税の総額の基となる税額	
妻Bさん	□□□万円
長男Cさん	□□□万円
孫Eさん	□□□万円
孫Fさん	（ ② ）万円
(c) 相続税の総額	（ ③ ）万円

〈資料〉相続税の速算表（一部抜粋）

法定相続分に応ずる取得金額			税率	控除額
万円超		万円以下		
	〜	1,000	10%	－
1,000	〜	3,000	15%	50万円
3,000	〜	5,000	20%	200万円
5,000	〜	10,000	30%	700万円
10,000	〜	20,000	40%	1,700万円
20,000	〜	30,000	45%	2,700万円

《問15》 Aさんの相続等に関する以下の文章の空欄①〜③に入る最も適切な語句を、下記の〈語句群〉のなかから選び、その記号を解答用紙に記入しなさい。

Ⅰ 「妻Bさんが『配偶者に対する相続税額の軽減』の適用を受ける場合、原則として、妻Bさんが相続により取得した財産の金額が、配偶者の法定相続分相当額と1億6,000万円のいずれか（　①　）金額を超えない限り、妻Bさんが納付すべき相続税額は算出されません」

Ⅱ 「孫Eさんおよび孫Fさんは、相続税額の2割加算の対象に（　②　）」

Ⅲ 「Aさんに係る相続税の申告書の提出期限は、原則として、2024年（　③　）になります。申告書の提出先は、Aさんの死亡時の住所地を所轄する税務署長です」

─〈語句群〉─────────────────────
イ．多い　　ロ．少ない　　ハ．なります　　ニ．なりません
ホ．2月26日（月）　　ヘ．3月15日（金）　　ト．4月26日（金）

解答と解説

《問13》

① 不適切。相続の開始があったことを知った時から3カ月以内に手続きをしなかった場合、単純承認したものとみなされる。単純承認するために、家庭裁判所への申述は不要である。

② 適切。

258

③　不適切。死亡退職金3,000万円のうち、相続税の課税価格に算入される金額は、以下のとおり1,000万円となる。死亡退職金の非課税金額＝500万円×法定相続人の数（4人※）＝2,000万円

※妻B、長男C、孫E、孫Fの4人

相続税の課税価格に算入される金額＝3,000万円−2,000万円＝1,000万円

/正解／　①×　②○　③×

《問14》

・遺産に係る基礎控除額

3,000万円＋600万円×法定相続人の数（4人：妻B、長男C、孫E、孫F）

＝②5,400万円

・法定相続人が法定相続分どおりに取得したと仮定した取得金額

・妻B　　　2億円×$\frac{1}{2}$　　　　　＝1億円………❶

・長男C　　2億円×$\frac{1}{2}$×$\frac{1}{2}$　　＝5,000万円……❷

・孫E　　　2億円×$\frac{1}{2}$×$\frac{1}{2}$×$\frac{1}{2}$＝2,500万円……❸

・孫F　　　2億円×$\frac{1}{2}$×$\frac{1}{2}$×$\frac{1}{2}$＝2,500万円……❹

・相続税の総額（❶〜❹に対する税額の合計）

・妻B　　　❶　　1億円×30％−700万円＝2,300万円

・長男C　　❷5,000万円×20％−200万円＝　800万円

・孫E　　　❸2,500万円×15％−50万円＝　325万円

・孫F　　　❹2,500万円×15％−50万円＝②325万円

合計（相続税の総額）③3,750万円）

/正解／　①5,400万円　②325万円　③3,750万円

《問15》

①　妻Bさんが相続により取得した財産の金額が、配偶者の法定相続分相当額と1億6,000万円のいずれか多い金額を超えない限り、妻Bさんが納付すべき相続税額は算出されない。

②　孫Eさんおよび孫Fさんは、代襲相続人である孫であるため、相続税額の2割加算の対象にならない。

③　相続税の申告書の提出期限は、相続の開始をあったことを知った日の翌日から10ヵ月以内である。Aさんは、2023年4月26日（水）に死亡したため、相続税の申告書の提出期限は、原則として2024年<u>2月26日（月）</u>となる。

正解	①イ　②ニ　③ホ

相続・事業承継（2）

　Aさん（71歳）は、父親から相続した先祖代々の土地を活用し、不動産賃貸業（個人事業）を営んでいる。Aさんの不動産収入は年間4,000万円程度であり、所得税の負担が大きいと感じている。そのため、X社を設立したうえで、賃貸不動産をX社に売却するなど、不動産賃貸業の法人化を検討している。

　Aさんは、現在、妻Bさん（67歳）および長男Cさん（38歳）と自宅で同居している。長男Cさんは、地元の中小企業に勤務する傍ら、Aさんの不動産賃貸業を手伝っている。二男Dさん（36歳）は、県外の企業に勤務しており、実家に戻る予定はない。

　Aさんは、不動産賃貸業を長男Cさんに引き継がせたいと思っているが、大半の財産を長男Cさんに相続させた場合、長男Cさんと二男Dさんとの間で争いが生じるのではないかと不安を感じている。

〈Aさんの推定相続人〉

妻Bさん　　：専業主婦。Aさんと自宅で同居している。

長男Cさん：会社員。Aさん夫妻と同居している。

二男Dさん：会社員。妻と子と一緒にマンション（持家）に住んでいる。

〈Aさんの主な所有財産（相続税評価額）〉

1．現預金　　　：1億6,000万円

2．自宅

　①敷地（200㎡）：　　6,000万円

　②建物　　　：　　1,000万円

3．賃貸マンション甲

　①敷地（300㎡）：　　9,000万円

　②建物（築30年）：　　2,800万円

4．賃貸マンション乙

　①敷地（400㎡）：1億2,000万円

　②建物（築25年）：　　3,200万円

　　　　　合計：　　5億円

※自宅および賃貸マンション甲、乙の土地は「小規模宅地等についての相続

税の課税価格の計算の特例」適用前の金額である。

※上記以外の条件は考慮せず、各問に従うこと。

《問13》　不動産賃貸業の法人化に関する次の記述①～③について、適切な
ものには〇印を、不適切なものには×印を解答用紙に記入しなさい。

① 「AさんからX社に移転される不動産賃貸業に係る所得には、法人税が
　課されることになります。X社の資本金の額が1億円以下であって一定の
　中小法人に該当する場合は、所得金額のうち年1,000万円以下の部分に軽
　減税率が適用されるなど、法人化によって不動産賃貸業に係る所得に対す
　る税負担が軽減される可能性があります」

② 「法人化に際して賃貸マンションの土地や建物をAさんからX社に譲渡
　する場合は、Aさんの譲渡所得に課される所得税や住民税の金額だけでな
　く、X社が支払うことになる土地や建物に係る不動産取得税、登録免許税
　等の金額についても事前に把握し、検討しておくことをお勧めします」

③ 「法人化により、Aさんだけでなく、長男CさんがX社の役員となって
　役員報酬を得ることで、所得の分散を図ることができます」

《問14》　現時点（2023年9月10日）において、Aさんの相続が開始した場
合における相続税の総額を試算した下記の表の空欄①～③に入る最も適切な
数値を求めなさい。なお、課税遺産総額（相続税の課税価格の合計額－遺産
に係る基礎控除額）は4億円とし、問題の性質上、明らかにできない部分は
「□□□」で示してある。

(a)	相続税の課税価格の合計額		□□□万円
	(b)　遺産に係る基礎控除額		（　①　）万円
課税遺産総額（(a)－(b)）			4億円
	相続税の総額の基となる税額		
	妻Bさん		□□□万円
	長男Cさん		（　②　）万円
	二男Dさん		□□□万円
(c)	相続税の総額		（　③　）万円

〈資料〉相続税の速算表（一部抜粋）

法定相続分に応ずる取得金額			税率	控除額
万円超		万円以下		
	～	1,000	10%	－
1,000	～	3,000	15%	50万円
3,000	～	5,000	20%	200万円
5,000	～	10,000	30%	700万円
10,000	～	20,000	40%	1,700万円
20,000	～	30,000	45%	2,700万円
30,000	～	60,000	50%	4,200万円

《問15》 Aさんの相続等に関する以下の文章の空欄①～④に入る最も適切な数値を、下記の〈数値群〉のなかから選び、その記号を解答用紙に記入しなさい。

Ⅰ 「遺言により賃貸マンション等の相続財産の大半を長男Cさんに相続させた場合、二男Dさんの遺留分を侵害する可能性があります。仮に、遺留分を算定するための財産の価額が5億円である場合、二男Dさんの遺留分の金額は（　①　）万円となります」

Ⅱ 「妻Bさんが自宅の敷地および建物を相続により取得し、自宅の敷地の全部について、『小規模宅地等についての相続税の課税価格の計算の特例』の適用を受けた場合、当該敷地（相続税評価額：6,000万円）について、相続税の課税価格に算入すべき価額を（　②　）万円とすることができます。なお、自宅の敷地について優先して本特例の適用を受けた場合、賃貸マンションの敷地のうち、貸付事業用宅地等として適用を受けることができる面積は所定の算式により調整しなければなりません」

Ⅲ 「相続税の申告書は、原則として、相続の開始があったことを知った日の翌日から（　③　）カ月以内に、Aさんの死亡時の住所地を所轄する税務署長に提出しなければなりません。相続税の申告期限までに遺産分割協議が調わなかった場合、相続税の申告時において、未分割の財産に対して『配偶者に対する相続税額の軽減』や『小規模宅地等についての相続税の課税価格の計算の特例』の適用を受けることができないというデメリットが生じます。その場合、相続税の申告の際に『申告期限後（　④　）年以

内の分割見込書』を税務署に提出し、申告期限後（　④　）年以内に遺産
分割協議が成立すれば、それらの特例の適用を受けるため、分割後4カ月
以内に更正の請求を行うことができます」

┌〈数値群〉────────────────────────────────
│ イ．2　　　ロ．3　　　ハ．4　　　ニ．6　　　ホ．10
│ ヘ．12　　ト．1,200　　チ．3,000　　リ．4,800
│ ヌ．6,000　　ル．6,250　　ヲ．12,500
└──────────────────────────────────────

解答と解説

《問13》

① 不適切。X社の資本金の額が1億円以下であって一定の中小法人に該当する
　　場合は、所得金額のうち年800万円以下の部分に軽減税率（15％）が適用され
　　る。

② 適切。

③ 適切。

正解　①×　②○　③○

《問14》

・遺産に係る基礎控除額

　　3,000万円＋600万円×法定相続人の数（3人：妻B、長男C、二男D）

　　＝①4,800万円

・法定相続人が法定相続分どおりに取得したと仮定した取得金額

　　・妻B　　　4億円×$\frac{1}{2}$＝2億円 ……………❶

　　・長男C　　4億円×$\frac{1}{2}$×$\frac{1}{2}$＝1億円…………❷

　　・二男D　　4億円×$\frac{1}{2}$×$\frac{1}{2}$＝1億円…………❸

・相続税の総額（❶〜❸に対する税額の合計）

・妻B　　❶2億円×40%−1,700万円＝　6,300万円

・長男C　❷1億円×30%−　700万円＝②2,300万円

・二男D　❸1億円×30%−　700万円＝　2,300万円

合計（相続税の総額）③10,900万円

/正解／　①4,800（万円）　②2,300（万円）　③10,900（万円）

《問15》

①　全体の遺留分は2分の1であり、二男Dさんの法定相続分は4分の1であるため、二男Dさんの遺留分は以下のように8分の1となる。

$$二男Dさんの遺留分 = \frac{1}{2} \times \frac{1}{4} = \frac{1}{8}$$

$$二男Dさんの遺留分の金額 = 5億円 \times \frac{1}{8} = \underline{6,250}万円$$

②　妻Bさんが自宅の敷地（200㎡）および建物を相続した場合、特定居住用宅地等として、小規模宅地等についての相続税の課税価格の計算の特例の適用を受けることにより、330㎡までの部分について80%の減額が受けられる。

減額される金額＝6,000万円×80%＝4,800万円

相続税の課税価格に算入すべき価額＝6,000万円−4,800万円＝<u>1,200</u>万円

③　相続税の申告書は、原則として、相続の開始があったことを知った日の翌日から<u>10</u>カ月以内に、Aさんの死亡時の住所地を所轄する税務署長に提出しなければならない。

④　相続税の申告の際に「申告期限後<u>3</u>年以内の分割見込書」を税務署に提出し、申告期限後<u>3</u>年以内に遺産分割協議が成立すれば、それらの特例の適用を受けるため、分割後4カ月以内に更正の請求を行うことができる。

/正解／　①ル　②ト　③ホ　④ロ

相続・事業承継（3）

　Aさん（75歳）は、妻Bさん（71歳）、長男Dさん（45歳）および孫Eさん（19歳）とX市内の自宅で同居している。長男Dさんは、孫Eさんの母親と5年前に離婚した。Aさんは、50年前に先妻と離婚しており、先妻が引き取った長女Cさん（52歳）とは、離婚後一度も会っていない。

　Aさんは、すべての財産を妻Bさんおよび長男Dさんに相続させたいと思っているが、遺産争いを避けるため、長女Cさんに、所有する上場株式を相続させることを検討している。

〈Aさんの親族関係図〉

〈Aさんの主な所有財産（相続税評価額）〉

1. 現預金　　　　：　　4,500万円
2. 上場株式　　　：　　2,500万円
3. 自宅
　①敷地（350㎡）：　　7,000万円（注）
　②建物　　　　　：　　1,000万円
4. 賃貸マンション
　①敷地（400㎡）：　　6,600万円（注）
　②建物　　　　　：　　2,400万円
　合計　　　　　　：　2億4,000万円

（注）「小規模宅地等についての相続税の課税価格の計算の特例」適用前の金額

※上記以外の条件は考慮せず、各問に従うこと。

《問13》　遺言に関する次の記述①～③について、適切なものには〇印を、

不適切なものには×印を解答用紙に記入しなさい。

① 「遺産分割をめぐる争いを防ぐ手段として、遺言書の作成をお勧めします。公正証書遺言は、証人2人以上の立会いのもと、遺言者が遺言の趣旨を公証人に口授し、公証人がこれを筆記して作成するものですが、推定相続人である妻Bさんや長男Dさんだけでなく、孫Eさんも証人になることはできません」

② 「自筆証書遺言は、所定の手続により、法務局（遺言書保管所）に保管することができます。法務局に保管された自筆証書遺言は、遺言者の相続開始後、家庭裁判所における検認が不要となります」

③ 「遺言者は、遺言において遺言執行者を指定することができます。推定相続人は、未成年者および破産者に該当しない場合であっても、遺言執行者になることができませんので、遺言執行者を指定する場合は、信頼できる知人等に依頼することをご検討ください」

《問14》 現時点（2024年1月28日）において、Aさんの相続が開始した場合における相続税の総額を試算した下記の表の空欄①〜③に入る最も適切な数値を求めなさい。なお、課税遺産総額（相続税の課税価格の合計額−遺産に係る基礎控除額）は1億4,000万円とし、問題の性質上、明らかにできない部分は「□□□」で示してある。

(a)	相続税の課税価格の合計額		□□□万円
	(b)遺産に係る基礎控除額		（ ① ）万円
課税遺産総額（(a)−(b)）			1億4,000万円
	相続税の総額の基となる税額		
	妻Bさん		□□□万円
	長女Cさん		（ ② ）万円
	長男Dさん		□□□万円
(c)相続税の総額			（ ③ ）万円

〈資料〉相続税の速算表（一部抜粋）

法定相続分に応ずる取得金額		税率	控除額
万円超	万円以下		
～	1,000	10%	－
1,000 ～	3,000	15%	50万円
3,000 ～	5,000	20%	200万円
5,000 ～	10,000	30%	700万円
10,000 ～	20,000	40%	1,700万円

《問15》 Ａさんの相続等に関する以下の文章の空欄①～④に入る最も適切な語句または数値を、下記の〈語句群〉のなかから選び、その記号を解答用紙に記入しなさい。なお、問題の性質上、明らかにできない部分は「□□□」で示してある。

Ⅰ 「遺言により上場株式のみを長女Ｃさんに相続させる場合、長女Ｃさんの遺留分を侵害する可能性があります。仮に、遺留分を算定するための財産の価額を2億4,000万円とした場合、長女Ｃさんの遺留分の金額は、（ ① ）万円となります。なお、遺留分侵害額請求権は、長女Ｃさんが相続の開始および遺留分を侵害する贈与または遺贈があったことを知った時から（ ② ）間行使しないときは、時効によって消滅します」

Ⅱ 「妻Ｂさんが『配偶者に対する相続税額の軽減』の適用を受ける場合、原則として、妻Ｂさんが相続により取得した財産の金額が、妻Ｂさんの法定相続分相当額と1億6,000万円のいずれか（ ③ ）金額を超えない限り、妻Ｂさんが納付すべき相続税額は算出されません」

Ⅲ 「長男Ｄさんが自宅の敷地および建物を相続により取得し、自宅の敷地（相続税評価額7,000万円）について、特定居住用宅地等として限度面積まで『小規模宅地等についての相続税の課税価格の計算の特例』の適用を受けた場合、相続税の課税価格に算入すべき当該敷地の価額は（ ④ ）万円となります」

┌〈語句群〉────────────────────────────────────┐
│ イ．1,400   ロ．1,720   ハ．2,000   ニ．3,000   ホ．3,500 │
│ ヘ．5,600   ト．6,000   チ．10カ月   リ．1年   ヌ．3年 │
│ ル．多い   ヲ．少ない │
└──┘

解答と解説

《問13》

① 適切。遺言者の推定相続人（妻B、長男D）やその直系血族（孫E）は、公正証書遺言の証人となることはできない。

② 適切。

③ 不適切。遺言執行者とは、遺言者の死亡後、遺言の内容を実現するために手続きを進める者のことであり、遺言において指定することができる。推定相続人は、未成年者および破産者に該当しない場合には、遺言執行者になることができる。

| 正解 | ①○　②○　③× |

《問14》

・遺産に係る基礎控除額

3,000万円＋600万円×法定相続人の数（3人※）＝①4,800万円

※妻B、長女C、長男Dの3人

・法定相続人が法定相続分どおりに取得したと仮定した取得金額

・妻B　　1億4,000万円×$\frac{1}{2}$　　＝7,000万円……❶

・長女C　1億4,000万円×$\frac{1}{2}$×$\frac{1}{2}$＝3,500万円……❷

・長男D　1億4,000万円×$\frac{1}{2}$×$\frac{1}{2}$＝3,500万円……❸

・相続税の総額（❶〜❸に対する税額の合計）

・妻B　　❶7,000万円×30％－700万円＝1,400万円

・長女C　❷3,500万円×20％－200万円＝②500万円

・長男D　❸3,500万円×20％－200万円＝　500万円

合計（相続税の総額）③2,400万円

《問15》

①　全体の遺留分は2分の1であり長女Cさんの法定相続分は4分の1であるため、長女Cさんの遺留分は下記のように8分の1、遺留分の金額は3,000万円となる。

$$長女D遺留分 = \frac{1}{2} \times \frac{1}{4} = \frac{1}{8}$$

$$長女Dさんの遺留分の金額 = 2億4,000万円 \times \frac{1}{8} = 3,000万円$$

②　遺留分侵害額請求権は、相続人が相続の開始および遺留分を侵害する贈与または遺贈があったことを知った時から1年間行使しないときは、時効によって消滅する。

③　「配偶者に対する相続税額の軽減」の適用を受ける場合、原則として、被相続人の配偶者が相続により取得した財産の金額が、配偶者の法定相続分相当額と1億6,000万円のいずれか多い金額を超えない限り、配偶者が納付すべき相続税額は算出されない。

④　特定居住用宅地等に係る「小規模宅地等についての相続税の課税価格の計算の特例」の適用を受けた場合、330㎡までの部分について80％減額される。自宅敷地（350㎡）について、課税価格に算入すべき価額は、以下のとおり1,720万円となる。

$$課税価格に算入すべき価額 = 7,000万円 - 7,000万円 \times \frac{330㎡}{350㎡} \times 80\% = 1,720万円$$

正解　①ニ　②リ　③ル　④ロ

生保顧客資産相談業務

第 1 問

ライフプランニングと資金計画（1）

　Aさん（59歳）は、大学卒業後、X株式会社（以下、「X社」という）に入社し、以後、現在に至るまで同社に勤務しており、2023年12月に満60歳で定年を迎える。Aさんは、X社の継続雇用制度を利用して65歳まで働く予定である。

　Aさんは、今後の資金計画を検討するにあたり、公的年金制度から支給される老齢給付や、雇用保険の高年齢雇用継続基本給付金について理解を深めたいと思っている。

　そこで、Aさんは、ファイナンシャル・プランナーのMさんに相談することにした。

〈X社の継続雇用制度の雇用条件〉
・1年契約の嘱託雇用で、1日8時間（週40時間）勤務
・賃金月額は60歳到達時の60％（月額27万円）で賞与はなし
・厚生年金保険、全国健康保険協会管掌健康保険、雇用保険に加入

〈Aさん夫妻に関する資料〉
(1)　Aさん（1963年12月11日生まれ・会社員）
　　・公的年金加入歴：下図のとおり（65歳までの見込みを含む）
　　　　　　　　　　　20歳から大学生であった期間（28月）は国民年金
　　　　　　　　　　　に任意加入していない。

　　・全国健康保険協会管掌健康保険、雇用保険に加入中

(2)　妻Bさん（1967年10月20日生まれ・パートタイマー）
　　・公的年金加入歴：18歳でX社に就職してからAさんと結婚するまでの
　　　　　　　　　　　7年間（84月）、厚生年金保険に加入。結婚後は、
　　　　　　　　　　　国民年金に第3号被保険者として加入している。
　　・全国健康保険協会管掌健康保険の被扶養者である。
※妻Bさんは、現在および将来においても、Aさんと同居し、Aさんと生計

維持関係にあるものとする。

※Ａさんおよび妻Ｂさんは、現在および将来においても、公的年金制度における障害等級に該当する障害の状態にないものとする。

※上記以外の条件は考慮せず、各問に従うこと。

《問1》　Ａさんが、原則として65歳から受給することができる老齢基礎年金および老齢厚生年金の年金額（2022年度価額）を計算した次の〈計算の手順〉の空欄①～④に入る最も適切な数値を解答用紙に記入しなさい。計算にあたっては、《設例》の〈Ａさん夫妻に関する資料〉および下記の〈資料〉に基づくこと。なお、問題の性質上、明らかにできない部分は「□□□」で示してある。

〈計算の手順〉

1．老齢基礎年金の年金額（円未満四捨五入）

　　（　①　）円

2．老齢厚生年金の年金額

　(1)　報酬比例部分の額（円未満四捨五入）

　　　（　②　）円

　(2)　経過的加算額（円未満四捨五入）

　　　（　③　）円

　(3)　基本年金額（上記「(1)+(2)」の額）

　　　□□□円

　(4)　加給年金額（要件を満たしている場合のみ加算すること）

　(5)　老齢厚生年金の年金額

　　　（　④　）円

〈資料〉

○老齢基礎年金の計算式（4分の1免除月数、4分の3免除月数は省略）

$$777{,}800\text{円}\times\dfrac{\text{保険料納付済月数}+\text{保険料半額免除月数}\times\dfrac{\Box}{\Box}+\text{保険料全額免除月数}\times\dfrac{\Box}{\Box}}{480}$$

○老齢厚生年金の計算式（本来水準の額）

　ⅰ）報酬比例部分の額（円未満四捨五入）＝ⓐ＋ⓑ

　　ⓐ　2003年3月以前の期間分

　　平均標準報酬月額×$\dfrac{7.125}{1,000}$×2003年3月以前の被保険者期間の月数

　　ⓑ　2003年4月以後の期間分

　　平均標準報酬額×$\dfrac{5.481}{1,000}$×2003年4月以後の被保険者期間の月数

　ⅱ）経過的加算額（円未満四捨五入）＝1,621円×被保険者期間の月数

　　　　　　　　　　　　　－777,800円×$\dfrac{1961年4月以後で20歳以上60歳未満の厚生年金保険の被保険者期間の月数}{480}$

　ⅲ）加給年金額＝388,900円（要件を満たしている場合のみ加算すること）

《問2》　Mさんは、Aさんに対して、Aさん夫妻が受給することができる公的年金制度からの老齢給付について説明した。Mさんが説明した次の記述①～③について、適切なものには○印を、不適切なものには×印を解答用紙に記入しなさい。

① 「Aさんは特別支給の老齢厚生年金を受給することができませんが、妻Bさんは64歳から報酬比例部分のみの特別支給の老齢厚生年金を受給することができます」

② 「仮に、Aさんが60歳0カ月で老齢基礎年金および老齢厚生年金の繰上げ支給を請求した場合の減額率は24％となります。繰上げ支給を請求した場合は、一生涯減額された年金額を受け取ることになります」

③ 「Aさんが希望すれば、66歳以後、老齢基礎年金および老齢厚生年金の繰下げ支給の申出をすることができます。Aさんの場合、繰下げの上限年齢は70歳です」

《問3》 Mさんは、Aさんに対して、雇用保険の高年齢雇用継続基本給付金および在職老齢年金について説明した。Mさんが説明した以下の文章の空欄①〜③に入る最も適切な語句または数値を、下記の〈語句群〉のなかから選び、その記号を解答用紙に記入しなさい。

I 「AさんがX社の継続雇用制度を利用して、60歳以後も引き続きX社に勤務し、かつ、60歳以後の各月（支給対象月）に支払われた賃金額（みなし賃金を含む）が60歳到達時の賃金月額の（ ① ）％未満となる場合、Aさんは、所定の手続により、原則として、高年齢雇用継続基本給付金を受給することができます。

高年齢雇用継続基本給付金の額は、支給対象月ごとに、その月に支払われた賃金額の低下率に応じて、一定の方法により算定されますが、賃金額が60歳到達時の賃金月額の61％未満となる場合、原則として、当該金額は賃金額の（ ② ）％に相当する額になります」

II 「Aさんが、65歳以後も引き続き厚生年金保険の被保険者としてX社に勤務し、かつ、65歳から老齢厚生年金を受給する場合、Aさんの老齢厚生年金の報酬比例部分の額に基づく基本月額と総報酬月額相当額との合計額が（ ③ ）（支給停止調整額、2022年度価額）以下のときは調整が行われず、老齢厚生年金は全額支給されます」

┌─〈語句群〉
│ イ. 15　　ロ. 20　　ハ. 25　　ニ. 75　　ホ. 80　　ヘ. 85
│ ト. 40万円　　チ. 47万円　　リ. 50万円
└─

解答と解説

《問1》

1. 老齢基礎年金の年金額（円未満四捨五入）

$$777,800円 \times \frac{452月^※}{480} = 732,428.3\cdots円 \rightarrow ①\,732,428\,円$$

※保険料納付済月数＝204月＋308月－60月（60歳以上65歳未満の期間）
　　　　　　　　　＝452月

2. 老齢厚生年金の年金額
(1) 報酬比例部分の額（円未満四捨五入）

$$280,000 円 \times \frac{7.125}{1,000} \times 204 月 + 440,000 円 \times \frac{5.481}{1,000} \times 308 月$$

$$= 1,149,765.12 円 \rightarrow ②1,149,765 円$$

(2) 経過的加算額（円未満四捨五入）

$$1,621 円 \times 480 月^{※1} - 777,800 円 \times \frac{452 月^{※2}}{480} = 45,651.6 \cdots 円 \rightarrow ③45,652 円$$

※1　Ａさんの被保険者期間の月数は「204月＋308月＝512月」であるが、1,621円に乗じる月数は上限480月となる。

※2　20歳以上60歳未満の厚生年金保険の被保険者期間の月数は「204月＋308月－60月＝452月」である。

(3) 基本年金額（上記「(1)＋(2)」の額）

1,149,765円＋45,652円＝1,195,417円

(4) 加給年金額

Ａさんの場合、厚生年金保険の被保険者期間が20年以上あり、生計維持関係にある65歳未満の妻Ｂさんがいるため、加給年金額は加算される。

(5) 老齢厚生年金の年金額

1,195,417円＋388,900円＝④1,584,317円

なお、計算式中の777,800円、1,621円、388,900円は2022年度価額であり、2024年度価額はそれぞれ816,000円、1,701円（67歳以下の者の額）、408,100円である。

| 正解 | ①732,428円　②1,149,765円　③45,652円　④1,584,317円 |

《問2》

① 不適切。1961年4月2日以降に生まれた男性および1966年4月2日以降に生まれた女性（第1号厚生年金被保険者）には、特別支給の老齢厚生年金は支給されない。したがって、Ａさん、妻Ｂさんのいずれも特別支給の老齢厚生年金は受給することができない。

② 適切。Ａさんは、1962年4月2日以降生まれであるため、繰上げ支給を請求した場合、繰上げ1月につき0.4％の減額率となる。したがって、Ａさんが60歳0カ月で老齢基礎年金および老齢厚生年金の繰上げ支給を請求した場合、繰上げ月数は60月（5年）となり、減額率は「0.4％×60月＝24％」となる。

③ 不適切。Ａさんは、1952年4月2日以降生まれであるため、繰下げの上限年齢は75歳となる。

《問3》

① 60歳以後の各月に支払われた賃金額が60歳到達時の賃金月額の75％未満となる場合、Aさんは、所定の手続により、原則として、高年齢雇用継続基本給付金を受給することができる。

② 賃金額が60歳到達時の賃金月額の61％未満となる場合、原則として、高年齢雇用継続基本給付金の金額は賃金額の15％に相当する額になる。

③ 基本月額と総報酬月額相当額との合計額が47万円（支給停止調整額、2022年度価額）以下のときは、在職支給停止による調整は行われず、老齢厚生年金は全額支給される。

　なお、支給停止調整額の2024年度価額は、50万円である。

正解　①ニ ②イ ③チ

ライフプランニングと資金計画（2）

　X株式会社（以下、「X社」という）に勤務するAさん（48歳）は、会社員の妻Bさん（49歳）および大学生の長女Cさん（19歳）との3人暮らしである。Aさんは、今後の資金計画を検討するなかで、老後の生活資金等について、そろそろ準備をしておきたいと考えるようになった。

　そこで、Aさんは、ファイナンシャル・プランナーのMさんに相談することにした。

〈Aさんとその家族に関する資料〉

(1)　Aさん（1975年8月10日生まれ・48歳・会社員）

　・公的年金加入歴：下図のとおり（65歳までの見込みを含む）

　・全国健康保険協会管掌健康保険、雇用保険に加入している。

　・X社が実施している確定給付企業年金の加入者である。

20歳	22歳		65歳
国民年金 保険料納付済期間 （32月）	厚生年金保険		
	被保険者期間 （60月）	被保険者期間 （448月）	
	2003年3月以前の 平均標準報酬月額28万円	2003年4月以後の 平均標準報酬額45万円	

(2)　妻Bさん（1974年6月23日生まれ・49歳・会社員）

　・公的年金加入歴：20歳から22歳の大学生であった期間（34月）は国民年金の第1号被保険者として保険料を納付し、22歳から現在に至るまでの期間（317月）は厚生年金保険に加入している。また、65歳になるまでの間、厚生年金保険の被保険者として勤務する見込みである。

　・全国健康保険協会管掌健康保険、雇用保険に加入している。

　・勤務先は確定拠出年金の企業型年金および他の企業年金を実施していない。

(3)　長女Cさん（2003年12月9日生まれ・19歳・大学生）

　・Aさんが加入する全国健康保険協会管掌健康保険の被扶養者である。

※妻Bさんおよび長女Cさんは、現在および将来においても、Aさんと同居

し、Aさんと生計維持関係にあるものとする。

※家族全員、現在および将来においても、公的年金制度における障害等級に
該当する障害の状態にないものとする。

※上記以外の条件は考慮せず、各問に従うこと。

《問1》　Aさんが、原則として65歳から受給することができる老齢基礎年
金および老齢厚生年金の年金額（2023年度価額）を計算した次の〈計算の
手順〉の空欄①～④に入る最も適切な数値を解答用紙に記入しなさい。計算
にあたっては、《設例》の〈Aさんとその家族に関する資料〉および下記の
〈資料〉に基づくこと。なお、問題の性質上、明らかにできない部分は「□
□□」で示してある。

〈計算の手順〉

1．老齢基礎年金の年金額（円未満四捨五入）

　　（　①　）円

2．老齢厚生年金の年金額

　(1)　報酬比例部分の額（円未満四捨五入）

　　　（　②　）円

　(2)　経過的加算額（円未満四捨五入）

　　　（　③　）円

　(3)　基本年金額（上記「(1)+(2)」の額）

　　　□□□円

　(4)　加給年金額（要件を満たしている場合のみ加算すること）

　(5)　老齢厚生年金の年金額

　　　（　④　）円

〈資料〉

○老齢基礎年金の計算式（4分の1免除月数、4分の3免除月数は省略）

$$795{,}000円 \times \frac{保険料納付済月数 + 保険料半額免除月数 \times \frac{□}{□} + 保険料全額免除月数 \times \frac{□}{□}}{480}$$

○老齢厚生年金の計算式（本来水準の額）

ⅰ）報酬比例部分の額（円未満四捨五入）＝ⓐ＋ⓑ

　ⓐ　2003年3月以前の期間分

$$\frac{\text{平均標準}}{\text{報酬月額}}\times\frac{7.125}{1,000}\times\text{2003年3月以前の被保険者期間の月数}$$

　ⓑ　2003年4月以後の期間分

$$\frac{\text{平均標準}}{\text{報酬額}}\times\frac{5.481}{1,000}\times\text{2003年4月以後の被保険者期間の月数}$$

ⅱ）経過的加算額（円未満四捨五入）＝1,657円×被保険者期間の月数

$$-795,000\text{円}\times\frac{\text{1961年4月以後で20歳以上60歳未満}}{480}$$

ⅲ）加給年金額＝397,500円（要件を満たしている場合のみ加算すること）

《問2》　Mさんは、Aさんに対して、老後の年金収入を増やす方法として確定拠出年金の個人型年金（以下、「個人型年金」という）について説明した。Mさんが説明した以下の文章の空欄①～③に入る最も適切な語句または数値を、下記の〈語句群〉のなかから選び、その記号を解答用紙に記入しなさい。

Ⅰ　「Aさんおよび妻Bさんは、最長で（　①　）歳まで個人型年金に加入し、掛金を拠出することができます。拠出することができる掛金の限度額は、Aさんの場合は年額144,000円、妻Bさんの場合は年額（　②　）円です」

Ⅱ　「個人型年金を利用するメリットの1つとして、税制の優遇措置が挙げられます。拠出する掛金は（　③　）として所得控除の対象となります。また、老齢給付金を年金で受け取った場合、当該給付金は雑所得として総合課税の対象となり、老齢基礎年金や老齢厚生年金と同様に公的年金等控除の対象となります。なお、個人型年金は、Aさんの指図に基づく運用実績により、将来の年金受取額が増減する点に留意する必要があります」

〈語句群〉

イ．60　　ロ．65　　ハ．70　　ニ．240,000　　ホ．276,000

ヘ．816,000　　ト．社会保険料控除

チ．小規模企業共済等掛金控除　　リ．生命保険料控除

《問3》　Mさんは、Aさんに対して、各種のアドバイスをした。Mさんがアドバイスした次の記述①～③について、適切なものには○印を、不適切なものには×印を解答用紙に記入しなさい。

① 「確定拠出年金の個人型年金は、Aさん自身の都合で任意に脱退することができます。脱退した場合に受け取る脱退一時金は、一時所得として総合課税の対象となります」

② 「Aさんが60歳から確定拠出年金の個人型年金の老齢給付金を受給するためには、通算加入者等期間が10年以上なければなりません。Aさんの通算加入者等期間が10年以上である場合、老齢給付金の受給開始時期を、60歳から75歳になるまでの間で選択することができます」

③ 「長女Cさんは、2023年12月から国民年金の保険料を納付する必要がありますが、Aさんおよび妻Bさんの前年所得がいずれも一定額以下であれば、長女Cさんは国民年金の学生納付特例制度を利用することができます」

解答と解説

《問1》

1．老齢基礎年金の年金額 ＝ 795,000円 $\times \dfrac{480月^{※1}}{480}$ ＝ ①795,000円

　　※保険料納付済月数（20歳以上60歳未満の期間）は、480月である。

2．老齢厚生年金の年金額

（1）報酬比例部分の額

$$280,000円 \times \frac{7.125}{1,000} \times 60月 ＋ 450,000円 \times \frac{5.481}{1,000} \times 448月$$

$$＝ 1,224,669.6円 \rightarrow ②1,224,670円$$

（2）経過的加算額

$$1,657 円 \times 480 月^{※1} - 795,000 円 \times \frac{448 月^{※2}}{480} = ③53,360 円$$

> ※1　Aさんの被保険者期間の月数は「60月＋448月＝508月」であるが、1,657円に乗じる月数は上限480月となる。
>
> ※2　20歳以上60歳未満の厚生年金保険の被保険者期間の月数は「60月＋448月－60月＝448月」である。

(3)　基本年金額（上記「(1)＋(2)」の額）

　　　1,224,670円＋53,360円＝1,278,030円

(4)　加給年金額

　　　Aさんの場合、厚生年金保険の被保険者期間は20年以上あるが、Aさんが65歳到達時点において妻Bさんはすでに65歳に達しているため、加給年金額は加算されない。

(5)　老齢厚生年金の年金額

　　　④1,278,030円

　　　なお、計算式中の795,000円、1,657円は2023年度価額であり、2024年度価額はそれぞれ816,000円、1,701円（いずれも67歳以下の者の額）である。

| 正解 | ①795,000（円）　②1,224,670（円）　③53,360（円）　④1,278,030（円） |

《問2》

①　厚生年金保険の被保険者は、最長65歳に達するまで確定拠出年金の個人型年金に加入し、掛金を拠出することができる。

②　妻Bさん（厚生年金保険の被保険者）の勤務先は、確定拠出年金の企業型年金および他の企業年金を実施していないため、確定拠出年金の個人型年金の掛金の限度額は、年額276,000円である。

③　確定拠出年金の個人型年金について拠出する掛金は小規模企業共済等掛金控除として所得控除の対象となる。

| 正解 | ①ロ　②ホ　③チ |

《問3》

①　不適切。確定拠出年金の個人型年金は、加入者の都合で任意に脱退することはできない。一定の要件を満たした場合にのみ脱退することができ、その場合の脱退一時金は一時所得として総合課税の対象となる。

②　適切。

③　不適切。長女Cさんは、20歳到達月の2023年12月から国民年金の保険料を

納付する必要があるが、長女Ｃさん本人の前年所得が一定額以下であれば、長女Ｃさんは国民年金の学生納付特例制度を利用することができる。なお、Ａさんおよびよび Ｂさんの前年所得が一定額以下である必要はない。

/ 正解 　①× 　②○ 　③×

ライフプランニングと資金計画（3）

X株式会社（以下、「X社」という）に勤務するAさん（55歳）は、妻Bさん（58歳）および父Cさん（77歳）との3人暮らしである。Aさんは、大学卒業後、X社に入社し、現在に至るまで同社に勤務している。Aさんは、65歳の定年までX社で働くつもりであり、今後の資金計画を検討するにあたって、公的年金制度からの老齢給付について理解を深めたいと思っている。

また、Aさんは、父Cさんが近い将来、介護が必要な状態となることを心配しており、介護休業を取得した場合の雇用保険からの給付についても知りたいと思っている。

そこで、Aさんは、ファイナンシャル・プランナーのMさんに相談することにした。

〈Aさんとその家族に関する資料〉

(1) Aさん（1968年8月13日生まれ、会社員）
- ・公的年金加入歴：下図のとおり（65歳までの見込みを含む）
  　　　　　　　　20歳から大学生であった期間（32月）は国民年金に任意加入していない。
- ・全国健康保険協会管掌健康保険の被保険者である。
- ・雇用保険の一般被保険者である。

20歳	22歳		65歳
国民年金 未加入期間 （32月）	厚生年金保険		
	被保険者期間 （144月）	被保険者期間 （364月）	
	2003年3月以前の 平均標準報酬月額28万円	2003年4月以後の 平均標準報酬額50万円	

(2) 妻Bさん（1965年11月6日生まれ、パートタイマー）
- ・公的年金加入歴：18歳からAさんと結婚するまでの11年間（132月）は、厚生年金保険に加入。結婚後は、国民年金に第3号被保険者として加入している。
- ・全国健康保険協会管掌健康保険の被扶養者である。

(3) 父Cさん（1946年9月10日生まれ）

・後期高齢者医療制度の被保険者である。

※妻Bさんおよび父Cさんは、現在および将来においても、Aさんと同居
　し、Aさんと生計維持関係にあるものとする。

※Aさんとその家族は、現在および将来においても、公的年金制度における
　障害等級に該当する障害の状態にないものとする。

※上記以外の条件は考慮せず、各問に従うこと。

《問1》 Aさんが、原則として65歳から受給することができる老齢基礎年
金および老齢厚生年金の年金額（2023年度価額）を計算した次の〈計算の
手順〉の空欄①～④に入る最も適切な数値を解答用紙に記入しなさい。計算
にあたっては、《設例》の〈Aさんとその家族に関する資料〉および下記の
〈資料〉に基づくこと。なお、問題の性質上、明らかにできない部分は「□
□□」で示してある。

〈計算の手順〉

1．老齢基礎年金の年金額（円未満四捨五入）

　（　①　）円

2．老齢厚生年金の年金額

　(1)　報酬比例部分の額（円未満四捨五入）

　　　（　②　）円

　(2)　経過的加算額（円未満四捨五入）

　　　（　③　）円

　(3)　基本年金額（上記「(1)+(2)」の額）

　　　□□□円

　(4)　加給年金額（要件を満たしている場合のみ加算すること）

　(5)　老齢厚生年金の年金額

　　　（　④　）円

〈資料〉

┌───┐
│ **○老齢基礎年金の計算式（4分の1免除月数、4分の3免除月数は省略）** │
│   │
│　　　　　　　保険料　　　　保険料　　　□　　　保険料　　　□ │
│　　　　　　　納付済月数＋半額免除月数×─＋全額免除月数×─ │
│　795,000円×──────────────────────□──────────□ │
│　　　　　　　　　　　　　　　　480   │
└───┘

○老齢厚生年金の計算式（本来水準の額）

ⅰ）報酬比例部分の額（円未満四捨五入）＝ⓐ＋ⓑ

ⓐ 2003年3月以前の期間分

$$\text{平均標準報酬月額} \times \frac{7.125}{1,000} \times \text{2003年3月以前の被保険者期間の月数}$$

ⓑ 2003年4月以後の期間分

$$\text{平均標準報酬額} \times \frac{5.481}{1,000} \times \text{2003年4月以後の被保険者期間の月数}$$

ⅱ）経過的加算額（円未満四捨五入）＝1,657円×被保険者期間の月数

$$-\,795,000円 \times \frac{\text{1961年4月以後で20歳以上60歳未満の厚生年金保険の被保険者期間の月数}}{480}$$

ⅲ）加給年金額＝397,500円（要件を満たしている場合のみ加算すること）

《問2》 Mさんは、Aさんに対して、公的年金制度からの老齢給付について説明した。Mさんが説明した次の記述①～③について、適切なものには○印を、不適切なものには×印を解答用紙に記入しなさい。

① 「Aさんは特別支給の老齢厚生年金を受給することができませんが、妻Bさんは64歳から報酬比例部分のみの特別支給の老齢厚生年金を受給することができます」

② 「Aさんが、65歳以後も引き続き厚生年金保険の被保険者としてX社に勤務し、かつ、65歳から老齢厚生年金を受給し、Aさんの老齢厚生年金の基本月額と総報酬月額相当額との合計額が28万円（2023年度価額）を超えた場合、老齢厚生年金の一部または全部が支給停止となります」

③ 「Aさんが希望すれば、66歳以後、老齢基礎年金および老齢厚生年金の繰下げ支給の申出をすることができます。仮に、Aさんが72歳0カ月で老齢基礎年金の繰下げ支給の申出をした場合、年金の増額率は58.8％となります」

《問3》 Mさんは、Aさんに対して、雇用保険の介護休業給付について説明した。Mさんが説明した次の記述①～③について、適切なものには○印を、

不適切なものには×印を解答用紙に記入しなさい。

① 「Aさんが父Cさんについて介護休業を分割して取得する場合、介護休業給付金は、介護休業を開始した日から通算して93日を限度に3回までに限り支給されます」

② 「介護休業期間中に、X社から賃金が支払われなかった場合、介護休業給付金の額は、1支給単位期間について、休業開始時賃金日額に支給日数を乗じて得た額の67％相当額です」

③ 「介護休業期間中に、X社から休業開始時賃金日額に支給日数を乗じて得た額の75％相当額以上の賃金が支払われた場合、当該賃金が支払われた支給単位期間について、介護休業給付金は支給されません」

解答と解説

《問1》

1．老齢基礎年金の年金額

$$795,000円 \times \frac{448月^※}{480} = ①742,000円$$

※保険料納付済月数＝144月＋364月－60月（60歳以上65歳未満の期間）
＝448月

2．老齢厚生年金の年金額

(1) 報酬比例部分の額

$$280,000円 \times \frac{7.125}{1,000} \times 144月 + 500,000円 \times \frac{5.481}{1,000} \times 364月 = ②1,284,822円$$

(2) 経過的加算額

$$1,657円 \times 480月^{※1} - 795,000円 \times \frac{448月^{※2}}{480} = ③53,360円$$

※1 Aさんの厚生年金保険の被保険者期間の月数は「144月＋364月＝508月」であるが、1,657円に乗じる月数は上限480月となる。

※2 20歳以上60歳未満の厚生年金保険の被保険者期間の月数は「144月＋384月－60月＝448月」である。

(3) 基本年金額（上記「(1)＋(2)」の額）

1,284,822円＋53,360円＝1,338,182円

(4) 加給年金額

　　Aさんの場合、厚生年金保険の被保険者期間は20年以上あるが、生計維持関係にある妻Bさんは65歳以上であるため、加給年金額は加算されない。

(5) 老齢厚生年金の年金額

　　④1,338,182円

　　なお、計算式中の795,000円、1,657円は2023年度価額であり、2024年度価額はそれぞれ816,000円、1,701円（67歳以下の者の額）である。

| 正解 | ①742,000（円）　②1,284,822（円）　③53,360（円）　④1,338,182（円）

《問2》

① 適切。Aさんは1961年4月2日以降生まれの男性であるため、特別支給の老齢厚生年金を受給することはできない。妻Bさんは、1964年4月2日から1966年4月1日までに生まれた女性であるため、64歳から特別支給の老齢厚生年金を受給することができる。

② 不適切。Aさんの老齢厚生年金の基本月額と総報酬月額相当額との合計額が48万円（2023年度価額）を超えた場合、老齢厚生年金の一部または全部が支給停止となる。

　　なお、48万円は2023年度価額であり、2024年度価額は50万円である。

③ 適切。Aさんが72歳0ヵ月で老齢基礎年金の繰下げ支給の申出をした場合、繰下げ月数は84月（7年）となる。繰下げ1月あたり0.7％増額されるため、年金の増額率は「0.7％×84月＝58.8％」となる。

| 正解 | ①○　②×　③○

《問3》

① 適切。

② 適切。

③ 不適切。介護休業期間中に、X社から休業開始時賃金日額に支給日数を乗じて得た額の80％相当額以上の賃金が支払われた場合、その支給単位期間について介護休業給付金は支給されない。

| 正解 | ①○　②○　③×

第 2 問

リスク管理（1）

　　会社員のAさん（54歳）は、専業主婦である妻Bさん（55歳）および長女Cさん（22歳）との3人暮らしである。

　　Aさんは、長女Cさんが大学を卒業し、4月から社会人として働き始めたため、生命保険の見直しをしたいと考えている。また、保障内容の見直しに合わせて、公的介護保険制度について理解しておきたいと考えている。

　　そこで、Aさんは、ファイナンシャル・プランナーのMさんに相談することにした。

〈Aさんが現在加入している生命保険に関する資料〉

保険の種類　　　　　　　　　　：定期保険特約付終身保険

契約年月日　　　　　　　　　　：2004年9月1日

月払保険料　　　　　　　　　　：21,000円（65歳払込満了）

契約者（＝保険料負担者）・被保険者：Aさん

死亡保険金受取人　　　　　　　：妻Bさん

主契約および特約の内容	保障金額	保険期間
終身保険	200万円	終身
定期保険特約	2,000万円	10年
特定疾病保障定期保険特約	300万円	10年
傷害特約	500万円	10年
災害割増特約	500万円	10年
入院特約	1日目から日額5,000円	10年
生活習慣病入院特約	1日目から日額5,000円	10年
リビング・ニーズ特約	－	－

※更新型の特約は、2014年9月1日に記載の保障金額で更新している。

※上記以外の条件は考慮せず、各問に従うこと。

《問4》　Mさんは、Aさんに対して、必要保障額および現在加入している定期保険特約付終身保険の保障金額について説明した。Mさんが説明した以下の文章の空欄①、②に入る最も適切な数値を解答用紙に記入しなさい。なお、問題の性質上、明らかにできない部分は「□□□」で示してある。

「生命保険の見直しをするにあたって、現時点での必要保障額を算出し、準備すべき死亡保障の額を把握しましょう。下記の〈算式〉および〈条件〉を参考にすれば、Ａさんが現時点で死亡した場合の必要保障額は（　①　）万円となります。

Ａさんが現時点で死亡（不慮の事故や所定の感染症以外）した場合、定期保険特約付終身保険から妻Ｂさんに支払われる死亡保険金額は（　②　）万円となります。他方、Ａさんが不慮の事故で180日以内に死亡した場合の死亡保険金額は□□□万円となります」

〈算式〉

必要保障額＝遺族に必要な生活資金等の支出の総額−遺族の収入見込金額

〈条件〉

1．現在の毎月の日常生活費は35万円であり、Ａさん死亡後の妻Ｂさんの生活費は、現在の日常生活費の50％とする。

2．現時点の妻Ｂさんの年齢における平均余命は、34年とする。

3．Ａさんの死亡整理資金（葬儀費用等）・緊急予備資金は、500万円とする。

4．住宅ローン（団体信用生命保険に加入）の残高は、400万円とする。

5．死亡退職金見込額とその他金融資産の合計額は、2,500万円とする。

6．Ａさん死亡後に妻Ｂさんが受け取る公的年金等の総額は、4,900万円とする。

7．現在加入している生命保険の死亡保険金額は考慮しなくてよい。

《問5》　Ｍさんは、Ａさんに対して、公的介護保険の概要について説明した。Ｍさんが説明した以下の文章の空欄①〜④に入る最も適切な語句または数値を、下記の〈語句群〉のなかから選び、その記号を解答用紙に記入しなさい。なお、問題の性質上、明らかにできない部分は「□□□」で示してある。

I　「公的介護保険の被保険者が、当該制度から保険給付を受けるためには、（　①　）から要介護認定または要支援認定を受ける必要があります。ただし、Ａさんのように40歳以上（　②　）歳未満の第2号被保険者については、要介護状態または要支援状態となった原因が、末期がん、脳血管

疾患などの加齢に伴う特定疾病によって生じたものでなければ保険給付は受けられません」

Ⅱ 「要介護認定を受けた被保険者は介護給付を受けることができ、要支援認定を受けた被保険者は予防給付を受けることができます。ただし、介護給付の施設サービスのうち、介護老人福祉施設（特別養護老人ホーム）を新たに利用することができる要介護被保険者は、原則として、要介護状態区分が（　③　）以上の者に限られています」

Ⅲ 「公的介護保険の保険給付を受ける者は、原則として、費用（食費、居住費等を除く）の（　④　）割を事業者に支払うことになります。ただし、第1号被保険者のうち、一定額以上の所得を有する者については、自己負担割合が□□□割または□□□割となります」

〈語句群〉

イ．1　　ロ．2　　ハ．3　　ニ．4　　ホ．5　　ヘ．65

ト．70　　チ．75　　リ．市町村（特別区を含む）　　ヌ．都道府県

《問6》 Mさんは、Aさんに対して、Aさんが現在加入している生命保険の見直しについて説明した。Mさんが説明した次の記述①〜③について、適切なものには○印を、不適切なものには×印を解答用紙に記入しなさい。

① 「公的介護保険の保険給付は、主に訪問介護や通所介護（デイサービス）などの現物給付による介護サービスです。現在加入している生命保険の死亡保険金額を減額し、民間の介護保険に新規加入することで、一定額の介護年金や介護一時金の保障を準備することは検討に値すると思います」

② 「医療保障については、保障が一生涯続く終身医療保険に見直しを行うことも検討事項の1つです。終身医療保険は、保障内容を変更しなければ、主契約の保険料は保険期間の途中で上がることはありません」

③ 「現在加入している定期保険特約付終身保険を見直す方法として、契約転換制度の活用が考えられます。契約転換時の告知や医師の診査は不要で、健康状態にかかわらず、保障内容を見直すことができます」

解答と解説

《問４》

① 必要保障額＝(a)遺族に必要な生活資金等の総額－(b)遺族の収入見込金額

  (a) 遺族に必要な生活資金等の総額

    ＝（35万円×50％×12月×34年）＋500万円

    ＝7,640万円

    ※住宅ローン（団体信用生命保険に加入）の残高（400万円）は、Ａさんの死亡により保険金で完済されるため、遺族に必要な生活資金等には含めない。

  (b) 遺族の収入見込金額＝2,500万円＋4,900万円＝7,400万円

    必要保障額＝(a)7,640万円－(b)7,400万円＝<u>240</u>万円

② 不慮の事故や所定の感染症以外で死亡した場合の死亡保険金額は、以下のとおり<u>2,500</u>万円となる。傷害特約および災害割増特約からは死亡保険金は支払われない。

  終身保険200万円＋定期保険特約2,000万円＋特定疾病保障定期保険特約300万円＝<u>2,500</u>万円

/ 正解 /   ①240万円　②2,500万円

《問５》

① 公的介護保険から保険給付を受けるためには、<u>市町村（特別区を含む）</u>から要介護認定または要支援認定を受ける必要がある。

② 40歳以上<u>65</u>歳未満の第２号被保険者については、要介護状態または要支援状態となった原因が、加齢に伴う特定疾病によって生じたものでなければ保険給付は受けられない。

③ 介護老人福祉施設（特別養護老人ホーム）を新たに利用することができる要介護被保険者は、原則として、要介護状態区分が<u>3</u>以上の者に限られている。

④ 公的介護保険の保険給付を受ける者は、原則として、費用（食費、居住費等を除く）の<u>1</u>割を事業者に支払う。

/ 正解 /   ①リ　②ヘ　③ハ　④イ

《問６》

① 適切。

② 適切。

③ 不適切。契約転換制度では、契約転換時の告知や医師の診査が必要となるた

め、健康状態によっては利用することができない。

リスク管理（2）

　会社員のAさん（35歳）は、会社員の妻Bさん（32歳）および長男Cさん（0歳）との3人で、賃貸マンションで暮らしている。Aさんが、長男Cさんの誕生を機に、生命保険の新規加入を検討していたところ、生命保険会社の営業担当者から下記の生命保険の提案を受けた。そこで、Aさんは、その提案内容についてファイナンシャル・プランナーのMさんに相談することにした。

　Mさんは、死亡保障の検討にあたって、必要保障額を正しく把握する必要があると考え、Aさんから必要な情報をヒアリングした。現時点でAさんが死亡した場合の必要保障額を下記の〈算式〉を基に試算した結果、その額は3,000万円であった。

〈算式〉

必要保障額＝遺族に必要な生活資金等の支出の総額－遺族の収入見込金額

〈Aさんが提案を受けた生命保険に関する資料〉

保険の種類 　　　　　　　　　：5年ごと配当付特約組立型総合保険
　　　　　　　　　　　　　　　　（注1）

月払保険料 　　　　　　　　　：13,800円

保険料払込期間（更新限度）　：90歳満了

契約者（＝保険料負担者）・被保険者：Aさん

死亡保険金受取人 　　　　　　：妻Bさん

指定代理請求人 　　　　　　　：妻Bさん

特約の内容	保障金額	保険期間
終身保険特約	100万円	終身
定期保険特約	1,000万円	10年
収入保障特約（注2）	年額60万円×65歳まで	10年
三大疾病一時金特約（注3）	200万円	10年
総合医療特約（180日型）	1日目から日額10,000円	10年
先進医療特約	先進医療の技術費用と同額	10年
指定代理請求特約	—	—
リビング・ニーズ特約	—	—

（注１）　複数の特約を組み合わせて加入することができる保険

（注２）　最低支払保証期間は５年（最低５回保証）。年金支払期間は、１年刻みで設定することができる。

（注３）　がん（悪性新生物）と診断確定された場合、または急性心筋梗塞・脳卒中で所定の状態に該当した場合に一時金が支払われる（死亡保険金の支払はない）。

※上記以外の条件は考慮せず、各問に従うこと。

《問４》　Ｍさんは、Ａさんに対して、下記の〈前提〉においてＡさんが死亡した場合、妻Ｂさんが受給することができる公的年金制度からの遺族給付について説明した。Ｍさんが説明した以下の文章の空欄①～④に入る最も適切な語句または数値を、下記の〈語句群〉のなかから選び、その記号を解答用紙に記入しなさい。

〈前提〉

・妻Ｂさんは、遺族基礎年金および遺族厚生年金の受給権を取得する。

・妻Ｂさんおよび長男Ｃさんは、現在および将来においても、公的年金制度における障害等級に該当する障害の状態にないものとする。

　「現時点においてＡさんが死亡した場合、妻Ｂさんに対して遺族基礎年金および遺族厚生年金が支給されます。遺族基礎年金を受けられる遺族の範囲は、死亡した者によって生計を維持されていた『子のある配偶者』または『子』です。『子』とは、原則として、18歳到達年度の末日までの間にあり、かつ、現に婚姻していない子等を指します。妻Ｂさんが受け取る遺族基礎年金の額は、『子』が１人のため、（　①　）円（2023年度価額）になります。

　遺族厚生年金の額は、原則として、Ａさんの厚生年金保険の被保険者記録を基礎として計算した老齢厚生年金の報酬比例部分の額の（　②　）相当額になります。ただし、その計算の基礎となる被保険者期間の月数が（　③　）月に満たない場合、（　③　）月とみなして年金額が計算されます。

　また、長男Ｃさんについて18歳到達年度の末日が終了し、妻Ｂさんの有する遺族基礎年金の受給権が消滅したときは、妻Ｂさんが65歳に達するまでの間、妻Ｂさんに支給される遺族厚生年金の額に（　④　）が加算されます」

〈語句群〉
```
イ. 240      ロ. 300      ハ. 480      ニ. 871,200      ホ. 1,023,700
ヘ. 1,590,000    ト. 3分の2    チ. 4分の3    リ. 5分の4
ヌ. 振替加算    ル. 中高齢寡婦加算    ヲ. 経過的寡婦加算
```

《問5》 Mさんは、Aさんに対して、Aさんが提案を受けている生命保険の保障内容等について説明した。Mさんが説明した次の記述①～③について、適切なものには○印を、不適切なものには×印を解答用紙に記入しなさい。

① 「妻Bさんが収入保障特約から受け取る年金受取総額は、Aさんが40歳（年金支払期間満了となる65歳まで25年0カ月）で死亡した場合は、1,500万円となり、Aさんが62歳（年金支払期間満了となる65歳まで3年0カ月）で死亡した場合は、300万円となります」

② 「Aさんが死亡した場合、妻Bさんが収入保障特約から毎年受け取る年金は、所得税額の計算上、非課税となりますので、その全額を遺族の生活費や教育資金に活用することができます」

③ 「先進医療特約では、契約日時点で先進医療と定められていれば給付の対象となります。一部の先進医療については費用が高額となるケースもありますので、先進医療特約の付加をご検討ください」

《問6》 Mさんは、Aさんに対して、生命保険の見直しについてアドバイスをした。Mさんがアドバイスした次の記述①～③について、適切なものには○印を、不適切なものには×印を解答用紙に記入しなさい。

① 「必要保障額は、通常、子どもの成長とともに逓減していきますので、保険期間の経過とともに年金受取総額が逓減していく収入保障特約を付加することは検討に値します。年金支払期間は、妻Bさんや長男Cさんの年齢など、ご家族の状況に合わせてご検討ください」

② 「Aさんが将来、住宅ローン（団体信用生命保険に加入）を利用して自宅を購入した場合、必要保障額の計算上、住宅ローンの残債務を遺族に必要な生活資金等の支出の総額に含める必要がありますので、必要保障額は増加します。自宅を購入した際は、改めて生命保険の見直しをすることをお勧めします」

③ 「妻Bさんが死亡あるいはケガや病気で働けなくなった場合、世帯収入が減少するだけでなく、それまで夫婦が行ってきた家事や育児等を、少なからず家事代行業者等に頼ることも考えられます。Aさんの保障内容と同時に、妻Bさんの保障内容も検討する必要があると思います」

解答と解説

《問4》

① Aさんが現時点で死亡した場合に妻Bさんが受け取る遺族基礎年金の額は、1人分の子の加算額が加算され、以下のとおり、1,023,700円となる。

795,000円＋子の加算額（1人目と2人目は1人228,700円、3人目からは1人76,200円）＝795,000円＋228,700円＝1,023,700円

② 遺族厚生年金の額は、原則として、Aさんの厚生年金保険の被保険者記録を基礎として計算した老齢厚生年金の報酬比例部分の額の4分の3相当額となる。

③ 厚生年金保険の被保険者が死亡した場合の遺族厚生年金は、計算の基礎となる被保険者期間の月数が300月に満たない場合、300月とみなして年金額が計算される。

④ 妻Bさんの有する遺族基礎年金の受給権が消滅した後、妻Bさんが65歳に達するまでの間、妻Bさんに支給される遺族厚生年金の額に加算されるのは中高齢寡婦加算である。

正解 ①ホ ②チ ③ロ ④ル

《問5》

① 適切。Aさんが40歳で死亡した場合の年金受取総額＝年額60万円×25年（65歳まで）＝1,500万円

Aさんが62歳で死亡した場合の年金受取総額＝年額60万円×5年（最低5回保証）＝300万円

② 不適切。妻Bさんが収入保障特約から毎年受け取る年金は、その年金受給権が相続税の対象となる。また、毎年受け取る年金は、課税部分と非課税部分に区分され、課税部分は雑所得として総合課税の対象となる。

③ 不適切。先進医療特約では、治療を受けた時点で先進医療と定められていれば給付の対象となる。

正解 ①○ ②× ③×

《問6》

① 　適切。

② 　不適切。団体信用生命保険の加入者が死亡した場合、死亡時点の住宅ローンの残債務は保険金で完済される。したがって、住宅ローン（団体信用生命保険に加入）を利用して自宅を購入した場合、必要保障額の計算上、住宅ローンの残債務は遺族に必要な生活資金等の支出の総額に含めない。

③ 　適切。

 正解　①○　②×　③○

リスク管理（3）

　会社員のAさん（45歳）は、妻Bさん（45歳）との2人暮らしである。Aさんは、先日、生命保険会社の営業担当者から下記の生命保険の提案を受けた。

　Aさんは、妻Bさんも会社員として働いていること、子どもがいないことを理由に、死亡保障はあまり必要ないと考えているが、自身が病気や要介護状態になった場合の保障については必要性を感じている。

　そこで、Aさんは、ファイナンシャル・プランナーのMさんに相談することにした。

〈Aさんが提案を受けた生命保険に関する資料〉

保険の種類	：5年ごと配当付特約組立型総合保険（注1）
月払保険料	：16,800円
保険料払込期間（更新限度）	：90歳満了
契約者（＝保険料負担者）・被保険者	：Aさん
死亡保険金受取人	：妻Bさん
指定代理請求人	：妻Bさん

特約の内容	保障金額	保険期間
終身保険特約	100万円	終身
定期保険特約	500万円	10年
生活介護収入保障特約（注2）	年額60万円×65歳まで	10年
重度疾病保障特約（注3）	一時金200万円	10年
総合医療特約（180日型）	1日目から日額10,000円	10年
先進医療特約	先進医療の技術費用と同額	10年
指定代理請求特約	－	－
リビング・ニーズ特約	－	－

（注1）　複数の特約を組み合わせて加入することができる保険

（注2）　身体障害者福祉法の身体障害者障害程度等級1級または2級の「身体障害者手帳」を交付された場合、公的介護保険の要介護2以上に認定された場合、または所定の要介護状態になった場合に年金額が支払

われる（死亡保険金の支払はない）。最低支払保証期間は５年。

（注３）　所定のがん（悪性新生物）、急性心筋梗塞、脳卒中、重度の糖尿病、重度の高血圧性疾患、肝硬変、慢性腎不全、慢性すい炎のいずれかを保障する（死亡保険金の支払はない）。

※上記以外の条件は考慮せず、各問に従うこと。

《問４》　Mさんは、Aさんに対して、公的年金制度からの給付および公的介護保険からの保険給付について説明した。Mさんが説明した次の記述①〜③について、適切なものには〇印を、不適切なものには×印を解答用紙に記入しなさい。なお、各記述において、ほかに必要とされる要件等は満たしていることとする。

① 「Aさんが死亡した場合、妻Bさんに対して、遺族厚生年金が支給されます。遺族厚生年金の額は、原則として、Aさんの厚生年金保険の被保険者記録を基礎として計算した老齢厚生年金の報酬比例部分の額の３分の２相当額になります」

② 「Aさんが病気やケガで重度の障害状態となり、その障害の程度が障害等級１級と認定された場合、Aさんは障害厚生年金を受給することができますが、Aさんには子どもがいないため、障害基礎年金を受給することはできません」

③ 「Aさんのような公的介護保険の第２号被保険者は、要介護状態または要支援状態となった原因が特定疾病によって生じたものでなければ、公的介護保険からの保険給付は受けられません。特定疾病の具体例として、末期がん、脳血管疾患、初老期における認知症などが挙げられます」

《問５》　Mさんは、Aさんに対して、Aさんが提案を受けた生命保険の内容等について説明した。Mさんが説明した次の記述①〜④について、適切なものには〇印を、不適切なものには×印を解答用紙に記入しなさい。

① 「Aさんが死亡した場合、妻Bさんに支払われる死亡保険金額は、600万円となります。Aさんが死亡した場合の必要保障額を算出し、準備すべき死亡保障の額を確認したうえで、死亡保険金額をご検討ください」

② 「Aさんが病気やケガで重度の障害状態となって働けなくなった場合、Aさんの収入が減るだけでなく、妻Bさんの仕事にも影響がでることが想

定されます。現在提案を受けている生活介護収入保障特約など、重い障害や介護に備えることができる保障を準備することは検討に値します」

③ 「がん等の重度疾病については、再発のリスクがあり、治療期間も長期にわたるケースがあります。そのため、重度疾病の保障を準備する際には、再発時の保障の有無や、保険金等が支払われる疾病の種類および状態を確認する必要があります」

④ 「Ａさんが厚生労働大臣により定められた先進医療による療養を受けたとき、その先進医療の技術に係る費用と同額を先進医療給付金として受け取ることができます。ただし、先進医療特約の対象は入院を伴った治療のみであり、外来での治療は対象外となります」

《問6》 Mさんは、Ａさんに対して、Ａさんが提案を受けた生命保険の課税関係について説明した。Mさんが説明した以下の文章の空欄①〜③に入る最も適切な語句または数値を、下記の〈語句群〉のなかから選び、その記号を解答用紙に記入しなさい。

Ⅰ 「支払保険料のうち、終身保険特約および定期保険特約に係る保険料は一般の生命保険料控除の対象となります。他方、生活介護収入保障特約、重度疾病保障特約および総合医療特約等に係る保険料は介護医療保険料控除の対象となります。それぞれの適用限度額は、所得税で（ ① ）円、住民税で（ ② ）円です」

Ⅱ 「被保険者であるＡさんが入院給付金などを請求することができない特別な事情がある場合には、指定代理請求人である妻ＢさんがＡさんに代わって請求することができます。妻Ｂさんが指定代理請求人として受け取る入院給付金は、（ ③ ）となります」

〈語句群〉

イ．25,000　　ロ．28,000　　ハ．30,000　　ニ．40,000

ホ．48,000　　ヘ．50,000　　ト．所得税の課税対象

チ．贈与税の課税対象　　リ．非課税

解答と解説

《問4》

① 不適切。妻Bさんに支給される遺族厚生年金の額は、原則として、Aさんの厚生年金保険の被保険者記録を基礎として計算した老齢厚生年金の報酬比例部分の額の4分の3相当額になる。

② 不適切。Aさんが、障害等級1級と認定された場合、Aさんは障害厚生年金（1級）および障害基礎年金（1級）を受給することができる。なお、妻Bさんについて、生計維持要件を満たせば、障害厚生年金に配偶者の加算がある。また、障害基礎年金の受給について、仮に要件を満たす子がいれば、子の加算の対象となる。

③ 適切。なお、公的年金の第1号被保険者（65歳以上）は、要介護状態または要支援状態となった原因にかかわらず、公的介護保険からの保険給付が受けられる。

/正解/ ①× ②× ③○

《問5》

① 適切。Aさんが死亡した場合、妻Bさんに支払われる死亡保険金額は、以下のとおり、600万円となる。

　　終身保険特約100万円＋定期保険特約500万円＝600万円

② 適切。

③ 適切。

④ 不適切。先進医療特約の対象は入院を伴った治療に限定されていないため、外来での治療も対象となる。

/正解/ ①○ ②○ ③○ ④×

《問6》

①② 一般の生命保険料控除および介護医療保険料控除の適用限度額は、所得税でそれぞれ<u>40,000</u>円、住民税でそれぞれ<u>28,000</u>円である。

③ 指定代理請求人が受け取る入院給付金は、<u>非課税</u>となる。

/正解/ ①ニ ②ロ ③リ

第 3 問

リスク管理（4）

Aさん（65歳）は、X株式会社（以下、「X社」という）の創業社長である。X社は、売上金額・利益金額ともに増加傾向にあり、業績は順調に推移している。

Aさんは、今期限りで専務取締役の長男Bさん（40歳）に社長の座を譲り、勇退することを決意している。X社は、現在、下記の〈資料1〉の生命保険に加入している。

また、長男Bさんは、生命保険会社の営業担当者であるファイナンシャル・プランナーのMさんから、下記の〈資料2〉の生命保険の提案を受け、加入を検討している。

〈資料1〉X社が現在加入している生命保険の契約内容

保険の種類	：長期平準定期保険（特約付加なし）
契約年月日	：2008年9月1日
契約者（＝保険料負担者）	：X社
被保険者	：Aさん
死亡保険金受取人	：X社
保険期間・保険料払込期間	：95歳満了
死亡・高度障害保険金額	：1億円
年払保険料	：300万円
現時点の解約返戻金額	：3,500万円
現時点の払込保険料累計額	：4,500万円

※解約返戻金額の80％の範囲内で、契約者貸付制度を利用することができる。

※保険料の払込みを中止し、払済終身保険に変更することができる。

〈資料2〉長男Bさんが提案を受けた生命保険の内容

保険の種類	：無配当特定疾病保障定期保険（無解約返戻金型・特約付加なし）
契約者（＝保険料負担者）	：X社
被保険者	：長男Bさん
死亡保険金受取人	：X社

保険期間	：10年（自動更新タイプ）
死亡・高度障害・特定疾病保険金額	：5,000万円
年払保険料	：30万円

※死亡・高度障害の場合に加え、がん（悪性新生物）と診断確定された場合、または急性心筋梗塞・脳卒中で所定の状態に該当した場合に保険金が支払われる。

※上記以外の条件は考慮せず、各問に従うこと。

《問7》 仮に、X社がAさんに役員退職金4,000万円を支給した場合、Aさんが受け取る役員退職金について、次の①、②を求め、解答用紙に記入しなさい（計算過程の記載は不要）。〈答〉は万円単位とすること。なお、Aさんの役員在任期間（勤続年数）を18年4カ月とし、これ以外に退職手当等の収入はなく、障害者になったことが退職の直接の原因ではないものとする。

① 退職所得控除額
② 退職所得の金額

《問8》 〈資料1〉の生命保険を現時点で解約した場合のX社の経理処理（仕訳）について、下記の〈条件〉を基に、空欄①～④に入る最も適切な語句または数値を、下記の〈語句群〉のなかから選び、その記号を解答用紙に記入しなさい。

〈条件〉
・X社が解約時までに支払った保険料の総額は4,500万円である。
・解約返戻金の金額は3,500万円である。
・配当等、上記以外の条件は考慮しないものとする。

〈解約返戻金受取時のX社の経理処理（仕訳）〉

借方		貸方	
現金・預金　　（ ① ）万円		前払保険料　　（ ② ）万円	
		（ ③ ）　　（ ④ ）万円	

―〈語句群〉―――――――――――――――――――――――――――

イ．1,000　　ロ．1,250　　ハ．1,700　　ニ．1,800　　ホ．2,250

ヘ．3,500　　ト．4,500　　チ．雑収入　　リ．雑損失

《問9》 Mさんは、長男Bさんに対して、〈資料2〉の生命保険について説明した。Mさんが説明した次の記述①〜③について、適切なものには○印を、不適切なものには×印を解答用紙に記入しなさい。

① 「X社が受け取る特定疾病保険金は、取引先への買掛金支払や金融機関への借入金返済など、長男Bさんが、がん等の重度の疾患で長期間不在となった場合に会社を存続するための事業資金として活用することができます」

② 「X社が特定疾病保険金を受け取った場合、法人税法上、当該保険金は非課税所得となりますので、益金に計上する必要はありません」

③ 「当該生命保険の支払保険料は、その全額を損金の額に算入することができます」

解答と解説

《問7》

① 退職所得控除額

退職所得控除額（勤続年数20年以下の場合）

＝40万円×勤続年数

＝40万円×19年＝760万円

※1年未満の勤続年数は切上げるため、18年4ヵ月は19年とする。

② 退職所得の金額

退職所得の金額＝（収入金額－退職所得控除額）× $\frac{1}{2}$

＝（4,000万円－760万円）× $\frac{1}{2}$ ＝1,620万円

/正解/ ①760万円 ②1,620万円

《問8》

長期平準定期保険（2019年7月7日以前の契約）では、保険期間のうち当初6割期間の保険料（4,500万円）は、その2分の1（2,250万円）が前払保険料として資産計上されているため、その資産計上額を取り崩し、解約返戻金（3,500万円）との差額（1,250万円）を雑収入として益金の額に算入する。

借方		貸方	
現金・預金	（①3,500）万円	前払保険料	（②2,250）万円
		（③雑収入）	（④1,250）万円

正解　①ヘ　②ホ　③チ　④ロ

《問9》

① 適切。Ｘ社が受け取る特定疾病保険金の使途に限定はないため、事業資金として活用することもできる。

② 不適切。Ｘ社が特定疾病保険金を受け取った場合、その全額を雑収入として益金に計上する。

③ 適切。無解約返戻金型の定期保険の保険料は、その全額を損金の額に算入することができる。

正解　①○　②×　③○

✔Check! ▢▢▢

リスク管理（5）

　Aさん（71歳）は、X株式会社（以下、「X社」という）の代表取締役社長である。Aさんは、今期限りで専務取締役の長男Bさん（40歳）に社長の座を譲り、勇退することを決意している。

　Aさんは、先日、〈資料１〉の生命保険に関して、生命保険会社の営業担当者であるファイナンシャル・プランナーのMさんに相談した。また、Mさんから、長男Bさんを被保険者とする〈資料２〉の生命保険の提案を受けた。

〈資料１〉X社が現在加入している生命保険の契約内容

保険の種類	：終身保険（特約付加なし、予定利率：5.5％）
契約年月日	：1992年12月1日（40歳時加入）
契約者（＝保険料負担者）	：X社
被保険者	：Aさん
死亡保険金受取人	：X社
死亡・高度障害保険金額	：5,000万円
保険料払込期間	：65歳満了（保険料の払込みは満了している）
年払保険料	：90万円
払込保険料累計額	：2,250万円（25年間の累計額）
現時点の解約返戻金額	：2,300万円

〈資料２〉Mさんから提案を受けた生命保険の内容

保険の種類	：無配当定期保険（特約付加なし）
契約者（＝保険料負担者）	：X社
被保険者	：長男Bさん
死亡保険金受取人	：X社
死亡・高度障害保険金額	：1億円
保険期間・保険料払込期間	：95歳満了
年払保険料	：200万円
最高解約返戻率	：83％

※保険料の払込みを中止し、払済終身保険に変更することができる。

※所定の範囲内で、契約者貸付制度を利用することができる。

※上記以外の条件は考慮せず、各問に従うこと。

《問7》 仮に、X社がAさんに役員退職金5,000万円を支給した場合、Aさんが受け取る役員退職金について、次の①、②を求め、解答用紙に記入しなさい（計算過程の記載は不要）。〈答〉は万円単位とすること。なお、Aさんの役員在任期間（勤続年数）を35年3カ月とし、これ以外に退職手当等の収入はなく、障害者になったことが退職の直接の原因ではないものとする。

① 退職所得控除額

② 退職所得の金額

《問8》 Mさんは、Aさんに対して、〈資料1〉の終身保険について説明した。Mさんが説明した次の記述①～③について、適切なものには○印を、不適切なものには×印を解答用紙に記入しなさい。

① 「現時点で当該生命保険を解約した場合、配当金等を考慮しなければ、X社はそれまで資産計上していた保険料積立金2,250万円を取り崩して、解約返戻金2,300万円との差額50万円を雑収入として経理処理します」

② 「勇退時に契約者をAさん、死亡保険金受取人をAさんの相続人に名義を変更することで、当該生命保険を役員退職金の一部としてAさんに支給することができます。保険料の払込みが既に終わっており、今後も解約返戻金額が増加することを考えると、個人の保険として保障を継続することも選択肢の1つです」

③ 「契約者をAさん、死亡保険金受取人をAさんの相続人に名義を変更し、当該生命保険を役員退職金の一部としてAさんに支給した場合、名義変更時の既払込保険料総額がAさんの退職所得に係る収入金額となり、他の退職手当等と合算して退職所得の金額を計算します」

《問9》 Mさんは、Aさんに対して、〈資料2〉の定期保険について説明した。Mさんが説明した次の記述①～④について、適切なものには○印を、不適切なものには×印を解答用紙に記入しなさい。

① 「当該生命保険の単純返戻率（解約返戻金額÷払込保険料累計額）は、保険期間の途中でピークを迎え、その後は低下し、保険期間満了時には0

（ゼロ）になります。当該生命保険の解約返戻金は、役員退職金の原資や
　　設備投資等の事業資金として活用することができます」
②　「当該生命保険の場合、保険期間開始日から保険期間の4割に相当する
　　期間を経過する日までは、当期分支払保険料の6割相当額を前払保険料と
　　して資産に計上し、残額は損金の額に算入します」
③　「当該生命保険を長男Bさんの勇退時に払済終身保険に変更した場合、
　　契約は継続しているため、経理処理の必要はありません」
④　「保険期間中にX社に緊急の資金需要が発生し、契約者貸付制度を利用
　　する場合、当該制度により借り入れることができる金額は、利用時点での
　　既払込保険料相当額が限度となります」

解答と解説

《問7》

①　退職所得控除額

　　退職所得控除額（勤続年数20年超の場合）

　　＝800万円＋70万円×（勤続年数－20年）

　　＝800万円＋70万円×（36年[※]－20年）＝1,920万円

　　※1年未満の勤続年数は切上げるため、35年3カ月は36年とする。

②　退職所得の金額

　　退職所得の金額＝（収入金額－退職所得控除額）$\times \dfrac{1}{2}$

　　＝（5,000万円－1,920万円）$\times \dfrac{1}{2}$＝1,540万円

| 正解 | ①1,920（万円）　②1,540（万円） |

《問8》

①　適切。なお、現時点で生命保険を解約した場合の経理処理（仕訳）は以下の
　　とおりである。

借方		貸方	
現金・預金	2,300万円	保険料積立金	2,250万円
		雑収入	50万円

②　適切。

③　不適切。契約者をＡさん、死亡保険金受取人をＡさんの相続人に名義を変更
し、当該生命保険を役員退職金の一部としてＡさんに支給した場合、名義変更
時の解約返戻金相当額がＡさんの退職所得に係る収入金額となり、他の退職手
当等と合算して退職所得の金額を計算する。

/正解　①○　②○　③×

《問9》

①　適切。当該生命保険の解約返戻金の使途に限定はないため、役員退職金の原
資や設備投資等の事業資金として活用することができる。

②　適切。当該生命保険（最高解約返戻率83％）の場合、最高解約返戻率が70
％超85％以下であるため、保険期間開始日から保険期間の４割に相当する期
間を経過する日までは、当期分支払保険料の６割相当額を前払保険料として資
産に計上し、残額（４割相当額）は損金の額に算入する。

③　不適切。当該生命保険を払済終身保険に変更する場合、その変更時点におけ
る解約返戻金相当額とそれまでの資産計上額（前払保険料）との差額を雑収入
（または雑損失）として益金（または損金）の額に算入する。

④　不適切。契約者貸付制度により借り入れることができる金額は、利用時点で
の解約返戻金相当額の一定範囲内が限度となる。

/正解　①○　②○　③×　④×

リスク管理（6）

Aさん（45歳）は、X株式会社（以下、「X社」という）の創業社長である。X社は、現在、Aさん自身の退職金準備を目的とした生命保険に加入している。

先日、Aさんは、生命保険会社の営業担当者であるファイナンシャル・プランナーのMさんから、事業保障資金の確保を目的として、下記の〈資料〉の生命保険の提案を受けた。

〈資料〉Aさんが提案を受けた生命保険に関する資料

保険の種類	：無配当特定疾病保障定期保険（特約付加なし）
契約者（＝保険料負担者）	：X社
被保険者	：Aさん
死亡保険金受取人	：X社
死亡・高度障害・特定疾病保険金額	：5,000万円
保険期間・保険料払込期間	：98歳満了
年払保険料	：180万円
最高解約返戻率	：83％

※死亡・所定の高度障害状態に該当した場合に加え、がん（悪性新生物）と診断確定された場合、または急性心筋梗塞・脳卒中で所定の状態に該当した場合に保険金が契約者に支払われる。

※所定の範囲内で、契約者貸付制度を利用することができる。

※上記以外の条件は考慮せず、各問に従うこと。

《問7》　仮に、将来X社がAさんに役員退職金5,000万円を支給した場合、Aさんが受け取る役員退職金について、次の①、②を求め、解答用紙に記入しなさい（計算過程の記載は不要）。〈答〉は万円単位とすること。なお、Aさんの役員在任期間（勤続年数）を26年2カ月とし、これ以外に退職手当等の収入はなく、障害者になったことが退職の直接の原因ではないものとする。

①　退職所得控除額

② 退職所得の金額

《問8》 Mさんは、Aさんに対して、〈資料〉の生命保険について説明した。Mさんが説明した次の記述①〜③について、適切なものには○印を、不適切なものには×印を解答用紙に記入しなさい。

① 「X社が受け取る特定疾病保険金は、Aさんががん等の治療で不在の間、事業を継続させるための資金として活用することができます」

② 「X社が特定疾病保険金を受け取った場合、法人税法上、当該保険金は非課税所得となりますので、益金に計上する必要はありません」

③ 「保険期間中にX社に緊急の資金需要が発生し、契約者貸付制度を利用する場合、当該制度により借り入れることができる金額は、利用時点での既払込保険料相当額が限度となります」

《問9》 Mさんは、Aさんに対して、〈資料〉の生命保険の支払保険料の経理処理について説明した。Mさんが説明した以下の文章の空欄①〜④に入る最も適切な数値を、下記の〈数値群〉のなかから選び、その記号を解答用紙に記入しなさい。

「法人を契約者（＝保険料負担者）および死亡保険金受取人とし、役員または従業員を被保険者とする保険期間が3年以上の定期保険で、最高解約返戻率が（　①　）％を超えるものの支払保険料の経理処理については、最高解約返戻率が『（　①　）％超70％以下』『70％超（　②　）％以下』『（　②　）％超』となる場合の3つの区分に応じて取り扱います。

〈資料〉の定期保険の最高解約返戻率は『70％超（　②　）％以下』であるため、保険期間開始日から保険期間の（　③　）割に相当する期間を経過する日までは、当期分支払保険料の（　④　）％相当額を前払保険料として資産に計上し、残額は損金の額に算入します。（　③　）割に相当する期間経過後は、当期分支払保険料の全額を損金の額に算入するとともに、資産に計上した金額については、保険期間の7.5割に相当する期間経過後から保険期間終了日までにおいて均等に取り崩し、損金の額に算入します」

解答と解説

《問7》

① 退職所得控除額（勤続年数20年超の場合）

800万円＋70万円×（勤続年数－20年）

＝800万円＋70万円×（27年※－20年）＝1,290万円

※1年未満の勤続年数は切上げるため、26年2カ月は27年とする。

② 退職所得の金額

（収入金額－退職所得控除額）×$\frac{1}{2}$＝（5,000万円－1,290万円）×$\frac{1}{2}$

＝1,855万円

| 正解 | ①1,290（万円）　②1,855（万円） |

《問8》

① 適切。

② 不適切。X社が特定疾病保険金を受け取った場合、全額を益金に計上する。

③ 不適切。契約者貸付制度により借り入れることができる金額は、利用時点での解約返戻金相当額の一定範囲内が限度となる。

| 正解 | ①○　②×　③× |

《問9》

①② 保険期間が3年以上の定期保険で、最高解約返戻率が50％を超えるものの支払保険料の経理処理については、最高解約返戻率が『50％超70％以下』『70％超85％以下』『85％超』となる場合の3つの区分に応じて取り扱う。

③④ 〈資料〉の定期保険の最高解約返戻率（83％）は『70％超85％以下』であるため、保険期間開始日から保険期間の4割に相当する期間を経過する日までは、当期分支払保険料の60％相当額を前払保険料として資産に計上し、残額は損金の額に算入する。

| 正解 | ①ヘ　②リ　③イ　④ト |

第 4 問

タックスプランニング（1）

　会社員のAさんは、妻Bさん、長男Cさんおよび長女Dさんとの4人家族である。Aさんは、数年前から個人で不動産賃貸業を営んでおり、白色申告により確定申告を行っている。また、下記の〈Aさんの2022年分の収入等に関する資料〉において、不動産所得の金額の前の「▲」は赤字であることを表している。

〈Aさんとその家族に関する資料〉

Aさん　　　（55歳）：会社員

妻Bさん　　（51歳）：専業主婦。2022年中の収入はない。

長男Cさん　（24歳）：大学院生。2022年中の収入はない。

長女Dさん　（20歳）：大学生。2022年中に、アルバイトとして給与収入80万円を得ている。

〈Aさんの2022年分の収入等に関する資料〉

(1)　給与収入の金額　：800万円

(2)　不動産所得の金額：▲40万円（白色申告）

　　※損失の金額40万円のうち、当該不動産所得を生ずべき土地の取得に係る負債の利子20万円を含む。

(3)　一時払変額個人年金保険（10年確定年金）の解約返戻金

　　契約年月　　　　　　　　　　　　：2013年8月

　　契約者（＝保険料負担者）・被保険者：Aさん

　　死亡保険金受取人　　　　　　　　：妻Bさん

　　解約返戻金額　　　　　　　　　　：600万円

　　正味払込保険料　　　　　　　　　：500万円

〈Aさんが2022年中に支払った生命保険の保険料に関する資料〉

保険の種類　　　　　　　　　　　：終身介護保険（死亡保障なし）

契約年月　　　　　　　　　　　　：2022年5月

契約者（＝保険料負担者）・被保険者：Aさん

年間正味払込保険料　　　　　　　：93,000円（全額が介護医療保険料控除の対象）

※妻Bさん、長男Cさんおよび長女Dさんは、Aさんと同居し、生計を一に

している。

※Aさんとその家族は、いずれも障害者および特別障害者には該当しない。

※Aさんとその家族の年齢は、いずれも2022年12月31日現在のものである。

※上記以外の条件は考慮せず、各問に従うこと。

《問10》 Aさんの2022年分の所得税の課税に関する次の記述①〜③について、適切なものには○印を、不適切なものには×印を解答用紙に記入しなさい。

① 「不動産所得の金額の計算上生じた損失の金額のうち、当該不動産所得を生ずべき土地の取得に係る負債の利子20万円に相当する部分の金額は、他の所得の金額と損益通算することはできません」

② 「Aさんが受け取った一時払変額個人年金保険の解約返戻金は、一時所得の収入金額として総合課税の対象になります」

③ 「Aさんが2022年分の所得税の確定申告をするときに、納税地の所轄税務署長に青色申告承認申請書を提出すれば、2022年分の総所得金額から、青色申告特別控除額を控除することができます」

《問11》 Aさんの2022年分の所得税における所得控除に関する以下の文章の空欄①〜③に入る最も適切な数値を、下記の〈数値群〉のなかから選び、その記号を解答用紙に記入しなさい。

I 「Aさんの合計所得金額は（　①　）万円以下であるため、Aさんは38万円の配偶者控除の適用を受けることができます。仮に、Aさんの合計所得金額が（　①　）万円を超えると、配偶者控除の額は段階的に縮小し、合計所得金額が（　②　）万円を超えると、適用を受けることができません」

II 「Aさんが適用を受けることができる扶養控除の額は、（　③　）万円です」

〈数値群〉

イ. 38　　ロ. 63　　ハ. 76　　ニ. 101　　ホ. 900　　ヘ. 950

ト. 1,000　　チ. 1,500　　リ. 2,000

《問12》 Aさんの2022年分の所得税の算出税額を計算した下記の表の空欄①〜④に入る最も適切な数値を求めなさい。なお、問題の性質上、明らかにできない部分は「□□□」で示してある。

(a)	総所得金額	（ ① ） 円
	社会保険料控除	□□□円
	生命保険料控除	（ ② ） 円
	地震保険料控除	□□□円
	配偶者控除	□□□円
	扶養控除	□□□円
	基礎控除	（ ③ ） 円
(b)	所得控除の額の合計額	□□□円
(c)	課税総所得金額（(a)−(b)）	3,350,000円
(d)	算出税額（(c)に対する所得税額）	（ ④ ） 円

〈資料〉給与所得控除額

給与収入金額		給与所得控除額
万円超	万円以下	
〜	180	収入金額×40％−10万円（55万円に満たない場合は、55万円）
180 〜	360	収入金額×30％＋8万円
360 〜	660	収入金額×20％＋44万円
660 〜	850	収入金額×10％＋110万円
850 〜		195万円

〈資料〉所得税の速算表

課税総所得金額		税率	控除額
万円超	万円以下		
〜	195	5％	−
195 〜	330	10％	9万7,500円
330 〜	695	20％	42万7,500円
695 〜	900	23％	63万6,000円
900 〜	1,800	33％	153万6,000円
1,800 〜	4,000	40％	279万6,000円
4,000 〜		45％	479万6,000円

解答と解説

《問10》

① 適切。不動産所得の金額の計算上生じた損失の金額は、原則として他の所得の金額と損益通算することができるが、当該不動産所得を生ずべき土地の取得に係る負債の利子20万円に相当する部分の金額は、損益通算することはできない。

② 適切。Aさんが受け取った一時払変額個人年金保険（10年確定年金）の解約返戻金は、契約後5年経過後の解約であるため、一時所得の収入金額として総合課税の対象になる。

③ 不適切。2022年分の総所得金額から、青色申告者として青色申告特別控除額を控除するためには、2022年3月15日までに納税地の所轄税務署長に青色申告承認申請書を提出しておく必要がある。なお、この設問の場合、青色申告特別控除額を差し引けるのは不動産所得だけである。

/正解/ ①〇 ②〇 ③×

《問11》

① Aさんの合計所得金額は900万円以下（問12①参照）で、妻Bさんに収入はないため、Aさんは38万円の配偶者控除の適用を受けることができる。

② Aさんの合計所得金額が1,000万円を超えると、配偶者控除の適用を受けることはできない。

③ 長男Cさん（24歳）は、23歳以上70歳未満で一般の控除対象扶養親族に該当するため、扶養控除の額は38万円となる。長女Dさん（20歳）は、19歳以上23歳未満で特定扶養親族に該当するため、扶養控除の額は63万円となる。したがって、Aさんが適用を受けることができる扶養控除の額は「38万円＋63万円＝101万円」となる。

/正解/ ①ホ ②ト ③ニ

《問12》

① 給与所得の金額＝給与収入金額－給与所得控除額

$$＝800万円－（800万円×10\%＋110万円）＝610万円$$

損益通算の対象となる不動産所得の損失の金額＝40万円－20万円＝20万円

※土地の取得に係る負債の利子の部分は、損益通算の対象とならない。

一時所得の金額＝収入金額－支出金額－特別控除額（最高50万円）

$$＝600万円－500万円－50万円＝50万円$$

第4問

実技（生保）編

323

総所得金額＝610万円－20万円＋50万円×$\frac{1}{2}$＝6,150,000円

※一時所得のうち総所得金額に算入される金額は、2分の1である。

②　終身介護保険の年間正味払込保険料が8万円を超えているため、介護医療保険料控除の額は40,000円となる。

③　合計所得金額（①よりAさんは615万円）が2,400万円以下の場合、基礎控除の額は480,000円である。

〈基礎控除の控除額〉

合計所得金額		控除額
	2,400万円以下	48万円
2,400万円超	2,450万円以下	32万円
2,450万円超	2,500万円以下	16万円

④　算出税額＝335万円×20％－427,500円＝242,500円

正解　①6,150,000円　②40,000円　③480,000円　④242,500円

タックスプランニング（2）

> 　Ａさんは、妻Ｂさんおよび長男Ｃさんとの３人家族である。Ａさんは、個人で不動産賃貸業を営んでいる。また、Ａさんは、2023年中に、終身保険の解約返戻金および一時払変額個人年金保険（10年確定年金）の解約返戻金を受け取っている。

〈Ａさんとその家族に関する資料〉

Ａさん　　　（50歳）：個人事業主（青色申告者）

妻Ｂさん　　（48歳）：会社員。2023年分の給与収入は600万円である。

長男Ｃさん（21歳）：大学生。2023年中の収入はない。

〈Ａさんの2023年分の収入等に関する資料〉

(1)　不動産所得の金額　　　　　　　　　：900万円（青色申告特別控除後）

(2)　上場株式の譲渡損失の金額　　　　　：　20万円

　　（証券会社を通じて譲渡したものである）

(3)　終身保険の解約返戻金

　　契約年月：2004年8月

　　契約者（＝保険料負担者）・被保険者：Ａさん

　　死亡保険金受取人　　　　　　　　：妻Ｂさん

　　解約返戻金額　　　　　　　　　　：460万円

　　正味払込保険料　　　　　　　　　：500万円

(4)　一時払変額個人年金保険（10年確定年金）の解約返戻金

　　契約年月　　　　　　　　　　　　：2014年6月

　　契約者（＝保険料負担者）・被保険者：Ａさん

　　死亡保険金受取人　　　　　　　　：妻Ｂさん

　　解約返戻金額　　　　　　　　　　：600万円

　　正味払込保険料　　　　　　　　　：500万円

※妻Ｂさんおよび長男Ｃさんは、Ａさんと同居し、生計を一にしている。

※Ａさんとその家族は、いずれも障害者および特別障害者には該当しない。

※Ａさんとその家族の年齢は、いずれも2023年12月31日現在のものである。

※上記以外の条件は考慮せず、各問に従うこと。

《問10》 不動産所得に係る青色申告制度に関する以下の文章の空欄①〜④に入る最も適切な数値を、下記の〈数値群〉のなかから選び、その記号を解答用紙に記入しなさい。なお、問題の性質上、明らかにできない部分は「□□□」で示してある。

I 「不動産の貸付が事業的規模に該当する場合、不動産所得の金額の計算上、青色申告特別控除として最高（ ① ）万円を控除することができます。（ ① ）万円の青色申告特別控除の適用を受けるためには、不動産所得に係る取引を正規の簿記の原則に従い記帳し、その記帳に基づいて作成した貸借対照表、損益計算書その他の計算明細書を添付した確定申告書を法定申告期限内に提出することに加えて、e-Taxによる申告（電子申告）または電子帳簿保存を行う必要があります。なお、不動産の貸付が事業的規模でない場合、青色申告特別控除額は最高（ ② ）万円です」

II 「不動産所得の金額の計算上、不動産の貸付が事業的規模に該当するか否かについては、社会通念上、事業と称するに至る程度の規模かどうかにより実質的に判断しますが、形式基準によれば、独立した家屋の貸付についてはおおむね（ ③ ）棟以上、アパート等については貸与することができる独立した室数がおおむね□□□以上であれば、特に反証のない限り、事業的規模として取り扱われます」

III 「青色申告者が受けられる税務上の特典として、青色申告特別控除のほかに、純損失の（ ④ ）年間の繰越控除、純損失の繰戻還付などが挙げられます」

┌─〈数値群〉──────────────────────────
│ イ. 1   ロ. 2   ハ. 3   ニ. 5   ホ. 7   ヘ. 10
│ ト. 26   チ. 38   リ. 55   ヌ. 65

《問11》 Aさんの2023年分の所得税の課税等に関する次の記述①〜③について、適切なものには○印を、不適切なものには×印を解答用紙に記入しなさい。

① 「上場株式の譲渡損失の金額は、不動産所得の金額や一時所得の金額と損益通算することができます」

② 「Aさんが長男Cさんの国民年金保険料を支払った場合、その支払った

保険料は、Aさんの社会保険料控除の対象となります」

③ 「Aさんが適用を受けることができる長男Cさんに係る扶養控除の額は、38万円です」

《問12》 Aさんの2023年分の所得税の算出税額を計算した下記の表の空欄①～③に入る最も適切な数値を求めなさい。なお、問題の性質上、明らかにできない部分は「□□□」で示してある。

(a)	総所得金額	（ ① ）円
	社会保険料控除	□□□円
	生命保険料控除	□□□円
	地震保険料控除	□□□円
	扶養控除	□□□円
	基礎控除	（ ② ）円
(b)	所得控除の額の合計額	□□□円
(c)	課税総所得金額（(a)－(b)）	6,650,000円
(d)	算出税額（(c)に対する所得税額）	（ ③ ）円

〈資料〉所得税の速算表

課税総所得金額			税率	控除額
万円超		万円以下		
	～	195	5％	－
195	～	330	10％	9万7,500円
330	～	695	20％	42万7,500円
695	～	900	23％	63万6,000円
900	～	1,800	33％	153万6,000円
1,800	～	4,000	40％	279万6,000円
4,000	～		45％	479万6,000円

解答と解説

《問10》

① 不動産の貸付が事業的規模に該当し、一定の要件をすべて満たした上でe-Taxによる申告（電子申告）または電子帳簿保存を行う場合、不動産所得の金額の計算上、青色申告特別控除として最高65万円を控除する。

② 不動産の貸付が事業的規模でない場合、青色申告特別控除額は最高10万円

となる。

③　不動産の貸付が事業的規模に該当するか否かについて、形式基準によれば、独立した家屋の貸付についてはおおむね5棟以上、アパート等については貸与することができる独立した室数がおおむね10以上であれば、特に反証のない限り、事業的規模として取り扱われる。

④　青色申告者が受けられる税務上の特典として、純損失の3年間の繰越控除などが挙げられる。

　　正解　　①ヌ　　②ヘ　　③二　　④ハ

《問11》

①　不適切。上場株式の譲渡損失の金額は、不動産所得の金額や一時所得の金額と損益通算することはできない。なお、申告分離課税を選択した配当所得や特定公社債の利子所得の金額と損益通算することはできる。

②　適切。社会保険料控除は、本人・生計を一にする配偶者その他の親族の負担すべき社会保険料を支払った場合に適用を受けることができる。

③　不適切。長男Cさん（21歳）さんは、19歳以上23歳未満であるため特定扶養親族に該当し、Aさんが適用を受けることができる長男Cさんに係る扶養控除の額は、63万円となる。

　　正解　　①×　　②○　　③×

《問12》

①　一時所得の金額＝収入金額－支出金額－特別控除額（最高50万円）
　　　　　　　　　　＝（460万円＋600万円）－（500万円＋500万円）－50万円
　　　　　　　　　　＝10万円

　　総所得金額に算入される一時所得の金額＝10万円×$\frac{1}{2}$＝5万円

　　総所得金額＝900万円（不動産所得）＋5万円（総所得金額に算入される一時所得の金額）＝9,050,000円

　　※上場株式の譲渡損失の金額（20万円）は、不動産所得の金額や一時所得の金額と損益通算することはできない。

②　合計所得金額（①よりAさんは905万円）が2,400万円以下の場合、基礎控除の額は480,000円である。

〈基礎控除の控除額〉

合計所得金額	控除額
2,400万円以下	48万円
2,400万円超　2,450万円以下	32万円
2,450万円超　2,500万円以下	16万円

④　算出税額＝665万円（課税総所得金額）×20％－427,500円＝902,500円

| 正解 | ①9,050,000（円）　②480,000（円）　③902,500（円） |

タックスプランニング（3）

　会社員のAさんは、妻Bさん、長女Cさんおよび母Dさんとの4人家族である。Aさんは、住宅ローンを利用して2023年9月に新築マンションを取得し、同月中に入居した。

〈Aさんとその家族に関する資料〉

Aさん　　　（40歳）：会社員

妻Bさん　　（38歳）：パートタイマー。2023年中に給与収入100万円を得ている。

長女Cさん（6歳）：2023年中の収入はない。

母Dさん　　（73歳）：2023年中の収入は、公的年金の老齢給付のみであり、その収入金額は70万円である。

〈Aさんの2023年分の収入に関する資料〉

給与収入の金額：760万円

〈Aさんが取得した新築マンションに関する資料〉

取得価額　　：4,000万円

土地　　　　：40㎡（敷地利用権の割合相当の面積）

建物　　　　：70㎡（専有部分の床面積）

資金調達方法：自己資金1,500万円、銀行からの借入金2,500万円

住宅ローン　：2023年12月末の借入金残高2,480万円、返済期間25年（団体信用生命保険に加入）

留意点　　　：当該マンションは、認定長期優良住宅に該当する。また、住宅借入金等特別控除の適用要件は、すべて満たしている。

※妻Bさん、長女Cさんおよび母Dさんは、Aさんと同居し、生計を一にしている。

※Aさんとその家族は、いずれも障害者および特別障害者には該当しない。

※Aさんとその家族の年齢は、いずれも2023年12月31日現在のものである。

※上記以外の条件は考慮せず、各問に従うこと。

《問10》　住宅借入金等特別控除（以下、「本控除」という）に関する以下の文章の空欄①〜③に入る最も適切な数値を、下記の〈数値群〉のなかから選び、その記号を解答用紙に記入しなさい。

「住宅ローンを利用して新築住宅を取得等し、2023年中に居住した場合、所定の要件を満たせば、居住の用に供した年分以後、最大で（　①　）年間、本控除の適用を受けることができます。控除額の計算上、住宅ローンの年末残高には、限度額が設けられています。Aさんのように認定長期優良住宅に該当する新築住宅を取得し、2023年中に居住した場合の年末残高の限度額は（　②　）万円です。

Aさんの場合、住宅ローンの年末残高は（　②　）万円よりも少ないため、住宅ローンの年末残高に控除率を乗じて得た金額を、所得税額から控除することができます。また、仮に、当該控除額がその年分の所得税額から控除しきれない場合は、その控除しきれない金額を、所得税の課税総所得金額等の合計額の（　③　）％相当額または97,500円のいずれか少ないほうの額を限度として、翌年度分の住民税の所得割額から控除することができます」

┌─〈数値群〉──────────────────────
│　イ．5　　　ロ．10　　　ハ．13　　　ニ．15　　　ホ．20　　　ヘ．3,000
│　ト．4,000　　　チ．5,000
└──────────────────────────────

《問11》　Aさんの2023年分の所得税の課税等に関する次の記述①〜③について、適切なものには○印を、不適切なものには×印を解答用紙に記入しなさい。

① 「母Dさんは老人扶養親族の同居老親等に該当しますので、Aさんが適用を受けることができる母Dさんに係る扶養控除の額は、58万円です」

② 「Aさんが住宅ローンの借入れの際に加入した団体信用生命保険の支払保険料は、一般の生命保険料控除の対象となります」

③ 「Aさんが2023年分の所得税において住宅借入金等特別控除の適用を受けるためには、所得税の確定申告を行う必要がありますが、2024年分以後の所得税については、年末調整においてその適用を受けることができます」

《問12》 Aさんの2023年分の所得税額を計算した下記の表の空欄①～④に入る最も適切な数値を求めなさい。なお、問題の性質上、明らかにできない部分は「□□□」で示してある。

(a)	総所得金額	□□□円
	社会保険料控除	□□□円
	生命保険料控除	□□□円
	地震保険料控除	□□□円
	配偶者控除	（ ① ）円
	扶養控除	□□□円
	基礎控除	（ ② ）円
(b)	所得控除の額の合計額	2,600,000円
(c)	課税総所得金額（(a)−(b)）	□□□円
(d)	算出税額（(c)に対する所得税額）	（ ③ ）円
(e)	税額控除（住宅借入金等特別控除）	（ ④ ）円
(f)	差引所得税額	□□□円
(g)	復興特別所得税額	□□□円
(h)	所得税および復興特別所得税の額	□□□円

〈資料〉給与所得控除額

給与収入金額		給与所得控除額
万円超	万円以下	
	～ 180	収入金額×40％−10万円 （55万円に満たない 場合は、55万円）
180	～ 360	収入金額×30％＋8万円
360	～ 660	収入金額×20％＋44万円
660	～ 850	収入金額×10％＋110万円
850	～	195万円

〈資料〉所得税の速算表（一部抜粋）

課税総所得金額		税率	控除額
万円超	万円以下		
	～ 195	5％	－
195	～ 330	10％	9万7,500円
330	～ 695	20％	42万7,500円
695	～ 900	23％	63万6,000円

解答と解説

《問10》

① 新築住宅を取得等し、2023年中に居住した場合、所定の要件を満たせば、居住の用に供した年分以後、最大で<u>13</u>年間、住宅借入金等特別控除の適用を受けることができる。

② 認定長期優良住宅に該当する新築住宅を取得し、2023年中に居住した場合の住宅ローンの年末残高の限度額は、<u>5,000</u>万円である。

③ 住宅借入金等特別控除額がその年分の所得税額から控除しきれない場合は、その控除しきれない金額を、所得税の課税総所得金額等の合計額の<u>5</u>％相当額または97,500円のいずれか少ないほうの額を限度として、翌年度分の住民税の所得割額から控除することができる。

正解　①ハ　②チ　③イ

《問11》

① 適切。母Dさん（73歳）は、70歳以上でAさんと同居しているため、老人扶養親族の同居老親等に該当し、Aさんが適用を受けることができる母Dさんに係る扶養控除の額は、58万円となる。

② 不適切。団体信用生命保険の支払保険料は、生命保険料控除の対象とならない。

③ 適切。給与所得者が所得税において住宅借入金等特別控除の適用を受けるためには、居住を開始した年分について所得税の確定申告を行う必要があるが、2年目以降は年末調整においてその適用を受けることができる。

正解　①○　②×　③○

《問12》

① Aさんの合計所得金額は900万円以下（③の総所得金額参照）で、妻Bさん

（70歳未満）の合計所得金額は以下のように48万円以下であるため、Aさんは380,000円の配偶者控除の適用を受けることができる。

　妻Bさんの合計所得金額（給与所得の金額）＝給与収入金額－給与所得控除額

　　　　　　　　　　　　　　　　　　　　　＝100万円－55万円＝45万円

②　合計所得金額（③の総所得金額参照）が2,400万円以下の場合、基礎控除の額は480,000円である。

〈基礎控除の控除額〉

合計所得金額	控除額
2,400万円以下	48万円
2,400万円超2,450万円以下	32万円
2,450万円超2,500万円以下	16万円

③　給与所得の金額＝給与収入金額－給与所得控除額

　　　　　　　　　＝760万円－（760万円×10％＋110万円）

　　　　　　　　　＝574万円（総所得金額）

　　課税総所得金額＝総所得金額－所得控除の額の合計額

　　　　　　　　　　＝574万円－260万円＝314万円

　　算出税額＝314万円×10％－97,500円＝216,500円

④　住宅借入金等特別控除の控除額

　　　　　　　　　　　　　　＝年末借入金残高（5,000万円が限度）×0.7％

　　　　　　　　　　　　　　＝2,480万円×0.7％＝173,600円

| 正解 | ①380,000（円）　②480,000（円）　③216,500（円）　④173,600（円） |

334

第 5 問

相続・事業承継（1）

　Aさん（68歳）は、非上場企業のX株式会社（以下、「X社」という）の創業社長である。Aさんは、創業30周年を迎える2年後をめどに、X社の専務取締役である長男Cさん（40歳）に社長の座を譲りたいと思っている。Aさんは、X社株式の移転方法として、『非上場株式等についての贈与税の納税猶予及び免除の特例』の活用を検討している。

　Aさんの推定相続人は、妻Bさん（68歳）、長男Cさんおよび長女Dさん（36歳）の3人である。長女Dさんは、結婚しており、他県で生活している。

〈X社の概要〉

(1) 業種：電気機械器具製造業

(2) 資本金等の額：9,000万円（発行済株式総数180,000株、すべて普通株式で1株につき1個の議決権を有している）

(3) 株主構成

　Aさん　　　：150,000株

　妻Bさん　　： 15,000株

　長男Cさん： 15,000株

(4) 株式の譲渡制限：あり

(5) 年商14億円／経常利益7,000万円／従業員数90人

　※X社の財産評価基本通達上の規模区分は「大会社」であり、特定の評価会社には該当しない。

〈Aさんの主な所有財産（相続税評価額）〉

現預金　　　　　　　　　：　　　7,000万円（役員退職金は考慮していない）

X社株式　　　　　　：3億3,000万円

自宅敷地（360㎡）　　：　　　3,000万円（注）

自宅建物　　　　　　　　：　　　1,000万円

X社本社敷地（400㎡）：　　　3,000万円（注）

X社本社建物　　　　　：　　　3,000万円

合計　　　　　　　　　　　　　　5億円

(注)　「小規模宅地等についての相続税の課税価格の計算の特例」適用後の

金額

※上記以外の条件は考慮せず、各問に従うこと。

《問13》 現時点（2023年5月28日）において、Aさんの相続が開始した場合における相続税の総額を試算した下記の表の空欄①〜③に入る最も適切な数値を求めなさい。なお、相続税の課税価格の合計額は5億円とし、問題の性質上、明らかにできない部分は「□□□」で示してある。

(a)	相続税の課税価格の合計額		5億円
	(b)	遺産に係る基礎控除額	（ ① ）万円
課税遺産総額（(a)−(b)）			□□□万円
	相続税の総額の基となる税額		
	妻Bさん		（ ② ）万円
	長男Cさん		□□□万円
	長女Dさん		□□□万円
(c)	相続税の総額		（ ③ ）万円

〈資料〉相続税の速算表

法定相続分に応ずる取得金額		税率	控除額
万円超	万円以下		
〜	1,000	10%	−
1,000 〜	3,000	15%	50万円
3,000 〜	5,000	20%	200万円
5,000 〜	10,000	30%	700万円
10,000 〜	20,000	40%	1,700万円
20,000 〜	30,000	45%	2,700万円
30,000 〜	60,000	50%	4,200万円
60,000 〜		55%	7,200万円

《問14》 X社株式に関する以下の文章の空欄①〜④に入る最も適切な語句を、下記の〈語句群〉のなかから選び、その記号を解答用紙に記入しなさい。

I 「X社株式の価額の1つである類似業種比準価額は、類似業種の株価ならびに1株当たりの配当金額、1株当たりの（ ① ）、1株当たりの純資産価額の3つの比準要素を基に計算されます。Aさんへの役員退職金の支給は、1株当たりの（ ① ）および純資産価額を引き下げるため、X

社の株価は下がります」

Ⅱ 「『非上場株式等についての贈与税の納税猶予及び免除の特例』の適用を受けるためには、特例承継計画を策定して2024年3月31日までに（　②　）に提出し、その確認を受ける必要があります。長男CさんがさんからさんからX社株式の贈与を受け、本特例の適用を受けた場合、原則として、Aさんの死亡時まで本特例の対象となるX社株式の贈与に係る贈与税額の（　③　）の納税が猶予されます。Aさんが死亡した場合、本特例の適用を受けたX社株式は、（　④　）の価額により相続税の課税価格に算入されますが、所定の要件を満たせば、『非上場株式等の特例贈与者が死亡した場合の相続税の納税猶予及び免除の特例』の適用を受けることができます」

〈語句群〉

イ．売上金額　　ロ．資本金等の額　　ハ．利益金額

ニ．内閣総理大臣　　ホ．都道府県知事　　ヘ．所轄税務署長

ト．50％相当額　　チ．80％相当額　　リ．全額　　ヌ．贈与時

ル．相続時

《問15》　Aさんの相続に関する次の記述①～③について、適切なものには○印を、不適切なものには×印を解答用紙に記入しなさい。

① 「円滑な遺産分割のための手段として遺言の作成を検討してください。公正証書遺言を作成する場合、後継者の長男Cさんが証人になることが望ましいでしょう」

② 「遺言により、相続財産の大半を妻Bさんおよび長男Cさんが相続した場合、長女Dさんの遺留分を侵害するおそれがあります。仮に、遺留分を算定するための財産の価額を7億円とした場合、長女Dさんの遺留分の額は1億7,500万円となります」

③ 「妻Bさんが自宅の敷地および建物を相続により取得した場合、相続税の申告期限までに自宅の敷地を売却しても、自宅の敷地は特定居住用宅地等として『小規模宅地等についての相続税の課税価格の計算の特例』の適用を受けることができます」

《問13》

・遺産に係る基礎控除額

　3,000万円＋600万円×法定相続人の数（3人）＝①4,800万円

・課税遺産総額＝5億円－4,800万円＝4億5,200万円

・法定相続人が法定相続分どおりに取得したと仮定した取得金額

　　・妻B　　4億5,200万円×$\frac{1}{2}$＝2億2,600万円 …………❶

　　・長男C　4億5,200万円×$\frac{1}{2}$×$\frac{1}{2}$＝1億1,300万円……❷

　　・長女D　4億5,200万円×$\frac{1}{2}$×$\frac{1}{2}$＝1億1,300万円……❸

・相続税の総額（❶～❸に対する税額の合計）

　　・妻B　　❶2億2,600万円×45％－2,700万円＝②7,470万円

　　・長男C　❷1億1,300万円×40％－1,700万円＝　2,820万円

　　・長女D　❸1億1,300万円×40％－1,700万円＝　2,820万円

　　　　　　　　　合計（相続税の総額）③13,110万円

　　正解　①4,800万円　②7,470万円　③13,110万円

《問14》

① 　類似業種比準価額は、類似業種の株価ならびに1株当たりの配当金額、1株当たりの利益金額、1株当たりの純資産価額の3つの比準要素を基に計算される。

② 　本特例の適用を受けるためには、特例承継計画を策定して2024年3月31日までに都道府県知事に提出し、その確認を受ける必要がある。なお、2024年度税制改正により、その提出期限が2026年3月31日まで2年延長された。

③ 　本特例の適用を受けた場合、原則として、Aさんの死亡時まで本特例の対象となるX社株式の贈与に係る贈与税額の全額の納税が猶予される。

④ 　本特例の適用を受けたX社株式は、贈与時の価額により相続税の課税価格に算入される。

　　正解　①ハ　②ホ　③リ　④ヌ

《問15》

① 　不適切。公正証書遺言を作成する場合、証人2人以上の立会いが必要となる

が、推定相続人である長男Cさんは証人になることができない。

② 不適切。全体の遺留分の割合は財産の2分の1となり、各相続人の遺留分は2分の1に各相続人の法定相続分を乗じた割合となる。長女Dさんの法定相続分は「1/2×1/2＝1/4」、遺留分は「1/2×1/4＝1/8」であるため、長女Dさんの遺留分の金額は「7億円×1/8＝8,750万円」となる。

③ 適切。配偶者が被相続人の自宅の敷地を相続により取得した場合、本特例の適用に関して要件はないため、相続税の申告期限までにその敷地を売却しても、本特例の適用を受けることができる。

正解 ①× ②× ③○

相続・事業承継（2）

　X株式会社（非上場会社・製造業、以下、「X社」という）の代表取締役社長であるAさん（68歳）は、自宅で妻Bさん（67歳）、長男Cさん（42歳）家族と同居している。二男Dさん（40歳）は、他県に所在する戸建て住宅（持家）で暮らしている。

　Aさんは、妻Bさんに自宅および相応の現預金等を相続させ、X社の専務取締役である長男CさんにAさんが100％所有するX社株式とX社本社敷地・建物を承継する予定であり、遺言書を作成しておきたいと考えている。

〈Aさんの親族関係図〉

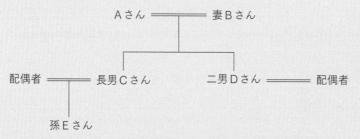

〈Aさんの主な所有財産（相続税評価額、下記の生命保険を除く）〉

現預金等　　　　　　　：1億3,000万円

X社株式　　　　　　　：2億5,000万円

自宅敷地（350㎡）　 ：　5,000万円（注）

自宅建物　　　　　　　：　2,000万円

X社本社敷地（500㎡）：　8,000万円（注）

X社本社建物　　　　　：　4,000万円

（注）「小規模宅地等についての相続税の課税価格の計算の特例」適用前の金額

〈Aさんが加入している一時払終身保険の内容〉

契約者（＝保険料負担者）・被保険者：Aさん

死亡保険金受取人　　　　　　　　　：妻Bさん

死亡保険金額　　　　　　　　　　　：2,000万円

※上記以外の条件は考慮せず、各問に従うこと。

《問13》 遺言に関する次の記述①～③について、適切なものには○印を、不適切なものには×印を解答用紙に記入しなさい。

① 「自筆証書遺言は、その遺言の全文および財産目録をパソコンで作成し、日付および氏名を自書して押印することで作成することができます」

② 「自筆証書遺言は、所定の手続により、法務局（遺言書保管所）に保管することができます。法務局に保管された自筆証書遺言は、遺言者の相続開始時に、家庭裁判所の検認が不要となります」

③ 「公正証書遺言は、証人2人以上の立会いのもと、遺言者が遺言の趣旨を公証人に口授し、公証人がこれを筆記して作成しますが、推定相続人が証人になることはできません」

《問14》 Aさんの相続に関する以下の文章の空欄①～④に入る最も適切な語句を、下記の〈語句群〉のなかから選び、その記号を解答用紙に記入しなさい。

I 「遺言により、自宅および現預金等を妻Bさん、X社関連の資産を長男Cさんに相続させた場合、二男Dさんの遺留分を侵害するおそれがあります。仮に、遺留分を算定するための財産の価額が6億円の場合、二男Dさんの遺留分の金額は、（ ① ）となります」

II 「長男CさんがX社本社敷地を相続により取得し、当該敷地について、特定同族会社事業用宅地等として『小規模宅地等についての相続税の課税価格の計算の特例』の適用を受けた場合、当該敷地（相続税評価額8,000万円）について、相続税の課税価格に算入すべき価額を（ ② ）とすることができます。なお、自宅敷地とX社本社敷地について、『小規模宅地等についての相続税の課税価格の計算の特例』の適用を受けようとする場合、（ ③ ）」

III 「Aさんが加入している一時払終身保険の死亡保険金は、みなし相続財産として相続税の課税対象となります。Aさんの相続開始後、妻Bさんが受け取る死亡保険金2,000万円のうち、相続税の課税価格に算入される金額は、（ ④ ）となります」

〈語句群〉

イ．200万円　　　ロ．500万円　　　ハ．800万円　　　ニ．1,600万円

ホ．2,880万円　　　ヘ．4,800万円　　　ト．5,000万円

チ．7,500万円　　　リ．1億5,000万円

ヌ．適用対象面積は所定の算式により調整され、完全併用はできません

ル．それぞれの宅地の適用対象の限度面積まで適用を受けることができ
　　ます

《問15》　現時点（2023年9月10日）において、Aさんの相続が開始した場
合における相続税の総額を試算した下記の表の空欄①～③に入る最も適切な
数値を求めなさい。なお、相続税の課税価格の合計額は5億円とし、問題の
性質上、明らかにできない部分は「□□□」で示してある。

(a)	相続税の課税価格の合計額	5億円
	(b)　遺産に係る基礎控除額	（　①　）万円
課税遺産総額（(a)−(b)）		□□□万円
	相続税の総額の基となる税額	
	妻Bさん	□□□万円
	長男Cさん	（　②　）万円
	二男Dさん	□□□万円
(c)	相続税の総額	（　③　）万円

〈資料〉相続税の速算表

法定相続分に応ずる取得金額		税率	控除額
万円超	万円以下		
〜	1,000	10%	−
1,000 〜	3,000	15%	50万円
3,000 〜	5,000	20%	200万円
5,000 〜	10,000	30%	700万円
10,000 〜	20,000	40%	1,700万円
20,000 〜	30,000	45%	2,700万円
30,000 〜	60,000	50%	4,200万円
60,000 〜		55%	7,200万円

《問13》

① 不適切。自筆証書遺言は、その遺言の全文、日付および氏名を自書して押印することで作成する。財産目録は自書でなくてよいためパソコンで作成することもできる。

② 適切。

③ 適切。遺言者の推定相続人（妻B、長男C、二男D）や受遺者などは、公正証書遺言の作成時に立ち会う証人になることはできない。

| 正解 | ①× | ②○ | ③○ |

《問14》

① 全体の遺留分の割合は財産の2分の1となり、各相続人の遺留分は2分の1に各相続人の法定相続分を乗じた割合となる。二男Dさんの法定相続分は「1/2×1/2＝1/4」、遺留分は「1/2×1/4＝1/8」であるため、二男Dさんの遺留分の金額は「6億円×1/8＝<u>7,500万円</u>」となる。

② 特定同族会社事業用宅地等として「小規模宅地等についての相続税の課税価格の計算の特例」の適用を受けた場合、400㎡までを限度面積として、評価額の80％相当額を減額することができる。X社本社敷地（500㎡）について、下記のとおり減額される金額は5,120万円、相続税の課税価格に算入すべき価額は<u>2,880万円</u>となる。

$$減額される金額＝8,000万円×\frac{400㎡}{500㎡}×80％＝5,120万円$$

相続税の課税価格に算入すべき価額＝8,000万円−5,120万円＝<u>2,880万円</u>

③ 自宅敷地とX社本社敷地について、「小規模宅地等についての相続税の課税価格の計算の特例」の適用を受けようとする場合、<u>それぞれの宅地の適用対象の限度面積まで適用を受けることができる</u>。特定居住用宅地等（最高330㎡）と特定同族会社事業用宅地等（最高400㎡）を併用すると、最高730㎡まで適用を受けることができる。

④ 死亡保険金の非課税金額＝500万円×法定相続人の数（3人※）＝1,500万円
  ※妻B、長男C、二男Dの3人
  相続税の課税価格に算入される金額＝2,000万円−1,500万円＝<u>500万円</u>

| 正解 | ①チ | ②ホ | ③ル | ④ロ |

《問15》

・遺産に係る基礎控除額

　3,000万円＋600万円×法定相続人の数（3人）＝①4,800万円

・課税遺産総額＝5億円－4,800万円＝4億5,200万円

・法定相続人が法定相続分どおりに取得したと仮定した取得金額

　　・妻B　　　4億5,200万円×$\frac{1}{2}$＝2億2,600万円 …………❶

　　・長男C　　4億5,200万円×$\frac{1}{2}$×$\frac{1}{2}$＝1億1,300万円……❷

　　・二男D　　4億5,200万円×$\frac{1}{2}$×$\frac{1}{2}$＝1億1,300万円……❸

・相続税の総額（❶〜❸に対する税額の合計）

　　・妻B　　　❶2億2,600万円×45％－2,700万円＝　7,470万円

　　・長男C　　❷1億1,300万円×40％－1,700万円＝②2,820万円

　　・二男D　　❸1億1,300万円×40％－1,700万円＝　2,820万円

　　　　　　合計（相続税の総額）　　　　　③13,110万円

| 正解 | ①4,800（万円）　②2,820（万円）　③13,110（万円） |

第5問

実技（生保）編

345

相続・事業承継（3）

　Aさん（70歳）は、飲食店X屋を営む個人事業主（青色申告者）である。X屋は、Aさんが父親（既に他界）から承継したもので、地元住民だけでなく、遠方からの常連客も多い繁盛店である。

　Aさんは、体力の衰えを感じており、長男Cさんに事業を承継させることを決意した。Aさんは、所有財産のうち、妻Bさんには自宅の建物およびその敷地を相続させ、長男CさんにはX屋の店舗およびその敷地を相続させたいと考えている。

　なお、長男Cさんと長女Dさんは、日頃から折り合いが悪く、Aさんは自身の相続が起こった際に遺産分割で争いが生じるのではないかと心配している。

〈Aさんの推定相続人〉

妻Bさん　　（69歳）：X屋勤務。Aさんと自宅で同居している。

長男Cさん（45歳）：X屋勤務。妻と子2人がおり、Aさん夫妻と同居している。

長女Dさん（44歳）：会社員。夫と子の3人で賃貸マンションに住んでいる。

〈Aさんの主な所有財産（相続税評価額、下記の生命保険を除く）〉

現預金　　　　　　　　：1億2,000万円

自宅敷地（300㎡）　：　9,000万円（注）

自宅建物　　　　　　　：　2,000万円

X屋店舗敷地（420㎡）：1億2,000万円（注）

X屋店舗建物　　　　　：　5,000万円

（注）「小規模宅地等についての相続税の課税価格の計算の特例」適用前の金額

〈Aさんが現在加入している生命保険に関する資料〉

保険の種類　　　　　　　　　　　　：一時払終身保険

契約者（＝保険料負担者）・被保険者：Aさん

死亡保険金受取人　　　　　　　　　：妻Bさん

死亡保険金額　　　　　　　　　　　：2,000万円

※上記以外の条件は考慮せず、各問に従うこと。

《問13》　現時点（2024年1月28日）において、Aさんの相続が開始した場合における相続税の総額を試算した下記の表の空欄①～③に入る最も適切な数値を求めなさい。なお、相続税の課税価格の合計額は4億円とし、問題の性質上、明らかにできない部分は「□□□」で示してある。

(a)	相続税の課税価格の合計額	4億円
	(b)　遺産に係る基礎控除額	（　①　）万円
課税遺産総額（(a)－(b)）		□□□万円
	相続税の総額の基となる税額	
	妻Bさん	（　②　）万円
	長男Cさん	□□□万円
	長女Dさん	□□□万円
(c)	相続税の総額	（　③　）万円

〈資料〉相続税の速算表（一部抜粋）

法定相続分に応ずる取得金額		税率	控除額
万円超	万円以下		
	～　　1,000	10%	－
1,000	～　　3,000	15%	50万円
3,000	～　　5,000	20%	200万円
5,000	～　 10,000	30%	700万円
10,000	～　 20,000	40%	1,700万円
20,000	～　 30,000	45%	2,700万円
30,000	～　 60,000	50%	4,200万円

《問14》　Aさんの相続に関する次の記述①～③について、適切なものには○印を、不適切なものには×印を解答用紙に記入しなさい。

① 「遺産分割をめぐる争いを防ぐ手段として、遺言書の作成をお勧めします。自筆証書遺言については、法務局における保管制度がありますが、当該制度を利用するためには証人2人以上の立会いが必要です」

② 「遺言により、相続財産の大半を妻Bさんおよび長男Cさんが相続した場合、長女Dさんの遺留分を侵害するおそれがあります。仮に、遺留分を算定するための財産の価額が4億円である場合、長女Dさんの遺留分の金

額は1億円となります」

③ 「妻Bさんが受け取る一時払終身保険の死亡保険金（2,000万円）は、みなし相続財産として相続税の課税対象となりますが、死亡保険金の非課税金額の規定の適用を受けることで、相続税の課税価格に算入される金額は、500万円となります」

《問15》 X屋の事業承継に関する以下の文章の空欄①～④に入る最も適切な語句または数値を、下記の〈語句群〉のなかから選び、その記号を解答用紙に記入しなさい。

Ⅰ 「長男CさんがAさんの相続によりX屋店舗敷地を取得した場合、所定の要件を満たせば、当該敷地は特定事業用宅地等に該当し、『小規模宅地等についての相続税の課税価格の計算の特例』の適用を受けることができます。特定事業用宅地等に該当するX屋店舗敷地は、（ ① ）㎡までの部分について、その敷地の相続税評価額から80％相当額を減額した金額を、相続税の課税価格に算入すべき価額とすることができます」

Ⅱ 「『個人の事業用資産についての贈与税・相続税の納税猶予および免除の特例』の適用を受けた場合、後継者が先代事業者から贈与または相続等により取得した特定事業用資産に係る贈与税・相続税の（ ② ）の納税が猶予されます。本特例の適用を受けるためには、後継者は、個人事業承継計画を（ ③ ）に提出し、その確認を受ける等の所定の要件を満たす必要があります」

Ⅲ 「『個人の事業用資産についての相続税の納税猶予および免除の特例』の適用を受けて相続等により取得した事業用の宅地は、特定事業用宅地等に係る『小規模宅地等についての相続税の課税価格の計算の特例』の対象（ ④ ）」

〈語句群〉

イ．330　　ロ．400　　ハ．500　　ニ．60％相当額

ホ．80％相当額　　ヘ．全額　　ト．経済産業大臣

チ．所轄税務署長　　リ．都道府県知事　　ヌ．となります

ル．となりません

《問13》

- 遺産に係る基礎控除額

  3,000万円＋600万円×法定相続人の数（3人※）＝①4,800万円

  ※妻B、長男C、長女Dの3人

- 課税遺産総額＝4億円－4,800万円＝3億5,200万円

- 法定相続人が法定相続分どおりに取得したと仮定した取得金額

  - 妻B　　3億5,200万円×$\frac{1}{2}$＝1億7,600万円……❶

  - 長男C　3億5,200万円×$\frac{1}{2}$×$\frac{1}{2}$＝8,800万円……❷

  - 長女D　3億5,200万円×$\frac{1}{2}$×$\frac{1}{2}$＝8,800万円……❸

- 相続税の総額（❶～❸に対する税額の合計）
  - 妻B　　❶1億7,600万円×40％－1,700万円＝②5,340万円
  - 長男C　❷　　8,800万円×30％－700万円　＝　1,940万円
  - 長女D　❸　　8,300万円×30％－700万円　＝　1,940万円

  合計（相続税の総額）　③9,220万円

  / 正解 / ①4,800（万円）　②5,340（万円）　③9,220（万円）

《問14》

① 不適切。法務局における自筆証書遺言書保管制度を利用するためには、遺言者が申請する必要があるが、証人の立会いは不要である。

② 不適切。全体の遺留分の割合は財産の2分の1となり、各相続人の遺留分は2分の1に各相続人の法定相続分を乗じた割合となる。長女Dさんの法定相続分は「1/2×1/2＝1/4」、遺留分は「1/2×1/4＝1/8」であるため、長女Dさんの遺留分の金額は「4億円×1/8＝5,000万円」となる。

③ 適切。死亡保険金の非課税金額＝500万円×法定相続人の数（3人）＝1,500万円

　相続税の課税価格に算入される金額＝2,000万円－1,500万円＝500万円

  / 正解 / ①×　②×　③〇

《問15》

① 「小規模宅地等についての相続税の課税価格の計算の特例」により特定事業

用宅地等に該当する敷地は、400㎡までの部分について適用の対象となる。

② 「個人の事業用資産についての贈与税・相続税の納税猶予および免除の特例」の適用を受けた場合、後継者が先代事業者から贈与または相続等により取得した特定事業用資産に係る贈与税・相続税の全額の納税が猶予される。

③ 「個人の事業用資産についての贈与税・相続税の納税猶予および免除の特例」の適用を受けるためには、後継者は、個人事業承継計画を2024年3月31日までに都道府県知事に提出し、その確認を受ける必要がある。なお、2024年度税制改正により、その提出期限が2026年3月31日まで2年延長された。

④ 「個人の事業用資産についての相続税の納税猶予および免除の特例」の適用を受けた宅地は、特定事業用宅　地等に係る「小規模宅地等についての相続税の課税価格の計算の特例」の対象とならない。

正解　①ロ　②ヘ　③リ　④ル

実技

中小企業事業主相談業務

第 1 問

ライフプランニングと資金計画（1）

　Aさん（47歳）は、学生時代からの夢であったレストランを35歳で開業し、38歳のときにレストランを経営するX株式会社（以下、「X社」という）を設立した。現在、Aさんは、妻Bさん（46歳）と2人でX社を経営している。

　Aさんは、開業から12年が経過し、経営も安定してきたことで、自身の将来設計について考えるようになった。Aさん夫妻に子はおらず、「元気に働ける間は働いて、その後は2人で高齢者向け施設に入居して老後を過ごそう」と話しており、目標として、今後20年間は働きたいと考えている。

　Aさんは、老後の資金計画を策定するために、67歳到達時に公的年金制度から自分の年金がどれくらい支給されるのか、また、中小企業の経営者が加入できる企業年金等について知りたいと思っている。

　そこで、Aさんは、ファイナンシャル・プランナーのMさんに相談することにした。X社の概要およびAさんに関する資料は、以下のとおりである。

〈X社の概要〉

設立	：2014年4月14日
資本金	：500万円（出資者：Aさん300万円、妻Bさん200万円）
業種	：飲食サービス業
従業員数	：3人
企業年金制度	：なし

〈Aさんに関する資料〉

・1976年4月5日生まれ

・公的年金の加入歴は、下記のとおりである（見込み期間を含む）。

20歳 　　　　　　　　　　　　　　　　　　　　　　　　　　　　　　　　67歳

国民年金 保険料 未納期間	厚生年金保険 被保険者期間 （注）	国民年金 保険料 未納期間	厚生年金保険 被保険者期間 （注）
36月	144月	36月	348月

1996年4月　1999年4月　　　　2011年4月　2014年4月

（注）2003年3月以前の平均標準報酬月額：30万円

　　　2003年4月以後の平均標準報酬額　：50万円

※上記以外の条件は考慮せず、各問に従うこと。

《問1》 Aさんは、今後20年間は働いて厚生年金保険料を納付する予定であり、Mさんは、《設例》の〈Aさんに関する資料〉に基づき、Aさんが67歳で退職したと仮定した場合のAさんの退職した後の老齢基礎年金および老齢厚生年金の年金額を試算した。老齢基礎年金および老齢厚生年金の年金額を求める下記の〈計算式〉の空欄①～③に入る最も適切な数値を解答用紙に記入しなさい。

なお、老齢基礎年金、老齢厚生年金ともに繰下げ受給は行わないものとする。また、年金額は2023年度価額に基づくものとし、問題の性質上、明らかにできない部分は「□□□」で示してある。

〈計算式〉

・老齢基礎年金の年金額

$$795,000円 \times \frac{（ ① ）月}{480月} = □□□円$$

・老齢厚生年金の年金額（本来水準の額）

イ）報酬比例部分の額

$$□□□円 \times \frac{7.125}{1,000} \times □□□月 + □□□円 \times \frac{5.481}{1,000} \times （ ② ）月$$

$$= □□□円$$

ロ）経過的加算額

$$1,657円 \times （ ③ ）月 - 795,000円 \times \frac{（ ① ）月}{480月} = □□□円$$

したがって、67歳で退職した後の老齢厚生年金の年金額（イ＋ロ）は、□□□円となる。

《問2》 Mさんは、Aさんに対して、確定拠出年金の企業型年金（以下、「企業型年金」という）について説明した。Mさんが説明した次の記述①～③について、適切なものには○印を、不適切なものには×印を解答用紙に記入しなさい。

① 「企業型年金は、従業員だけでなく役員も加入することができ、原則として、70歳に達するまで加入可能です」

② 「企業型年金の加入者に係る事業主掛金には拠出限度額が定められており、Ｘ社のように企業年金制度がない企業の拠出限度額は、月額６万円とされています」

③ 「事業主が拠出した企業型年金の掛金は全額を損金の額に算入することができ、加入者が拠出した企業型年金の掛金は、所得税における小規模企業共済等掛金控除の対象となります」

《問３》　Ｍさんは、Ａさんに対して、小規模企業共済制度について説明した。Ｍさんが説明した以下の文章の空欄①〜④に入る最も適切な語句を、下記の〈語句群〉のなかから選び、その記号を解答用紙に記入しなさい。

「小規模企業共済制度は、個人事業主や会社等の役員が、廃業や退職をした場合に必要となる資金を準備しておくための共済制度です。Ｘ社のような飲食サービス業の場合、常時使用する従業員数が（　①　）以下の個人事業主または会社の役員が加入することができます。

　毎月の掛金は、1,000円から（　②　）までの範囲内で、500円単位で選択することができます。納付した掛金は、税法上、小規模企業共済等掛金控除として所得控除の対象となります。

　共済金は、掛金納付月数が６カ月以上あり、加入者に廃業等の事由が生じた場合に、掛金納付月数等に応じて支払われます。

　共済金の受取方法には、『一括受取り』『分割受取り』『一括受取りと分割受取りの併用』があります。このうち、『分割受取り』を選択することができる加入者は、支払われる共済金の額が（　③　）以上で、請求事由が生じた時点で満60歳以上である者に限られ、分割された共済金は10年間または15年間にわたって年６回支払われます。

　加入者が廃業等した場合に一括で受け取る共済金は、税法上、（　④　）として課税され、分割で受け取る共済金は、公的年金等に係る雑所得として課税されます」

〈語句群〉

　イ．３人　　ロ．５人　　ハ．10人　　ニ．66,000円

　ホ．68,000円　　ヘ．70,000円　　ト．300万円　　チ．400万円

　リ．500万円　　ヌ．事業所得　　ル．退職所得　　ヲ．一時所得

解答と解説

《問1》

・老齢基礎年金の年金額

$$795{,}000\,円 \times \frac{（①408）月^{※}}{480\,月} = 675{,}750\,円$$

※保険料納付済月数（20歳以上60歳未満）＝ 480月 − 36月 − 36月 ＝ 408月

・老齢厚生年金の年金額（本来水準の額）

イ）　報酬比例部分の額

$$300{,}000\,円 \times \frac{7.125}{1{,}000} \times 48\,月^{※1} + 500{,}000\,円 \times \frac{5.481}{1{,}000} \times （②444）月^{※2}$$

$$= 1{,}319{,}382\,円$$

※1　1999年4月から2003年3月までの被保険者期間は48月（4年）である。

※2　2003年4月以降の被保険者期間は、「144月 − 48月 ＋ 348月 ＝ 444月」である。

ロ）　経過的加算額

$$1{,}657\,円 \times （③480^{※1}）月 − 795{,}000\,円 \times \frac{408\,月^{※2}}{480\,月} = 119{,}610\,円$$

※1　Aさんの保険料納付済期間の月数は「144月 ＋ 348月 ＝ 492月」であるが、1,657円に乗じる月数は上限480月となる。

※2　20歳以上60歳未満の厚生年金保険の被保険者期間の月数は「144月 ＋ 348月 − 84月（60歳以上67歳未満）＝ 408月」である。

　したがって、老齢厚生年金の年金額（イ 1,319,382円 ＋ ロ 119,610円）は、1,438,992円となる。なお、Aさんが67歳時点で妻Bさんはすでに65歳に達しているため、加給年金額は加算されない。

　なお、計算式中の795,000円、1,657円は2023年度価額であり、2024年度価額はそれぞれ816,000円、1,701円（いずれも67歳以下の者の額）である。

正解　①408（月）　②444（月）　③480（月）

《問2》

①　適切。

②　不適切。企業型年金の加入者に係る事業主掛金には拠出限度額が定められており、X社のように他の企業年金制度がない企業の拠出限度額は、月額

55,000円とされている。

③　適切。

正解　①○　②×　③○

《問3》

①　小規模企業共済制度において、飲食サービス業の場合、常時使用する従業員数が<u>5人</u>以下の個人事業主または会社の役員が加入することができる。

②　小規模企業共済制度の毎月の掛金は、1,000円から<u>70,000円</u>までの範囲内で、500円単位で選択することができる。

③　「分割受取り」を選択することができる加入者は、支払われる共済金の額が<u>300万円</u>以上で、請求事由が生じた時点で満60歳以上である者に限られる。

④　加入者が廃業等した場合に一括で受け取る共済金は、税法上、<u>退職所得</u>として課税される。

正解　①ロ　②ヘ　③ト　④ル

ライフプランニングと資金計画（2）

　　X株式会社（以下、「X社」という）の代表取締役であるAさん（47歳、独身）は、数年前にX社の創業社長である父親から事業を引き継いだ。X社の業績は、Aさんの代になってからも、順調に推移している。

　　X社の従業員は、業種柄パートタイマーが多く、Aさんはこのところの社会保険の適用拡大の動向について気にかけており、パートタイマーの社会保険上の扱いについて知りたいと思っている。また、社員の定着を図るために、退職金制度の導入を考えており、中小企業退職金共済制度について詳しく知りたいと思っている。一方で、40代半ばを過ぎて老後のことも考えるようになり、自分の年金がどれくらいになるのか確認したいと思っている。そこで、Aさんは、ファイナンシャル・プランナーのMさんに相談することにした。

　　X社の概要およびAさんに関する資料は、以下のとおりである。

〈X社の概要〉

　業　　種　　：サービス業

　従業員数　　：57人（パートタイマーを含む）

　企業年金制度：なし

〈Aさんに関する資料〉

　・1976年12月17日生まれ

　・公的年金の加入歴は、下図のとおりである（見込み期間を含む）。

20歳			65歳
国民年金	厚　生　年　金　保　険		
保険料未納期間 （28月）	被保険者期間 （48月）	被保険者期間 （464月）	
	2003年3月以前の 平均標準報酬月額30万円	2003年4月以後の 平均標準報酬額60万円	

※上記以外の条件は考慮せず、各問に従うこと。

《問1》　Mさんは、Aさんに対して、パートタイマーの社会保険の加入について説明した。Mさんが説明した以下の文章の空欄①〜③に入る最も適切な語句または数値を、下記の〈語句群〉のなかから選び、その記号を解答用紙

に記入しなさい。なお、問題の性質上、明らかにできない部分は「□□□」で示してある。

　「パートタイマーは、1週間の所定労働時間、1カ月の所定労働日数のいずれもが、同一の事業所に使用される通常の労働者の所定労働時間、所定労働日数の（　①　）以上である場合、厚生年金保険、健康保険の被保険者となります。また、この基準を満たさない場合であっても、従業員数（厚生年金保険の適用対象者）が（　②　）人を超える企業では、以下の4つの要件を満たす場合は被保険者となります。

・勤務期間の見込みが2カ月超であること
・1週間の所定労働時間が（　③　）時間以上であること
・賃金月額が8.8万円以上であること
・学生でないこと

　なお、現在の従業員数『（　②　）人超』の企業規模要件は、2024年10月1日に『□□□人超』に変更されます」

〈語句群〉

　イ．2分の1　　　ロ．3分の2　　　ハ．4分の3　　　ニ．10　　　ホ．15

　ヘ．20　　　ト．30　　　チ．50　　　リ．100　　　ヌ．500

《問2》　Mさんは、《設例》の〈Aさんに関する資料〉に基づき、Aさんが65歳から受給を開始した場合の65歳時点の老齢基礎年金および老齢厚生年金の年金額（2023年度価額）を試算した。Mさんが試算した老齢基礎年金および老齢厚生年金の年金額の下記の〈計算式〉の空欄①〜③に入る最も適切な数値を解答用紙に記入しなさい。なお、問題の性質上、明らかにできない部分は「□□□」で示してある。また、在職による支給停止については考慮しないものとする。

〈計算式〉

・老齢基礎年金の年金額

$$795,000 円 \times \frac{（　①　）月}{480 月} = □□□円$$

・老齢厚生年金の年金額（本来水準の額）

　イ）　報酬比例部分の額

$$\square\square\square 円 \times \frac{7.125}{1,000} \times \square\square\square 月 + \square\square\square 円 \times \frac{5.481}{1,000} \times （\quad ② \quad） 月$$

$$= \square\square\square 円$$

ロ）　経過的加算額

$$1,657 円 \times （\quad ③ \quad） 月 - 795,000 円 \times \frac{\square\square\square 月}{480 月} = \square\square\square 円$$

したがって、老齢厚生年金の年金額（イ＋ロ）は、□□□円となる。

《問3》　Mさんは、Aさんに対して、中小企業退職金共済制度（以下、「中退共」という）について説明した。Mさんが説明した次の記述①～④について、適切なものには〇印を、不適切なものには×印を解答用紙に記入しなさい。

① 「中退共は、従業員を被共済者として中小企業者が勤労者退職金共済機構と退職金共済契約を結ぶ退職金準備制度であり、契約に際しては、パートタイマーを含め、すべての従業員を加入させなければなりません」

② 「中退共は、外部に退職金準備資金を積み立てる制度であり、一度拠出した掛金は事業資金などとして使うために取り崩すことはできませんが、急な資金需要が発生した場合は、積立金残高の一定割合を上限に契約者貸付制度を利用することができます」

③ 「掛金は、被共済者1人につき、月額5,000円から3万円までの範囲から選択しますが、パートタイマーについては別途、月額2,000円、3,000円、4,000円も選択することができます」

④ 「新たに退職金共済契約を結ぶ中小企業者に対して、掛金月額の2分の1（従業員ごとに上限5,000円）を加入後4カ月目から2年間、国が助成する制度があります」

解答と解説

《問1》

① パートタイマーは、1週間の所定労働時間、1ヵ月の所定労働日数のいずれもが、同一の事業所に使用される通常の労働者の所定労働時間、所定労働日数の4分の3以上である場合、厚生年金保険、健康保険の被保険者となる。

② 上記の4分の3基準を満たさない場合であっても、従業員数（4分の3基準

を満たす被保険者）が<u>100</u>人（2024年10月1日以降は50人）を超える企業では、4つの要件を満たす場合に被保険者となる。

③　4つの要件のうち1つは、「1週間の所定労働時間が<u>20</u>時間以上であること」である。

正解　①ハ　②リ　③ヘ

《問2》

・老齢基礎年金の年金額

$$795,000円 \times \frac{（①452）月^{※}}{480月} = 748,625円$$

※保険料納付済月数（20歳以上60歳未満）

$$= 48月 + 464月 - 60月（60歳以上65歳未満）= 452月$$

・老齢厚生年金の年金額（本来水準の額）

イ）　報酬比例部分の額

$$300,000円 \times \frac{7.125}{1,000} \times 48月 + 600,000円 \times \frac{5.481}{1,000} \times （②464）月$$

$$= 1,628,510.4円 \to 1,628,510円$$

ロ）　経過的加算額

$$1,657円 \times （③480^{※1}）月 - 795,000円 \times \frac{452月^{※2}}{480月} = 46,735円$$

※1　Aさんの保険料納付済期間の月数は「48月＋464月＝512月」であるが、1,657円に乗じる月数は上限480月となる。

※2　20歳以上60歳未満の厚生年金保険の被保険者期間の月数は「48月＋464月－60月＝452月」である。

したがって、老齢厚生年金の年金額（イ 1,628,510円＋ロ 46,735円）は、1,675,245円となる。

なお、計算式中の795,000円、1,657円は2023年度価額であり、2024年度価額はそれぞれ816,000円、1,701円（いずれも67歳以下の者の額）である。

正解　①452（月）　②464（月）　③480（月）

《問3》

①　不適切。中退共には原則としてすべての従業員を加入させることとなっているが、短時間労働者（パートタイマー）は加入させなくてもよいこととされている。

② 不適切。中退共には、契約者貸付制度はない。

③ 適切。

④ 不適切。新たに退職金共済契約を結ぶ中小企業者に対して、掛金月額の2分の1（従業員ごとに上限5,000円）を加入後4カ月目から1年間、国が助成する制度がある。

正解 ①× ②× ③○ ④×

第 2 問

金融資産運用（1）

　中小事業主のAさんは、将来に向けた資産形成のため、上場株式への投資を検討しており、同業種のX社とY社の株式に興味を持っている。株式の購入に際しては、NISA（少額投資非課税制度）を活用したいと考えている。

　そこで、Aさんは、ファイナンシャル・プランナーのMさんに相談することにした。X社およびY社に関する資料は、以下のとおりである。

〈X社およびY社に関する資料〉

	X社	Y社
総資産	14,700億円	5,600億円
純資産（自己資本）	10,100億円	3,600億円
当期純利益（年間）	900億円	450億円
配当金総額（年間）	260億円	100億円
発行済株式数	8億株	3億株
株価	3,500円	3,800円

※設問において、以下の名称を使用している。
・非課税上場株式等管理契約に係る少額投資非課税制度：一般NISA
・非課税累積投資契約に係る少額投資非課税制度：つみたてNISA
・2024年から始まる特定非課税累積投資契約に係る少額投資非課税制度：新NISA
・新NISAにおける特定累積投資勘定：つみたて投資枠
・新NISAにおける特定非課税管理勘定：成長投資枠
※上記以外の条件は考慮せず、各問に従うこと。

《問4》　Mさんは、Aさんに対して、《設例》の〈X社およびY社に関する資料〉に基づき、株式の投資指標について説明した。Mさんが説明した以下の文章の空欄①～③に入る最も適切な数値を解答用紙に記入しなさい。なお、計算結果は、表示単位の小数点以下第3位を四捨五入し、小数点以下第2位までを解答すること。

　「株式の代表的な投資指標として、PERとPBRがあります。X社株式のPERは（　①　）倍であり、Y社株式の値を上回っています。また、Y社

株式のPBRは（　②　）倍であり、Ｘ社株式の値を上回っています。一般に、いずれも倍率が高いほど株価が割高であるといえますが、相対的な指標ですので、過去の推移や同業他社の数値、業界平均値などと比較するとよいでしょう。

　なお、経営効率を測る指標としてROEがありますが、Ｘ社のROEは（　③　）％で、Ｙ社の値を下回っています」

《問5》　Ｍさんは、Ａさんに対して、株式投資について説明した。Ｍさんが説明した次の記述①～③について、適切なものには〇印を、不適切なものには×印を解答用紙に記入しなさい。

① 「上場株式を証券取引所の普通取引で売買したときの受渡しは、原則として、約定日（売買成立日）から起算して4営業日目に行われます」

② 「株式累積投資は、毎月100万円未満で設定した一定の金額で同一銘柄の株式を継続的に買い付ける投資方法であり、買い付けることができる銘柄は、取扱会社が選定した銘柄の範囲内となります」

③ 「株式ミニ投資は、一般に、株式を単元株数の10分の1の整数倍で、かつ、単元株数に満たない株数で買い付けることができる投資方法であり、約定価格は注文受付最終時間の翌取引日の始値または売買高加重平均価格となります」

《問6》　Ｍさんは、Ａさんに対して、2024年から始まる新NISAについて説明した。Ｍさんが説明した以下の文章の空欄①～④に入る最も適切な数値を、下記の〈数値群〉のなかから選び、その記号を解答用紙に記入しなさい。

　「2024年から始まる新NISAでは、つみたて投資枠の年間投資上限額が（　①　）万円、成長投資枠の年間投資上限額が（　②　）万円とされています。つみたて投資枠と成長投資枠は併用が可能で、非課税保有期間は無期限となります。

　また、新NISAでは、生涯にわたる非課税保有限度額が新設されています。新NISAの非課税保有限度額は（　③　）万円で、そのうち成長投資枠の限度額は（　④　）万円です。

　なお、2023年末までに一般NISAおよびつみたてNISAにおいて投資した

商品は、非課税保有期間満了後、新NISAへロールオーバーすることはできません」

┌─〈数値群〉─────────────────────────────────
│ イ．60　　　ロ．120　　ハ．180　　ニ．240　　ホ．300　　ヘ．600
│ ト．1,200　　チ．1,800　　リ．2,400　　ヌ．3,000
└──────────────────────────────────────

解答と解説

《問4》

① PER（倍）＝ $\dfrac{株価}{1株当たり（当期）純利益}$

　　　X社のPER ＝ $\dfrac{3,500円}{900億円÷8億株}$ ＝ $\dfrac{3,500円}{112.5円}$ ＝ 31.111…→ <u>31.11</u>倍

② PBR（倍）＝ $\dfrac{株価}{1株当たり純資産}$

　　　Y社のPBR ＝ $\dfrac{3,800円}{3,600億円÷3億株}$ ＝ $\dfrac{3,800円}{1,200円}$ ＝ 3.166…→ <u>3.17</u>倍

③ ROE（％）＝ $\dfrac{当期純利益}{自己資本}×100$

　　　X社のROE ＝ $\dfrac{900億円}{10,100億円}×100$ ＝ 8.910…→ <u>8.91</u>％

　　　　　　　　　　　　　　　/正解/　①31.11（倍）　②3.17（倍）　③8.91（％）

《問5》

① 不適切。上場株式を証券取引所の普通取引で売買したときの受渡しは、原則として、約定日（売買成立日）から起算して3営業日目に行われる。

② 適切。

③ 適切。

　　　　　　　　　　　　　　　/正解/　①×　　②○　　③○

《問6》

①② 新NISAでは、つみたて投資枠の年間投資上限額が<u>120</u>万円、成長投資枠の年間投資上限額が<u>240</u>万円とされている。

③④ 新NISAの非課税保有限度額は<u>1,800</u>万円で、そのうち成長投資枠の限度

額は<u>1,200</u>万円とされている。

第
2
問

実技（中小）編

金融資産運用（2）

　中小事業主のＡさん（45歳）は、将来に向けた資産形成のため、余裕資金を活用して、株式投資や債券投資を始めてみたいと思っている。株式投資については同業種の上場企業であるＸ社とＹ社の株式に、債券投資については上場企業であるＺ社の社債に興味を持ち、それぞれ購入を検討している。

　そこで、Ａさんは、ファイナンシャル・プランナーのＭさんに相談することにした。Ｘ社およびＹ社に関する資料とＺ社社債の条件は、以下のとおりである。

〈Ｘ社およびＹ社に関する資料〉

	Ｘ社	Ｙ社
総資産	139,600億円	24,600億円
純資産（自己資本）	63,600億円	15,100億円
当期純利益（年間）	3,300億円	1,000億円
配当金総額（年間）	2,800億円	900億円
発行済株式数	15億株	18億株
株価	4,300円	2,100円

〈Ｚ社社債の条件〉

　購入価格：額面100円当たり100.50円

　表面利率：0.25％

　残存期間：4年

※上記以外の条件は考慮せず、各問に従うこと。

《問4》　Ｍさんは、Ａさんに対して、株式取引の仕組みや債券の特徴について説明した。Ｍさんが説明した以下の文章の空欄①〜④に入る最も適切な語句または数値を、下記の〈語句群〉のなかから選び、その記号を解答用紙に記入しなさい。

Ｉ　「上場株式の注文方法のうち、（　①　）注文では、高い値段の買い注文が低い値段の買い注文に優先し、原則として、同じ値段の注文については、先に出された注文が後に出された注文に優先して売買が成立します。

また、上場株式を証券取引所の普通取引で売買したときは、約定日（売買成立日）から起算して（　②　）営業日目に受渡しが行われます」

II　「固定利付債の表面利率は一定であるために、一般に、市場金利の変動に伴い債券価格は変動することになります。この債券価格の変動は、表面利率の低い債券ほど（　③　）なり、満期までの期間が（　④　）債券ほど大きくなります」

┌〈語句群〉─────────────────────────
│　イ．3　　ロ．4　　ハ．5　　ニ．成行　　ホ．指値　　ヘ．大きく
│　ト．小さく　　チ．長い　　リ．短い
└───────────────────────────────

《問5》　Mさんは、Aさんに対して、《設例》の〈X社およびY社に関する資料〉に基づき、株式投資の主な投資指標について説明した。Mさんが説明した以下の文章の空欄①～③に入る最も適切な数値を解答用紙に記入しなさい。なお、〈答〉は、表示単位の小数点以下第3位を四捨五入し、小数点以下第2位までを解答すること。また、問題の性質上、明らかにできない部分は「□□□」で示してある。

　「株式の代表的な投資指標として、PERとPBRがあります。X社株式のPERは（　①　）倍、PBRは（　②　）倍となります。一般に、いずれも倍率が高いほど株価が割高であるといえますが、相対的な指標ですので、同業他社の数値や業界平均値などと比較するとよいでしょう。

　次に、配当金額から企業を評価する代表的な指標として、配当性向と配当利回りがあります。Y社の配当性向は□□□％となり、配当利回りは（　③　）％となります。一般に、配当性向の数値が高いほど株主への利益還元度合いが高いといえますが、例えば、成長性のある企業が利益を配当せずに再投資して事業拡大を図ることもありますので、必ずしも数値が高いほうが優れた企業というわけではありません」

《問6》　Z社社債を《設例》の〈Z社社債の条件〉に基づいて購入し、償還まで保有した場合の最終利回り（年率・単利）を求め、解答用紙に記入しなさい（計算過程の記載は不要）。なお、〈答〉は、表示単位の小数点以下第3位を四捨五入し、小数点以下第2位までを解答すること。また、税金等は考

解答と解説

《問4》

① <u>指値</u>注文では、高い値段の買い注文が低い値段の買い注文に優先（価格優先の原則）し、原則として、同じ値段の注文については、先に出された注文が後に出された注文に優先（時間優先の原則）して売買が成立する。

② 上場株式を証券取引所の普通取引で売買したときは、約定日（売買成立日）から起算して<u>3</u>営業日目に受渡しが行われる。

③④ 市場金利の変動に伴い債券価格は変動するが、その変動は、表面利率の低い債券ほど<u>大きく</u>なり、満期までの期間が<u>長い</u>債券ほど大きくなる。

| 正解 | ①ホ ②イ ③ヘ ④チ |

《問5》

① PER（倍）＝ $\dfrac{\text{株価}}{1\text{株当たり（当期）純利益}}$

X社株式のPER＝ $\dfrac{4,300\text{円}}{3,300\text{億円}\div 15\text{億株}}$ ＝19.545…→<u>19.55</u>倍

② PBR（倍）＝ $\dfrac{\text{株価}}{1\text{株当たり純資産}}$

X社株式のPBR＝ $\dfrac{4,300\text{円}}{63,600\text{億円}\div 15\text{億株}}$ ＝1.014…→<u>1.01</u>倍

③ 配当利回り（％）＝ $\dfrac{1\text{株当たり配当金}}{\text{株価}} \times 100$

Y社の配当利回り＝ $\dfrac{900\text{億円}\div 18\text{億株}}{2,100\text{円}} \times 100$ ＝2.380…→<u>2.38</u>％

| 正解 | ①19.55（倍） ②1.01（倍） ③2.38（％） |

《問6》

最終利回り（％）＝ $\dfrac{\text{表面利率} + \dfrac{\text{償還金額（額面100円）} - \text{購入価格}}{\text{残存期間}}}{\text{購入価格}} \times 100$

$$= \cfrac{0.25円 + \cfrac{100円 - 100.50円}{4\,年}}{100.50円} \times 100 = 0.124\cdots \rightarrow 0.12\%$$

正解　0.12（%）

第 3 問

タックスプランニング（1）

製造業を営むＸ株式会社（資本金1,000万円、１年決算法人、青色申告法人、同族会社かつ非上場会社で株主はすべて個人、租税特別措置法上の中小企業者等に該当し、適用除外事業者ではない。以下、「Ｘ社」という）の2024年3月期（2023年4月1日～2024年3月31日。以下、「当期」という）における法人税の確定申告に係る資料は、以下のとおりである。

なお、Ｘ社は、当期において従業員に対する賃金を引き上げており、「給与等の支給額が増加した場合の法人税額の特別控除」（中小企業者等における賃上げ促進税制）の適用を受ける予定である。

〈資料〉
(1) 減価償却に関する事項

当期における機械の減価償却費として計上した金額は1,020万円で、その全額について損金経理を行っているが、その償却限度額は800万円であった。一方、当期における備品の減価償却不足額が60万円生じていた。

(2) 交際費等に関する事項

当期における税法上の交際費等の金額は1,900万円であり、その全額を損金経理により支出している。このうち、税法上の接待飲食費（専らＸ社の役員もしくは従業員またはこれらの親族に対する接待等のために支出するものを除く）に該当するものが1,700万円含まれている。

(3) 役員給与に関する事項

当期において、代表取締役社長であるＡさんに対して、時価4,000万円の土地を3,000万円で売却した。なお、Ｘ社は、所轄税務署長に対して、事前確定届出給与に関する届出書は提出していない。

(4) 退職給付引当金に関する事項

当期において、決算時に退職給付費用800万円を損金経理するとともに、同額を退職給付引当金として負債に計上している。また、従業員の退職金支払の際に退職給付引当金を600万円取り崩し、同額を現金で支払っている。

(5) 法人税の課税所得金額の計算に関する事項

当期利益の額　　　1,990万円

　　（申告調整額）

　　益金算入額　　　　350万円

　　益金不算入額　　　 40万円

　　損金算入額　　　　700万円

　　損金不算入額　　4,200万円

　　※申告調整額は、上記(1)〜(4)の事項に係る加算・減算を含めた数値である。

※中間申告および中間納税については、考慮しないものとする。

※上記以外の条件は考慮せず、各問に従うこと。

《問7》 Ｘ社の当期の法人税における所得の金額の計算に関する次の記述①〜④について、適切なものには○印を、不適切なものには×印を解答用紙に記入しなさい。なお、本問において、法人税申告書別表四とは、当期利益の額を基として、加算・減算による申告調整を行うことによって所得の金額を計算する表（所得の金額の計算に関する明細書）である。また、所得の金額の計算上、選択すべき複数の方法がある場合は、所得の金額が最も低くなる方法を選択すること。

① 「機械の減価償却費の償却限度額超過額220万円と、備品の減価償却不足額60万円を相殺した金額である160万円を、法人税申告書別表四で加算します」

② 「Ｘ社が支出した交際費等の金額1,900万円のうち、定額控除限度額800万円を超える部分の金額である1,100万円を、法人税申告書別表四で加算します」

③ 「Ｘ社がＡさんに売却した土地について、時価と実際に受け取った対価との差額である1,000万円を、法人税申告書別表四で加算します」

④ 「Ｘ社が当期中に計上した退職給付費用800万円を、法人税申告書別表四で加算するとともに、退職給付引当金を取り崩して支払った600万円を、法人税申告書別表四で減算します」

《問8》 《設例》の〈資料〉に基づき、Ｘ社の当期の法人税額を求めるため

の下記の〈計算式〉の空欄①および②に入る最も適切な数値を解答用紙に記入しなさい。なお、問題の性質上、明らかにできない部分は「□□□」で示してある。

〈計算式〉

・課税所得金額

（　①　）万円

・法人税額

□□□万円×15.0％＋｛（　①　）万円－□□□万円｝×23.2％

＝（　②　）万円

《問9》 「給与等の支給額が増加した場合の法人税額の特別控除」（中小企業者等における賃上げ促進税制。以下、「本制度」という）に関する以下の文章の空欄①〜④に入る最も適切な数値を、下記の〈数値群〉のなかから選び、その記号を解答用紙に記入しなさい。

「本制度は、青色申告法人である中小企業者等が、国内雇用者に対して給与等を支給する場合において、適用対象年度の雇用者給与等支給額（所得の金額の計算上損金の額に算入される国内雇用者に対する給与等の支給額）や比較雇用者給与等支給額（前事業年度の雇用者給与等支給額）などに基づく一定の要件を満たすときは、税額控除が認められる制度です。

X社が当期において本制度の適用を受けるにあたり、雇用者給与等支給額が比較雇用者給与等支給額と比較して（　①　）％以上増加している場合には、控除対象雇用者給与等支給増加額の（　②　）％相当額を税額控除することができます。さらに、上乗せ措置として、雇用者給与等支給額が比較雇用者給与等支給額と比較して（　③　）％以上増加している場合には、税額控除率に15％が加算されます。また、教育訓練費の額が前事業年度から（　④　）％以上増加している場合には、税額控除率に10％が加算されます。

なお、いずれの場合も、税額控除することができる金額は、当期における法人税額の20％相当額が限度になります」

解答と解説

《問7》

① 不適切。機械の減価償却費の償却限度額超過額220万円を、法人税申告書別表四で加算する（減価償却費の償却超過額）。備品の減価償却不足額60万円については、損金経理した金額のうち、償却限度額までの金額であれば、減価償却を認めるという制度なので、申告調整は不要である。

② 不適切。資本金1億円以下の中小法人は、「定額控除限度額800万円」「接待飲食費の50％」の多いほうを損金に算入することができる。「接待飲食費の50％＝1,700万円×50％＝850万円」であるため、「1,900万円－850万円＝1,050万円」を、法人税申告書別表四で加算する（交際費等の損金不算入額）。

③ 適切。時価（4,000万円）と実際に受け取った対価（3,000万円）との差額である1,000万円を、法人税申告書別表四で加算する（役員給与の損金不算入額）。

④ 適切。退職給付引当金は損金に算入することができないため、退職給付費用800万円を法人税申告書別表四で加算する（退職給付費用の損金不算入額）。退職給付引当金を取り崩して支払った600万円は、損金に算入することができるため法人税申告書別表四で減算する（退職給付引当金の当期認容額）。

正解　　①×　②×　③○　④○

《問8》

・課税所得金額

当期利益の額＋加算項目－減算項目

＝当期利益の額＋（益金算入額＋損金不算入額）－（損金算入額＋益金不算入額）

＝1,990万円＋（350万円＋4,200万円）－（700万円＋40万円）＝（①5,800）万円

・法人税額

800万円×15.0％＋{（①5,800）万円－800万円}×23.2％＝（②1,280）万円

資本金1億円以下の中小法人の場合、年800万円以下の所得金額に対して15％の軽減税率が適用され、800万円超の部分は原則どおり23.2％となる。

《問9》

①②　雇用者給与等支給額が比較雇用者給与等支給額と比較して<u>1.5</u>％以上増加
　　している場合には、控除対象雇用者給与等支給増加額の<u>15</u>％相当額を税額控
　　除することができる。

③　上乗せ措置として、雇用者給与等支給額が比較雇用者給与等支給額と比較し
　　て<u>2.5</u>％以上増加している場合には、税額控除率に15％が加算される。

④　教育訓練費の額が前事業年度から<u>10</u>％以上増加している場合には、税額控
　　除率に10％が加算される。

正解　①ロ　②チ　③ニ　④ト

タックスプランニング（2）

　建設業を営むX株式会社（資本金1,000万円、1年決算法人、青色申告法人、同族会社かつ非上場会社で株主はすべて個人、租税特別措置法上の中小企業者等に該当し、適用除外事業者ではない。以下、「X社」という）の2024年3月期（2023年4月1日〜2024年3月31日。以下、「当期」という）における法人税の確定申告に係る資料は、以下のとおりである。

〈資料〉

(1)　交際費等に関する事項

　当期における税法上の交際費等の金額は2,200万円であり、その全額を損金経理により支出している。このうち、税法上の接待飲食費（専らX社の役員もしくは従業員またはこれらの親族に対する接待等のために支出するものを除く）に該当するものが1,900万円含まれている。

(2)　役員給与に関する事項

　当期において、代表取締役社長であるAさんに対して、時価6,600万円（帳簿価額5,000万円）の土地を4,500万円で売却し、帳簿価額と売却価額との差額を譲渡損として計上した。なお、X社は、所轄税務署長に対して、役員給与について事前確定届出給与に関する届出書を提出していない。

(3)　役員退職金に関する事項

　当期において、期中に退任した取締役のBさんに対して役員退職金を4,000万円支給し、損金経理を行っている。なお、Bさんに係る役員退職金の法人税法上の適正額は3,200万円である。

(4)　法人税の課税所得金額の計算に関する事項

　当期利益の額　　　　2,290万円

　（申告調整額）

　益金算入額　　　　　220万円

　益金不算入額　　　4,000万円

　損金算入額　　　　　60万円

　損金不算入額　　　5,350万円

　※申告調整額は、上記(1)〜(3)の事項に係る加算・減算を含めた数値であ

る。

※中間申告および中間納税については、考慮しないものとする。
※上記以外の条件は考慮せず、各問に従うこと。

《問7》 X社の当期の法人税における所得の金額の計算に関する次の記述①
～③について、適切なものには〇印を、不適切なものには×印を解答用紙に
記入しなさい。なお、本問において、法人税申告書別表四とは、当期利益の
額を基として、加算・減算による申告調整を行うことによって所得の金額を
計算する表（所得の金額の計算に関する明細書）である。また、所得の金額
の計算上、選択すべき複数の方法がある場合は、所得の金額が最も低くなる
方法を選択すること。

① 「X社が支出した交際費等の金額2,200万円のうち、定額控除限度額800
　万円を超える部分の金額である1,400万円を、法人税申告書別表四で加算
　します」
② 「X社がAさんに売却した土地について、帳簿価額と実際に受け取った
　対価との差額の500万円を、法人税申告書別表四で加算します」
③ 「X社が支出した役員退職金について、法人税法上の適正額を超える部
　分の金額である800万円を、法人税申告書別表四で加算します」

《問8》《設例》の〈資料〉に基づき、X社の当期の法人税額を求める下記
の〈計算式〉の空欄①～④に入る最も適切な数値を解答用紙に記入しなさ
い。
〈計算式〉
・課税所得金額
　（　①　）万円
・法人税額
　（　②　）万円×（　③　）％＋｛（　①　）万円－（　②　）万円｝
　　　　　　　　　　　　　　　　　　×23.2％＝（　④　）万円

《問9》 所得税と法人税の相違に関する以下の文章の空欄①～③に入る最も
適切な語句を、下記の〈語句群〉のなかから選び、その記号を解答用紙に記

入しなさい。なお、問題の性質上、明らかにできない部分は「□□□」で示
してある。

　「所得税の税率は（　①　）税率であるのに対して、法人税の税率は□□
□税率となっています。

　また、減価償却資産の減価償却方法について、所轄税務署長に対して税務
上の届出をしていない場合の法定償却方法は、所得税では原則として□□□
であるのに対して、法人税では原則として（　②　）になっています。

　さらに、減価償却が任意か強制かに関して、所得税では□□□償却である
のに対して、法人税では（　③　）償却であるというように、両者の税制は
多くの点において相違していることに留意しなければなりません」

┌〈語句群〉─────────────────────────────
│　イ．比例　　　ロ．単純累進　　　ハ．超過累進　　　ニ．定額法
│　ホ．定率法　　ヘ．任意　　　ト．強制
└─────────────────────────────────

解答と解説

《問7》

①　不適切。資本金1億円以下の中小法人は、「定額控除限度額800万円」と
「接待飲食費の50％」の多いほうを損金に算入することができる。「接待飲食
費の50％＝1,900万円×50％＝950万円」であるため、「2,200万円－950万円
＝1,250万円」を、法人税申告書別表四で加算する（交際費等の損金不算入
額）。

②　不適切。時価（6,600万円）と実際に受け取った対価（4,500万円）との差
額である2,100万円を、法人税申告書別表四で加算する（役員給与の損金不算
入額）。

③　適切。

┌正解┐　①×　②×　③○

《問8》

・課税所得金額

　当期利益の額＋加算項目－減算項目

　＝当期利益の額＋（益金算入額＋損金不算入額）－（損金算入額＋益金不算入額）

　＝2,290万円＋（220万円＋5,350万円）－（60万円＋4,000万円）

＝（①3,800）万円

・法人税額

　　（②800）万円×（③15）％＋｛（①3,800）万円－（②800）万円｝×23.2％

　　＝（④816）万円

　　資本金1億円以下の中小法人の場合、年800万円以下の所得金額に対して15％の軽減税率が適用され、800万円超の部分は原則どおり23.2％となる。

　　　　／正解／　　①3,800（万円）　②800（万円）　③15（％）　④816（万円）

《問9》

① 所得税（総合課税）の税率は超過累進税率であるのに対して、法人税の税率は比例税率となっている。

② 減価償却資産の法定償却方法は、所得税では原則として定額法であるのに対して、法人税では原則として定率法になっている。

③ 減価償却が任意か強制かに関して、所得税では強制償却であるのに対して、法人税では任意償却である

　　　　／正解／　　①ハ　　②ホ　　③ヘ

第 4 問

不動産（1）

　Ａさん（65歳）は、16年前に父親の相続により取得した月極駐車場用地（400㎡）を売却し、その売却資金を元手に甲土地を取得して、甲土地の上に賃貸アパートを建築することを検討している。土地の買換えにあたっては、「特定の事業用資産の買換えの場合の譲渡所得の課税の特例」の適用を受ける予定である。

　Ａさんが購入を検討している甲土地の概要は、以下のとおりである。

〈甲土地の概要〉

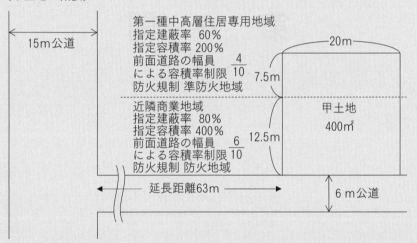

（注）

・甲土地は400㎡の正方形の土地であり、第一種中高層住居専用地域に属する部分は150㎡、近隣商業地域に属する部分は250㎡である。

・幅員15mの公道は建築基準法第52条第9項の特定道路であり、特定道路から甲土地までの延長距離は63mである。

・指定建蔽率および指定容積率とは、それぞれ都市計画において定められた数値である。

・特定行政庁が都道府県都市計画審議会の議を経て指定する区域ではない。

※上記以外の条件は考慮せず、各問に従うこと。

《問10》 「特定の事業用資産の買換えの場合の譲渡所得の課税の特例」（以下、「本特例」という）に関する以下の文章の空欄①～④に入る最も適切な数値を、下記の〈数値群〉のなかから選び、その記号を解答用紙に記入しなさい。

　本特例は、個人が事業の用に供している特定の地域内にある土地建物等（譲渡資産）を譲渡して、一定期間内に特定の地域内にある土地建物等の特定の資産（買換資産）を取得し、その取得の日から（　①　）年以内に買換資産を事業の用に供したときは、所定の要件のもと、譲渡益の一部に対する課税を将来に繰り延べることができる特例です。

　譲渡資産および買換資産がいずれも土地である場合、原則として、買い換えた土地のうち、譲渡した土地の面積の（　②　）倍を超える部分は買換資産に該当しないものとされ、本特例の対象となりません。また、本特例のうち、いわゆる長期所有資産の買換えの場合、譲渡した土地の所有期間が譲渡した日の属する年の1月1日において（　③　）年を超えていなければならず、買い換えた土地の面積が（　④　）㎡以上でなければなりません」

―〈数値群〉―
イ．1　　ロ．2　　ハ．3　　ニ．4　　ホ．5　　ヘ．7
ト．10　　チ．15　　リ．100　　ヌ．200　　ル．300　　ヲ．400

《問11》　甲土地に耐火建築物を建築する場合の容積率の上限となる延べ面積を計算した次の〈計算の手順〉の空欄①～③に入る最も適切な数値を解答用紙に記入しなさい。なお、特定道路までの距離による容積率制限の緩和を考慮することとし、問題の性質上、明らかにできない部分は「ⓐ・ⓑ」「□□□」で示してある。

〈計算の手順〉
1．前面道路幅員の加算
　$(12-6\,\mathrm{m}) \times \dfrac{(\ ①\ ) - 63\,\mathrm{m}}{(\ ①\ )} = ⓐ\,\mathrm{m}$
　適用される道路幅員：ⓐm＋6m＝□□□m
2．第一種中高層住居専用地域の部分
　・指定容積率：200％
　・前面道路幅員による容積率の制限：□□□％

したがって、上限となる容積率は、□□□%である。

延べ面積の限度：150㎡×□□□%＝（　②　）㎡

3．近隣商業地域の部分

・指定容積率：400％

・前面道路幅員による容積率の制限：□□□%

したがって、上限となる容積率は、□□□%である。

延べ面積の限度：250㎡×□□□%＝ⓑ㎡

4．容積率の上限となる延べ面積

（　②　）㎡＋ⓑ㎡＝（　③　）㎡

《問12》　Aさんが、以下の〈条件〉で事業用資産である土地を譲渡し、甲土地を取得して、「特定の事業用資産の買換えの場合の譲渡所得の課税の特例」の適用を受けた場合の課税長期譲渡所得金額を求めなさい（計算過程の記載は不要）。なお、譲渡資産および買換資産は、課税の繰延割合が80％の地域にあるものとする。また、本問の譲渡所得以外の所得や所得控除等は考慮しないものとする。

〈条件〉

〈譲渡資産および買換資産（甲土地）に関する資料〉

・譲渡資産の譲渡価額：8,000万円

・譲渡資産の取得費　：不明

・譲渡費用　　　　　：300万円（仲介手数料等）

・買換資産の取得価額：1億円

解答と解説

《問10》

① 　本特例の適用に当たっては、一定期間内に特定の地域内にある土地建物等の特定の資産（買換資産）を取得し、その取得の日から1年以内に買換資産を事業の用に供する必要がある。

② 　譲渡資産および買換資産がいずれも土地である場合、原則として、買い換えた土地のうち、譲渡した土地の面積の5倍を超える部分は買換資産に該当しないものとされ、本特例の対象とならない。

③④　いわゆる長期所有資産の買換えの場合、譲渡した土地の所有期間が譲渡した日の属する年の1月1日において<u>10</u>年を超えていなければならず、買い換えた土地の面積が<u>300</u>㎡以上でなければならない。

> 正解　①イ　②ホ　③ト　④ル

《問11》

1．前面道路幅員の加算（12−6m）× $\dfrac{（①70）−63m}{（①70）}$ ＝ⓐ0.6m

※特定道路から70m以内に甲土地があるため、前面道路幅員の加算の対象となる。

適用される道路幅員：ⓐ0.6m＋6m＝6.6m

2．第一種中高層住居専用地域の部分

・指定容積率：200％

・前面道路幅員による容積率の制限：6.6m× $\dfrac{4}{10}$ ＝264％

したがって、上限となる容積率は、低いほうの200％である。

延べ面積の限度：150㎡×200％＝（②300）㎡

3．近隣商業地域の部分

・指定容積率：400％

・前面道路幅員による容積率の制限：6.6m× $\dfrac{6}{10}$ ＝396％

したがって、上限となる容積率は、低いほうの396％である。

延べ面積の限度：250㎡×396％＝ⓑ990㎡

4．容積率の上限となる延べ面積（②300）㎡＋ⓑ990㎡＝（③1,290）㎡

> 正解　①70　②300（㎡）　③1,290（㎡）

《問12》

収入金額＝譲渡資産の譲渡価額−譲渡資産の譲渡価額と買換資産の取得価額のうち低いほうの金額×80％

＝8,000万円−8,000万円×80％＝1,600万円

取得費および譲渡費用

＝（譲渡資産の取得費＋譲渡費用）× $\dfrac{収入金額}{譲渡資産の譲渡価額}$

$$= (8,000 万円 \times 5\%^{※} + 300 万円) \times \frac{1,600 万円}{8,000 万円}$$

$$= 140 万円$$

※取得費が不明であるため、概算取得費（譲渡価額×5％）を適用する。

課税長期譲渡所得金額＝収入金額－取得費および譲渡費用＝1,600万円－140万円

$$= 14,600,000 円$$

正解   14,600,000（円）

不動産（2）

X株式会社の代表取締役社長であるAさんは、個人で所有する、既成市街地内にある甲土地の有効活用を検討していたところ、デベロッパーであるB株式会社（以下、「B社」という）から等価交換によるマンション建設の提案を受けた。Aさんは、租税特別措置法上のいわゆる「立体買換えの特例」の適用を前提として、B社との等価交換事業を行うことを考えている。

甲土地の概要は、以下のとおりである。

〈甲土地の概要〉

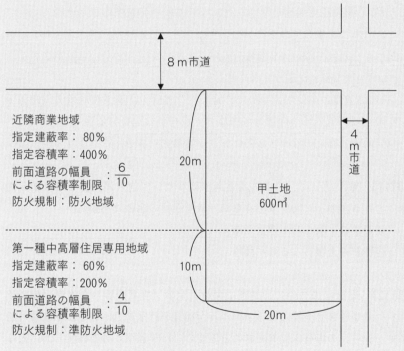

（注）

- 甲土地は600㎡の長方形の土地であり、近隣商業地域に属する部分は400㎡、第一種中高層住居専用地域に属する部分は200㎡である。
- 甲土地は、建蔽率の緩和について特定行政庁が指定する角地である。
- 指定建蔽率および指定容積率とは、それぞれ都市計画において定められた数値である。

・特定行政庁が都道府県都市計画審議会の議を経て指定する区域ではない。

※上記以外の条件は考慮せず、各問に従うこと。

《問10》 建築基準法に規定する建築物の高さの制限に関する次の記述①〜③について、適切なものには○印を、不適切なものには×印を解答用紙に記入しなさい。

① 「日影による中高層の建築物の高さの制限（日影規制）は、準工業地域、工業地域および工業専用地域以外の地域または区域のうち、地方公共団体の条例で指定する区域内における一定の建築物に適用されます」

② 「第一種中高層住居専用地域および第二種中高層住居専用地域内において日影による中高層の建築物の高さの制限（日影規制）が適用される建築物には、北側の隣地の日照を確保するための建築物の各部分の高さの制限（北側斜線制限）は適用されません」

③ 「前面道路との関係についての建築物の各部分の高さの制限（道路斜線制限）は、すべての用途地域内における一定の建築物に適用されますが、用途地域の指定のない区域内における建築物には適用されません」

《問11》 甲土地上に、２つの用途地域にわたって耐火建築物を建築する場合における次の①、②を求めなさい（計算過程の記載は不要）。

① 建蔽率の上限となる建築面積

② 容積率の上限となる延べ面積

《問12》 甲土地について、Ｂ社による下記の〈提案内容〉および〈建築条件〉に基づき等価交換によるマンション建設を行う場合、Ａさんが取得可能なマンションの専有床面積を求める下記の〈計算過程〉の空欄①、②に入る最も適切な数値を解答用紙に記入しなさい。

〈提案内容〉

　今回の等価交換方式では、Ｂ社が確保したい粗利益率、販売可能単価を基にＢ社に必要な専有床面積を算出し、残りをＡさんに還元するという方法（市場性比較方式）をとる。

〈建築条件〉

- マンションの建築費用 ： 6億円
- B社が確保したい粗利益率 ： 20％
- 販売可能単価（専有床面積 1 ㎡当たり）：60万円
- マンションの専有床面積の合計 ： 1,800㎡
- B社の必要販売額 ： 建築費用÷（1−粗利益率）

〈計算過程〉

Ⅰ　B社の必要販売額（　①　）円

Ⅱ　B社に必要な専有床面積 □□□㎡

Ⅲ　Aさんが取得可能な専有床面積（　②　）㎡

解答と解説

《問10》

①　不適切。日影規制は、商業地域、工業地域、および工業専用地域以外の地域または区域のうち、地方公共団体の条例で指定する区域内における一定の建築物に適用される。

②　適切。

③　不適切。道路斜線制限は、すべての用途地域内および用途地域の指定のない区域内における一定の建築物に適用される。

/正解/　①×　②○　③×

《問11》

①　建蔽率の上限となる建築面積

・近隣商業地域部分

400㎡×100％＝400㎡

指定建蔽率が80％である防火地域に耐火建築物を建築する場合には、建蔽率は100％が適用される。

・第一種中高層住居専用地域部分

200㎡×（60％＋10％[※]＋10％[※]）＝160㎡

※建蔽率の緩和について、特定行政庁が指定する角地であるため、指定建蔽率が10％緩和される。また、準防火地域内に耐火建築物を建築する場合には、指定建蔽率が10％緩和される。

・建蔽率の上限となる建築面積

400㎡＋160㎡＝560㎡

② 容積率の上限となる延べ面積

甲土地の前面道路は、広いほうである8m市道となる。

・近隣商業地域部分

前面道路幅員による容積率の制限：$8m \times \dfrac{6}{10} = 480\% >$指定容積率400％

480％と400％を比較して低いほうの400％が、上限となる容積率となる。

400㎡×400％＝1,600㎡

・第一種中高層住居専用地域部分

前面道路幅員による容積率の制限：$8m \times \dfrac{4}{10} = 320\% >$指定容積率200％

320％と200％を比較して低いほうの200％が、上限となる容積率となる。

200㎡×200％＝400㎡

・容積率の上限となる延べ面積

1,600㎡＋400㎡＝2,000㎡

正解　①560（㎡）　②2,000（㎡）

《問12》

I　B社の必要販売額

建築費用÷（1－粗利益率）＝6億円÷（1－20％）＝（①7億5,000）万円

II　B社に必要な専有床面積

7憶5,000万円÷60万円（販売可能単価）＝1,250㎡

III　Aさんが取得可能な専有床面積

1,800㎡－1,250㎡＝（②550）㎡

正解　①7億5,000万（円）　②550（㎡）

第 5 問

相続・事業承継（1）

　非上場会社で、自動車・同附属品製造業を営むＸ株式会社（以下、「Ｘ社」という）の創業社長であるＡさん（77歳）は、47年前にＸ社を設立した。Ｘ社は、ガソリンエンジン車から電気自動車（EV）への転換など自動車産業の構造変化の影響を受けて業績が芳しくなく、ここ数年は赤字が続いており、自社株の評価上、比準要素数１の会社に該当している。Ａさんの推定相続人は、妻Ｂさん（75歳）、長男Ｃさん（48歳）および長女Ｄさん（45歳）の３人である。

　Ａさんは、勇退してＸ社の専務取締役である長男Ｃさんに事業を承継させるため、事業承継対策としてＸ社株式の評価額を軽減するための方策について検討している。

　また、長女Ｄさんの子Ｅさん（15歳）への教育資金の援助にあたって、「直系尊属から教育資金の一括贈与を受けた場合の贈与税の非課税」の利用を検討している。

　Ｘ社の概要は、以下のとおりである。

〈Ｘ社の概要〉

(1)　業種　　　自動車・同附属品製造業

(2)　資本金等の額　　5,000万円（発行済株式総数1,000,000株、すべて普通株式で１株につき１個の議決権を有している）

(3)　株主構成

　　Ａさん　　　　　800,000株

　　妻Ｂさん　　　　 50,000株

　　長男Ｃさん　　　150,000株

(4)　株式の譲渡制限　あり

(5)　従業員数　　　　25人

※Ｘ社の財産評価基本通達上の規模区分は「中会社の中」である。

(6) X社および類似業種の比準要素等

	X社	類似業種
1株（50円）当たりの年配当金額	0円	8.2円
1株（50円）当たりの年利益金額	0円	31円
1株（50円）当たりの簿価純資産価額	900円	450円
株価	－	240円

※すべて1株当たりの資本金等の額を50円とした場合の金額である。

(7) X社株式の純資産価額方式による1株当たりの評価額1,000円

※上記以外の条件は考慮せず、各問に従うこと。

《問13》 《設例》の〈X社の概要〉に基づき、X社株式の1株当たりの「類似業種比準価額」と「類似業種比準方式と純資産価額方式の併用方式による相続税評価額」を求める下記の＜計算式＞の空欄①～③に入る最も適切な数値を解答用紙に記入しなさい。なお、問題の性質上、明らかにできない部分は「□□□」で示してある。

〈計算式〉

・類似業種比準価額

$$240円 \times \frac{\dfrac{0円}{8.2円} + \dfrac{0円}{31円} + \dfrac{900円}{450円}}{(\quad ① \quad)} \times (\quad ② \quad) \times \frac{50円}{50円} = □□□円$$

・類似業種比準方式と純資産価額方式の併用方式による相続税評価額

$$□□□円 \times (\quad ③ \quad) + 1,000円 \times \{1 - (\quad ③ \quad)\} = □□□円$$

《問14》 孫EさんがAさんから「直系尊属から教育資金の一括贈与を受けた場合の贈与税の非課税」の適用を受けて教育資金の贈与を受けた場合に関する以下の文章の空欄①～③に入る最も適切な語句を、下記の〈語句群〉のなかから選び、その記号を解答用紙に記入しなさい。

「教育資金管理契約の終了前に贈与者が死亡した場合には、受贈者は、その死亡日における非課税拠出額から教育資金支出額を控除した残額（管理残額）を、贈与者から相続または遺贈により取得したものとみなされます。Aさんの相続開始時において孫Eさんが23歳未満である場合等には、この適

用を受けませんが、Aさんから相続または遺贈により財産を取得したすべての者に係る相続税の課税価格の合計額（相続または遺贈により取得したものとみなされる管理残額を除く）が（　①　）を超えるときは、孫Eさんが23歳未満である場合等であっても、管理残額を相続または遺贈により取得したものとみなされます。なお、孫Eさんが代襲相続人に該当しない場合、孫Eさんの納付する相続税額は2割加算の（　②　）。

　また、孫Eさんが30歳に達するなどにより教育資金管理契約が終了した場合、教育資金管理契約に係る非課税拠出額から教育資金支出額を控除した残額があるときは、当該残額は、（　③　）とみなされ、その契約終了日の属する年の贈与税の課税価格に算入されます」

―〈語句群〉―――――――――――――――――――――――――――――
　イ．3億円　　　ロ．4億円　　　ハ．5億円　　　ニ．対象となります
　ホ．対象となりません　　ヘ．一般贈与財産　　ト．特例贈与財産
　チ．特定贈与財産

《問15》　原則的評価方式によるX社株式の評価に関する次の記述①～④について、適切なものには〇印を、不適切なものには×印を解答用紙に記入しなさい。

①　「X社の業績が回復し、類似業種比準価額算定上の1株当たりの利益金額がプラスの数値になる場合、X社株式の相続税評価額を引き下げる効果が期待できます」

②　「X社が不動産を購入することにより、X社株式の相続税評価額を引き下げる効果が期待できますが、不動産取得後5年間は、通常の取引価額（時価）により評価するため、効果が現れるのは取得から5年経過後となります」

③　「X社がAさんに対して役員退職金を支給することにより、X社株式の相続税評価額を引き下げる効果が期待できます」

④　「X社が普通配当の支払を行うことにより、X社株式の相続税評価額を引き下げる効果が期待できます」

解答と解説

《問13》

・類似業種比準価額（適正な端数処理を行って計算している）

$$240円 \times \dfrac{\dfrac{0円}{8.2円} + \dfrac{0円}{31円} + \dfrac{900円}{450円}}{(①3)} \times (②0.6)^{※1} \times \dfrac{50円^{※2}}{50円}$$

$$= 240円 \times \dfrac{0 + 0 + 2.00}{3} \times 0.6 \times 1$$

$$= 240円 \times 0.66 \times 0.6 \times 1$$

$$= 95.0円 \times 1$$

$$= 95円（円未満切捨て）$$

※1　X社は中会社であるため、斟酌率は0.6である。

※2　X社の1株当たりの資本金等の額＝5,000万円÷1,000,000株＝50円

・類似業種比準方式と純資産価額方式の併用方式による相続税評価額

類似業種比準価額×Lの割合＋純資産価額×（1－Lの割合）

　＝95円×（③0.25※）＋1,000円×｛1－（③0.25）｝＝773円（円未満切捨て）

※比準要素数1の会社について併用方式とする場合には、Lの割合は0.25となる。

正解　①3　②0.6　③0.25

《問14》

①　Aさんから相続または遺贈により財産を取得したすべての者に係る相続税の課税価格の合計額（相続または遺贈により取得したものとみなされる管理残額を除く）が<u>5億円</u>を超えるときは、孫Eさんが23歳未満である場合等であっても、管理残額を相続または遺贈により取得したものとみなされる。

②　孫Eさんが代襲相続人に該当しない場合、孫Eさんの納付する相続税額は<u>2割加算の対象となる</u>。

③　孫Eさんが30歳に達するなどにより教育資金管理契約が終了した場合、教育資金管理契約に係る非課税拠出額から教育資金支出額を控除した残額があるときは、当該残額は、<u>一般贈与財産</u>とみなされる。

正解　①ハ　②ニ　③ヘ

《問15》

①　適切。1株当たりの利益金額がプラスの数値になる場合、比準要素数1の会

社に該当しなくなるため、併用方式においてLの割合0.75（中会社の中）を用いることができ、Ｘ社株式の相続税評価額を引き下げる効果が期待できる。

② 不適切。不動産取得後３年間は、通常の取引価額（時価）により評価するため、相続税評価額の引下げ効果が現れるのは取得から３年経過後となる。

③ 適切。役員退職金を支給することにより、現預金の減少から純資産価額が減少するため、Ｘ社株式の相続税評価額を引き下げる効果が期待できる。

④ 適切。普通配当の支払を行うことにより、比準要素数１の会社に該当しなくなるため、併用方式においてLの割合0.75（中会社の中）を用いることができ、Ｘ社株式の相続税評価額を引き下げる効果が期待できる。

正解　①〇　②×　③〇　④〇

相続・事業承継（2）

　　出資持分のある医療法人である社団医療法人Xクリニック（以下、「Xクリニック」という）の理事長（院長）であるAさん（70歳）の推定相続人は、妻Bさん（68歳）、長男Cさん（45歳）および長女Dさん（43歳）の3人である。

　　Aさんは、Xクリニックの後継者である副院長の長男Cさんに事業を承継させるため、相続税負担の見地から、Xクリニックの法人形態を「持分あり医療法人」から「持分なし医療法人」に移行することを検討している。また、長女Dさんに対しては、小学生の子（Aさんの孫）Eさん（10歳）への教育資金の援助を約束するとともに、将来の相続時には、遺言を通じて相応の遺産分割をすることで理解を得たいと考えている。

　　Xクリニックの概要は、以下のとおりである。

〈Xクリニックの概要〉

(1) 業種　医業

(2) 出資持分の総額5,000万円（1,000口）

(3) 出資構成

　・Aさん（理事長で院長）　　　　800口　　4,000万円

　・妻Bさん（理事）　　　　　　　100口　　　500万円

　・長男Cさん（理事で副院長）　　100口　　　500万円

(4) 従業員数10人

　　※Xクリニックの財産評価基本通達上の規模区分は「中会社の小」であり、特定の評価会社には該当しない。

(5) Xクリニックおよび類似業種の比準要素等

	Xクリニック	類似業種
1株（1口）（50円）当たりの年配当金額	－	6.8円
1株（1口）（50円）当たりの年利益金額	15円	50円
1株（1口）（50円）当たりの簿価純資産価額	165円	330円

　　※すべて1株（1口）当たりの資本金等の額を50円とした場合の金額である。

※類似業種は業種目別株価等一覧表の業種目「その他の産業」を適用

・類似業種の1株（50円）当たりの株価の状況

課税時期の属する月の平均株価	455円
課税時期の属する月の前月の平均株価	451円
課税時期の属する月の前々月の平均株価	444円
課税時期の前年の平均株価	424円
課税時期の属する月以前2年間の平均株価	446円

(6)　Xクリニック出資持分の純資産価額方式による1口当たりの評価額
　　165,000円

※上記以外の条件は考慮せず、各問に従うこと。

《問13》 **《設例》の〈Xクリニックの概要〉に基づき、Xクリニック出資持分の1口当たりの「類似業種比準価額」と「類似業種比準方式と純資産価額方式の併用方式による相続税評価額」を求める下記の〈計算式〉の空欄①～④に入る最も適切な数値を解答用紙に記入しなさい。なお、問題の性質上、明らかにできない部分は「□□□」で示してある。**

〈計算式〉

・類似業種比準価額

$$(\ ① \ ) \, 円 \times \frac{\dfrac{15\,円}{50\,円} + \dfrac{165\,円}{330\,円}}{(\ ② \ )} \times (\ ③ \ ) \times \frac{50{,}000\,円}{50\,円} = □□□\,円$$

・類似業種比準方式と純資産価額方式の併用方式による相続税評価額

$$□□□\,円 \times (\ ④ \ ) + 165{,}000\,円 \times \{ 1 - (\ ④ \ ) \} = □□□\,円$$

《問14》 **相続対策等に関する次の記述①～③について、適切なものには○印を、不適切なものには×印を解答用紙に記入しなさい。なお、本問において、「直系尊属から教育資金の一括贈与を受けた場合の贈与税の非課税」を「本特例」という。**

①　「Aさんが、孫Eさんに対し、2024年1月に、本特例の適用を受けて教育資金の贈与をし、その10年後に死亡した場合、孫Eさんは23歳未満であるため、Aさんの相続における相続税の課税価格の合計額の多寡にかか

わらず、Ａさんの死亡日における非課税拠出額から教育資金支出額を控除した残額は相続財産に加算しません」

② 「Ａさんが自筆証書遺言を作成した場合、法務局における自筆証書遺言書保管制度を利用すれば、遺言書を紛失するおそれはなくなり、Ａさんの相続開始後の家庭裁判所の検認手続も不要となります」

③ 「Ａさんの勇退に伴い、ＸクリニックがＡさんに役員退職金（税務上損金となるもの）を支給することにより、Ｘクリニックの出資持分の相続税評価額を引き下げる効果が期待できます」

《問15》「持分あり医療法人」から「持分なし医療法人」への移行に関する以下の文章の空欄①〜③に入る最も適切な語句を、下記の〈語句群〉のなかから選び、その記号を解答用紙に記入しなさい。

「移行計画認定制度（認定医療法人制度）により、持分あり医療法人から持分なし医療法人への移行を行う場合、2017年10月1日から（ ① ）までの間に、移行計画について厚生労働大臣の認定を受ける必要があります。

移行計画の認定を受けた医療法人（以下、「認定医療法人」という）は、認定の日から（ ② ）以内（以下、「移行期限」という）に持分なし医療法人に移行しなければなりません。また、移行後6年間は、毎年、持分なし医療法人の運営状況を厚生労働大臣に報告しなければなりません。

認定医療法人において、出資持分について相続等があった場合には、相続税等の申告の際に納税猶予を受けることができます。なお、移行期限までに出資持分をすべて（ ③ ）すれば、猶予税額の免除の手続を行うことができます」

〈語句群〉

イ．2024年9月30日　　ロ．2025年12月31日

ハ．2026年12月31日　　ニ．3年　　ホ．4年

ヘ．5年　　ト．放棄　　チ．払戻し　　リ．譲渡

解答と解説

《問13》

・類似業種比準価額

１口当たりの出資持分の額＝5,000万円÷1,000口＝50,000円

類似業種比準価額

$$= （①424^{※1}）円×\frac{\dfrac{15円}{50円}+\dfrac{165円}{330円}}{（②2^{※2}）}×（③0.6^{※2}）×\frac{50,000円}{50円}=101,760円$$

※1　類似業種の株価は、課税時期の属する月以前3ヵ月間の各月の平均株価、前年平均株価および以前2年間の平均株価のうち最も低い金額を用いる。

※2　医療法人は剰余金の配当が禁止されているため、比準要素は「1株当たりの年利益金額」「1株当たりの簿価純資産価額」の2つとなり、2で除する。

※3　Xクリニックの規模区分は中会社であるため、斟酌率は0.6である。

・類似業種比準価額と純資産価額方式の併用方式による相続税評価額

類似業種比準価額×Lの割合＋純資産価額×（1－Lの割合）

＝101,760円×（④0.60^※）＋165,000円×｛1－（④0.60）｝＝127,056円

※Xクリニックの規模区分は「中会社の小」であるため、Lの割合は0.60である。

/正解/　①424（円）　②2　③0.6　④0.60

《問14》

①　不適切。孫Eさんは23歳未満であるため、Aさんの相続における相続税の課税価格の合計額が5億円以下の場合に限り、Aさんの死亡日における非課税拠出額から教育資金支出額を控除した残額は相続財産に加算しない。

②　適切。

③　適切。役員退職金（税務上損金となるもの）を支給することにより、「1株当たりの年利益金額」「1株当たりの簿価純資産価額」の額が小さくなることにより、類似業種比準価額が引き下がる。また、純資産価額も引き下がる。

/正解/　①×　②○　③○

《問15》

①　持分あり医療法人から持分なし医療法人への移行を行う場合、2017年10月1日から2026年12月31日までの間に、移行計画について厚生労働大臣の認定を受ける必要がある。

②　認定医療法人は、認定の日から5年以内（移行期限）に持分なし医療法人に

移行しなければならない。

③　移行期限までに出資持分をすべて<u>放棄</u>すれば、相続税等の猶予税額の免除の
　手続を行うことができる。

　　　　　　　　　　　　　　正解｜　①ハ　　②ヘ　　③ト

実技

損害保険顧客相談業務

第 1 問

ライフプランニングと資金計画

　個人事業主のAさん（49歳）は、妻Bさん（46歳）とともに、駅前で飲食店を営んでいる。店は近所で評判がよく、経営は堅調に推移している。Aさんは、公的年金制度を理解したうえで、老後の収入を増やすことができる各種制度を利用したいと考えている。

　そこで、Aさんは、ファイナンシャル・プランナーのMさんに相談することにした。

〈Aさん夫妻に関する資料〉

(1)　Aさん

　・1974年5月22日生まれ（49歳）

　・公的年金加入歴：下図のとおり（60歳までの見込みを含む）

18歳	27歳		60歳
厚生年金保険 被保険者期間 （108月） 平均標準報酬月額：20万円	国民年金 保険料納付済期間 （257月）		国民年金 保険料納付予定期間 （128月）
1993年4月		2002年4月	2023年9月

(2)　妻Bさん

　・1976年10月20日生まれ（46歳）

　・公的年金加入歴：18歳からAさんと結婚するまでの13年間（156月）、厚生年金保険に加入。結婚後は国民年金に第1号被保険者として加入している。

※妻Bさんは、現在および将来においても、Aさんと同居し、Aさんと生計維持関係にあるものとする。

※Aさんおよび妻Bさんは、現在および将来においても、公的年金制度における障害等級に該当する障害の状態にないものとする。

※上記以外の条件は考慮せず、各問に従うこと。

《問1》　Aさんが、原則として65歳から受給することができる老齢厚生年金の年金額（2023年度価額）を求め、解答用紙に記入しなさい（計算過程

の記載は不要）。計算にあたっては、《設例》の〈Aさん夫妻に関する資料〉および下記の〈資料〉に基づいて計算し、年金額の端数処理は円未満を四捨五入すること。

〈資料〉

> ○老齢厚生年金の計算式（本来水準の額）
>
> ⅰ）報酬比例部分の額（円未満四捨五入）＝ⓐ＋ⓑ
>
> ⓐ 2003年3月以前の期間分
>
> $$平均標準報酬月額 \times \frac{7.125}{1,000} \times 2003年3月以前の被保険者期間の月数$$
>
> ⓑ 2003年4月以後の期間分
>
> $$平均標準報酬額 \times \frac{5.481}{1,000} \times 2003年4月以後の被保険者期間の月数$$
>
> ⅱ）経過的加算額（円未満四捨五入）＝1,657円×被保険者期間の月数
>
> $$- 795,000円 \times \frac{1961年4月以後で20歳以上60歳未満の厚生年金保険の被保険者期間の月数}{480}$$
>
> ⅲ）加給年金額＝397,500円（要件を満たしている場合のみ加算すること）

《問2》 Mさんは、Aさんに対して、公的年金制度からの老齢給付について説明した。Mさんが説明した次の記述①～③について、適切なものには○印を、不適切なものには×印を解答用紙に記入しなさい。

① 「Aさんは、国民年金の定額保険料に上乗せして、付加保険料を納付することができます。仮に、Aさんが付加保険料を128月納付し、65歳から老齢基礎年金を受け取る場合、老齢基礎年金の額に付加年金として年額25,600円が上乗せされます」

② 「Aさんが、65歳以後も引き続き個人事業主として働き、かつ、65歳から老齢厚生年金を受給する場合、Aさんの収入に応じて、老齢厚生年金の年金額の一部または全部が支給停止となる場合があります」

③ 「Aさんが希望すれば、66歳以後、老齢基礎年金および老齢厚生年金の繰下げ支給の申出をすることができます。仮に、Aさんが70歳0カ月で老齢基礎年金の繰下げ支給の申出をした場合、年金の増額率は42％とな

ります」

《問3》 Mさんは、Aさんに対して、国民年金基金および小規模企業共済制度について説明した。Mさんが説明した以下の文章の空欄①～④に入る最も適切な数値を、下記の〈数値群〉のなかから選び、その記号を解答用紙に記入しなさい。

I 「国民年金基金は、老齢基礎年金に上乗せする年金を支給する任意加入の年金制度です。国民年金基金への加入は口数制となっており、1口目は、（ ① ）年間の保証期間のある終身年金A型、保証期間のない終身年金B型の2種類のなかから選択します。2口目以降は、終身年金のA型、B型および確定年金のI型、II型、III型、IV型、V型の7種類から選択することができます。国民年金基金の老齢年金は、終身年金（A型、B型）の場合、原則（ ② ）歳から支給が開始されます。国民年金基金に拠出することができる掛金の限度額は、原則として、月額（ ③ ）円となります。なお、国民年金基金の1口目の給付には、国民年金の付加年金相当が含まれているため、Aさんが国民年金基金に加入した場合、国民年金の付加保険料を納付することはできません」

II 「小規模企業共済制度は、個人事業主が廃業等した場合に必要となる資金を準備しておくための共済制度です。毎月の掛金は、1,000円から（ ④ ）円の範囲内で、500円単位で選択することができます。共済金（死亡事由以外）の受取方法には『一括受取り』『分割受取り』『一括受取りと分割受取りの併用』があります。このうち、『一括受取り』の共済金（死亡事由以外）は、税法上、退職所得として課税の対象となります」

┌─〈数値群〉──────────────────────────────────
│ イ．5   ロ．10   ハ．15   ニ．55   ホ．60   ヘ．65
│ ト．12,000   チ．23,000   リ．55,000   ヌ．68,000   ル．70,000
└──

解答と解説

《問1》

i) 報酬比例部分の額

$$200,000 円 \times \frac{7.125}{1,000} \times 108 月 = 153,900 円$$

ⅱ）　経過的加算額（円未満四捨五入）

$$1,657 円 \times 108 月 - 795,000 円 \times \frac{95 月^※}{480} = 21,612.25 → 21,612 円$$

　　※20歳以上60歳未満の厚生年金保険の被保険者期間の月数は「108月－13月（20歳未満）＝95月」である。

ⅲ）　加給年金額

　　Aさんの場合、厚生年金保険の被保険者期間が20年以上ないため、加給年金額は加算されない。

基本年金額（ⅰ）＋ⅱ））

$$153,900 円 + 21,612 円 = 175,512 円（＝老齢厚生年金の年金額）$$

／正解｜　175,512（円）

《問2》

①　適切。付加年金の年金額＝200円×付加保険料納付済月数（128月）＝25,600円

②　不適切。65歳以後も引き続き個人事業主として働く場合には、在職老齢年金の適用対象とはならないため、老齢厚生年金の年金額の一部または全部が支給停止とはならない。

③　適切。70歳0カ月で老齢基礎年金の繰下げ支給の申出をした場合、繰下げ月数は60月（5年）となり、年金の増額率は「0.7％×60月＝42％」となる。

／正解｜　①○　②×　③○

《問3》

①　国民年金基金の1口目は、15年間の保証期間のある終身年金A型、保証期間のない終身年金B型の2種類のなかから選択する。

②　国民年金基金の老齢年金は、終身年金（A型、B型）の場合、原則65歳から支給が開始される。

③　国民年金基金に拠出することができる掛金の限度額は、原則として、月額68,000円である。

④　小規模企業共済制度の毎月の掛金は、1,000円から70,000円の範囲内で、500円単位で選択することができる。

／正解｜　①ハ　②ヘ　③ヌ　④ル

第　2　問

リスク管理（1）

　会社員のAさん（35歳）は、妻Bさん（33歳）および長女Cさん（2歳）の3人家族である。Aさんは、2023年12月に首都圏近郊の市街地にある戸建て中古住宅を購入する予定である。

　そこで、Aさんは、ファイナンシャル・プランナーのMさんに、火災保険および地震保険の商品内容等について相談することにした。

※上記以外の条件は考慮せず、各問に従うこと。

《問4》　Mさんは、Aさんに対して、火災保険の一般的な商品内容等について説明した。Mさんが説明した次の記述①～④について、適切なものには〇印を、不適切なものには×印を解答用紙に記入しなさい。

① 「住宅建物を対象とする火災保険は、一般に、建物を再調達価額により評価し、保険金額を設定します。再調達価額とは、火災保険の対象となる建物と同等のものを再築または再購入するために必要な額のことです」

② 「火災保険の対象となる住宅建物は、その構造により、M構造、T構造、H構造に区分され、構造級別による保険料率は、M構造が最も高くなります」

③ 「豪雨による洪水、高潮等によって床上浸水が発生し、建物や家財が損害を受けた場合は水災として火災保険の補償の対象となります。都市部であっても、豪雨により下水があふれたり、土砂崩れが局地的に発生したりすることも考えられますので、水災による損害に備えることも検討してください」

④ 「火災保険の保険期間は、1年単位で10年まで選択することができ、長期契約の保険料を一括払いした場合には、所定の割引率が適用されます」

《問5》　Mさんは、Aさんに対して、地震保険の一般的な商品内容等について説明した。Mさんが説明した以下の文章の空欄①～③に入る最も適切な語句を、下記の〈語句群〉のなかから選び、その記号を解答用紙に記入しなさい。

I 「地震保険は、火災保険に付帯して加入します。地震保険の保険金額は、火災保険の保険金額の30％から50％の範囲内で設定しますが、建物は（　①　）、家財は1,000万円が上限となります」

II 「地震保険の保険料には、『建築年割引』『耐震等級割引』『免震建築物割引』『耐震診断割引』の４種類の割引制度が設けられており、割引率は、『耐震等級割引（耐震等級３）』および『（　②　）』の50％が最高です。なお、それぞれの割引制度の重複適用はできません」

III 「地震保険は、損害の程度により、保険金額の一定割合が支払われます。損害の程度が全損に該当した場合は保険金額の100％、大半損に該当した場合は保険金額の（　③　）、小半損に該当した場合は保険金額の30％、一部損に該当した場合は保険金額の５％が支払われます」

〈語句群〉

イ．2,000万円　　ロ．3,000万円　　ハ．5,000万円

ニ．建築年割引　　ホ．免震建築物割引　　ヘ．耐震診断割引

ト．50％　　チ．60％　　リ．70％

《問6》 Mさんは、Aさんに対して、火災保険および地震保険に係る課税関係について説明した。Mさんが説明した次の記述①〜③について、適切なものには○印を、不適切なものには×印を解答用紙に記入しなさい。

① 「Aさんの自宅が火災により損害を受けた場合、雑損控除の適用を受けることができます。雑損控除の控除額を、その年分の総所得金額等から控除しきれない場合は、その控除しきれない金額を翌年以後５年間繰り越して、各年分の総所得金額等から控除することができます」

② 「Aさんの自宅が火災により損害を受け、Aさんが火災保険金を受け取った場合、当該保険金は非課税となります」

③ 「Aさんが複数年分の地震保険料を一括で支払った場合、その全額が支払った年の地震保険料控除の対象となり、翌年以降の地震保険料控除の対象とすることはできません」

《問4》

① 適切。

② 不適切。構造級別による保険料率は、H構造が最も高くなる。

③ 適切。

④ 不適切。火災保険の保険期間は、1年単位で5年まで選択することができ、長期契約の保険料を一括払いした場合には、所定の割引率が適用される。

/正解/　①○　②×　③○　④×

《問5》

① 地震保険の保険金額は、火災保険の保険金額の30%から50%の範囲内で設定するが、建物は5,000万円、家財は1,000万円が上限となる。

② 地震保険の保険料の割引率は、「耐震等級割引（耐震等級3）」および「免震建築物割引」の50%が最高である。

③ 大半損に該当した場合は保険金額の60%が支払われる。

/正解/　①ハ　②ホ　③チ

《問6》

① 不適切。雑損控除の控除額を、その年分の総所得金額等から控除しきれない場合は、その控除しきれない金額を翌年以後3年間繰り越して、各年分の総所得金額等から控除することができる。ただし、特定非常災害に該当する場合には、5年間となる。

② 適切。

③ 不適切。複数年分の地震保険料を一括で支払った場合、各年分の支払保険料が毎年地震保険料控除の対象となる。

/正解/　①×　②○　③×

第 3 問

リスク管理（2）

　Aさん（72歳）は、食品加工業を営むX株式会社（以下、「X社」という）の創業社長である。Aさんは、後継者である長男Bさん（40歳）への事業承継にめどがついたこともあり、今期限りで勇退しようと考えている。

　次期社長に就任する長男Bさんは、現在、従業員の労災事故に備えるため、損害保険会社の労働災害総合保険への加入を検討している。また、現在は店舗販売が中心であるが、今後はネット通販にも力を入れていきたいと考えている。

〈X社が加入を検討している労働災害総合保険に関する資料〉

(1)　契約者（＝保険料負担者）・被保険者：X社

(2)　平均被用者数　　：50名

(3)　賃金総額（年間）：1億5,000万円

(4)　保険金額および保険料（一部抜粋）

　　　死亡補償保険金　……………………2,000万円

　　　後遺障害補償保険金　…………2,000万円〜100万円（1級〜14級）

　　　休業補償保険金（1日当たり）…3,000円

　　　使用者賠償　……………………1名につき2,000万円・1災害につき1億円

(5)　保険開始日　　：2024年1月1日（保険期間1年）

(6)　X社の決算期間：1月1日〜12月31日

※上記以外の条件は考慮せず、各問に従うこと。

《問7》　仮に、X社がAさんに役員退職金4,000万円を支給した場合、Aさんが受け取る役員退職金について、次の①、②を求め、解答用紙に記入しなさい（計算過程の記載は不要）。〈答〉は万円単位とすること。なお、Aさんの役員在任期間（勤続年数）を29年6カ月とし、これ以外に退職手当等の収入はなく、障害者になったことが退職の直接の原因ではないものとする。

①　退職所得控除額

② 退職所得の金額

《問8》 X社が加入を検討している労働災害総合保険の商品内容等に関する次の記述①～④について、適切なものには○印を、不適切なものには×印を解答用紙に記入しなさい。

① 「労働災害総合保険は、労働者災害補償保険（政府労災保険）の上乗せ補償を目的とした『法定外補償保険』と、従業員の仕事の遂行が原因となり、第三者に損害を与え、法律上の損害賠償責任を負うことによる損害を補償する『使用者賠償責任保険』の２つの補償から構成されています」

② 「労働災害総合保険は、『法定外補償保険』と『使用者賠償責任保険』の両方に加入しなければならず、いずれか一方のみに加入することはできません」

③ 「労働災害総合保険における労働災害の認定や後遺障害の等級は、労働者災害補償保険（政府労災保険）の認定に従うことになります」

④ 「労働災害総合保険では、一般に、契約時に平均被用者数や賃金総額の見込額に基づき算出された暫定保険料を支払い、保険期間終了後に実際の数値に基づき算出された確定保険料と暫定保険料との差額を精算します」

《問9》 X社に対するアドバイスに関する次の記述①～③について、適切なものには○印を、不適切なものには×印を解答用紙に記入しなさい。

① 「製造・販売した食品が原因で顧客が食中毒を起こし、身体に損害を与えたことにより、法律上の損害賠償責任を負うことによって被る損害を補償する保険として、施設所有（管理）者賠償責任保険への加入を検討してください」

② 「火災等による工場の物的損害よりも、休業損失のほうが大きくなる事故が発生する可能性もありますので、休業損失および事業を継続するために必要となる費用を補償する企業費用・利益総合保険への加入を検討してください」

③ 「外部からの不正アクセスにより顧客の個人情報が外部に漏洩した場合、顧客に対する損害賠償金の支払のほか、原因の調査費用など、さまざまな事故対応費用がかかることが予想されます。これらの損害を補償するサイバー保険への加入を検討してください」

《問7》

① 退職所得控除額

退職所得控除額（勤続年数20年超の場合）＝800万円＋70万円×（勤続年数－20年）

＝800万円＋70万円×（30年※－20年）＝1,500万円

※1年未満の勤続年数は切上げるため、29年6ヵ月は30年とする。

② 退職所得の金額

退職所得の金額＝（収入金額－退職所得控除額）×$\frac{1}{2}$

＝（4,000万円－1,500万円）×$\frac{1}{2}$＝1,250万円

正解　①1,500（万円）　②1,250（万円）

《問8》

① 不適切。「使用者賠償責任保険」は、労働災害が発生して使用者が従業員またはその遺族に対して法律上の損害賠償責任を負うことによる損害を補償する。

② 不適切。労働災害総合保険は、「法定外補償保険」と「使用者賠償責任保険」のいずれか一方のみに加入することもできる。

③ 適切。

④ 適切。

正解　①×　②×　③○　④○

《問9》

① 不適切。製造・販売した食品が原因で顧客が食中毒を起こし、身体に損害を与えたことにより、法律上の損害賠償責任を負うことによって被る損害を補償する保険として、生産物賠償責任保険（PL保険）がある。

② 適切。

③ 適切。

正解　①×　②○　③○

第 4 問

✓ Check! □□□

タックスプランニング

　会社員のAさんは、妻Bさん、長女Cさんおよび母Dさんとの4人家族である。Aさんは、2023年中に、養老保険（平準払）の満期保険金および一時払終身保険の解約返戻金を受け取っている。また、下記の〈Aさんの2023年分の収入等に関する資料〉において、不動産所得の金額の前の「▲」は赤字であることを表している。

〈Aさんとその家族に関する資料〉

Aさん（60歳）　　　：会社員

妻Bさん（55歳）　　：パートタイマー。2023年中に給与収入100万円を得ている。

長女Cさん（25歳）：大学院生。2023年中の収入はない。

母Dさん（85歳）　：2023年中に、老齢基礎年金60万円および遺族厚生年金50万円を受け取っている。

〈Aさんの2023年分の収入等に関する資料〉

(1) 給与収入の金額　　：700万円

(2) 不動産所得の金額：▲60万円（白色申告）

　※損失の金額60万円のうち、当該不動産所得を生ずべき土地等の取得に係る負債の利子はない。

(3) 養老保険（平準払）の満期保険金

　　契約年月　　　　　　　　　　　　：1993年2月

　　契約者（＝保険料負担者）・被保険者：Aさん

　　死亡保険金受取人　　　　　　　　：妻Bさん

　　満期保険金受取人　　　　　　　　：Aさん

　　満期保険金額　　　　　　　　　　：500万円

　　正味払込保険料　　　　　　　　　：400万円

(4) 一時払終身保険の解約返戻金

　　契約年月　　　　　　　　　　　　：2020年8月

　　契約者（＝保険料負担者）・被保険者：Aさん

　　死亡保険金受取人　　　　　　　　：妻Bさん

　　解約返戻金額　　　　　　　　　　：970万円

正味払込保険料　　　　　　　　　　　：1,000万円

※妻Bさん、長女Cさんおよび母Dさんは、Aさんと同居し、生計を一にしている。

※Aさんとその家族は、いずれも障害者および特別障害者には該当しない。

※Aさんとその家族の年齢は、いずれも2023年12月31日現在のものである。

※上記以外の条件は考慮せず、各問に従うこと。

《問10》　Aさんの2023年分の所得税の課税に関する次の記述①～③について、適切なものには○印を、不適切なものには×印を解答用紙に記入しなさい。

① 「Aさんが受け取った養老保険の満期保険金は、一時所得の収入金額として総合課税の対象となります」

② 「Aさんが長女Cさんの国民年金保険料を支払った場合、その支払った保険料は、Aさんの社会保険料控除の対象となります」

③ 「Aさんは不動産所得の金額に損失が生じているため、確定申告をすることによって、純損失の繰越控除の適用を受けることができます」

《問11》　Aさんの2023年分の所得金額について、次の①、②を求め、解答用紙に記入しなさい（計算過程の記載は不要）。〈答〉は万円単位とすること。

① 総所得金額に算入される一時所得の金額

② 総所得金額

〈資料〉給与所得控除額

給与収入金額	給与所得控除額
万円超　　万円以下	
～　　180	収入金額×40％－10万円（55万円に満たない場合は、55万円）
180　～　360	収入金額×30％＋8万円
360　～　660	収入金額×20％＋44万円
660　～　850	収入金額×10％＋110万円
850　～	195万円

《問12》 Ａさんの2023年分の所得税の所得控除に関する次の記述①〜③について、適切なものには○印を、不適切なものには×印を解答用紙に記入しなさい。

① 「Ａさんが適用を受けることができる配偶者控除の額は、48万円です」
② 「Ａさんが適用を受けることができる長女Ｃさんに係る扶養控除の額は、63万円です」
③ 「Ａさんが適用を受けることができる母Ｄさんに係る扶養控除の額は、58万円です」

解答と解説

《問10》

① 適切。Ａさんが加入していた養老保険は平準払いであり、その満期保険金は一時所得の収入金額として総合課税の対象となる。

② 適切。社会保険料控除は、本人・生計を一にする配偶者その他の親族の負担すべき社会保険料を支払った場合に適用を受けることができる。

③ 不適切。Ａさんは白色申告者であるため、不動産所得の金額に損失について、純損失の繰越控除の適用を受けることはできない。

正解 ①○ ②○ ③×

《問11》

① 総所得金額に算入される一時所得の金額

一時所得の金額＝総収入金額－支出金額－特別控除額（最高50万円）

$$＝（500万円＋970万円）－（400万円＋1,000万円）－50万円$$
$$＝20万円$$

総所得金額に算入される一時所得の金額＝20万円×$\frac{1}{2}$＝10万円

② 総所得金額

給与所得の金額＝給与収入金額－給与所得控除額

$$＝700万円－（700万円×10％＋110万円）＝520万円$$

総所得金額＝520万円（給与所得）－60万円（不動産所得）＋10万円（①一時所得）＝470万円

正解 ①10（万円） ②470（万円）

《問12》

① 不適切。Aさんの合計所得金額（470万円）は900万円以下で、妻Bさん（55歳）の合計所得金額は下記のように48万円以下であるため、Aさんが適用を受けることができる配偶者控除の額は、38万円である。

妻Bさんの給与所得の金額（合計所得金額）＝100万円－55万円＝45万円

② 不適切。長女Cさん（25歳）は23歳以上70歳未満で一般の控除対象扶養親族に該当し、Aさんが適用を受けることができる扶養控除の額は、38万円である。

③ 適切。母Dさん（85歳）は、老齢基礎年金の額が110万円未満であるため、合計所得金額は0円となる。母Dさん（85歳）は、70歳以上でAさんと同居しているため同居老親等に該当し、Aさんが適用を受けることができる扶養控除の額は、58万円である。

正解　①×　②×　③○

第 5 問

相続・事業承継（1）

　Aさん（70歳）は、X市内の自宅で妻Bさん（69歳）との2人暮らしである。Aさんには、2人の子がいる。長男Cさん（45歳）は、X市内の企業に勤務している。また、二男Dさん（42歳）は他県にある上場企業に勤務しており、将来的にX市に戻る予定はない。

　Aさんは、父親から相続した青空駐車場を保有しているが、収益性が低く、固定資産税等の税金を控除すると、利益がほとんど出ない。先日、不動産会社のY社長から、賃貸アパートを建築して、土地を有効活用しないかと提案を受け、Aさんは賃貸アパートを建築することを検討している。

〈Aさんの家族構成（推定相続人）〉

妻Bさん　　（69歳）：専業主婦。Aさんと自宅で同居している。

長男Cさん（45歳）：会社員。妻と子2人の4人で賃貸マンションに住んでいる。

二男Dさん（42歳）：会社員。妻と2人で他県の持家に住んでいる。

〈Aさんの主な所有財産（相続税評価額、下記の生命保険を除く）〉

現預金　　　　　　：8,000万円

上場株式　　　　　：3,000万円

自宅敷地（300㎡）：　1億円（注）

自宅建物　　　　　：1,000万円

青空駐車場（300㎡）：6,000万円

（注）「小規模宅地等についての相続税の課税価格の計算の特例」適用前の金額

〈Aさんが加入している一時払終身保険の内容〉

契約者（＝保険料負担者）・被保険者：Aさん

死亡保険金受取人　　　　　　　　　：妻Bさん

死亡保険金額　　　　　　　　　　　：2,500万円

※上記以外の条件は考慮せず、各問に従うこと。

《問13》 現時点（2023年9月10日）において、Aさんの相続が開始した場合における相続税の総額を試算した下記の表の空欄①～③に入る最も適切な数値を求めなさい。なお、相続税の課税価格の合計額は2億1,000万円とし、問題の性質上、明らかにできない部分は「□□□」で示してある。

(a)　相続税の課税価格の合計額	2億1,000万円
(b)　遺産に係る基礎控除額	（　①　）万円
課税遺産総額（(a)－(b)）	□□□万円
相続税の総額の基となる税額	
妻Bさん	□□□万円
長男Cさん	（　②　）万円
二男Dさん	□□□万円
(c)　相続税の総額	（　③　）万円

〈資料〉相続税の速算表

法定相続分に応ずる取得金額		税率	控除額
万円超	万円以下		
〜	1,000	10%	－
1,000 〜	3,000	15%	50万円
3,000 〜	5,000	20%	200万円
5,000 〜	10,000	30%	700万円
10,000 〜	20,000	40%	1,700万円
20,000 〜	30,000	45%	2,700万円
30,000 〜	60,000	50%	4,200万円
60,000 〜		55%	7,200万円

《問14》 Aさんの相続等に関する以下の文章の空欄①～④に入る最も適切な語句または数値を、下記の〈語句群〉のなかから選び、その記号を解答用紙に記入しなさい。

I 「円滑な遺産分割のための手段として、遺言書の作成をお勧めします。自筆証書遺言については、（　①　）における保管制度があり、当該制度を活用することで、遺言書の紛失等を防ぐことができます。公正証書遺言は、証人（　②　）人以上の立会いのもと、遺言者が遺言の趣旨を公証人に口授し、公証人がこれを筆記して作成します」

Ⅱ 「Aさんが加入している一時払終身保険の死亡保険金は、みなし相続財産として相続税の課税対象となります。Aさんの相続開始後、妻Bさんが受け取る死亡保険金2,500万円のうち、相続税の課税価格に算入される金額は、（　③　）万円となります」

Ⅲ 「『配偶者に対する相続税額の軽減』の適用を受けた場合、妻Bさんが相続により取得した財産の金額が、配偶者の法定相続分相当額と1億6,000万円とのいずれか（　④　）金額までであれば、原則として、妻Bさんが納付すべき相続税額は算出されません」

〈語句群〉

イ. 1　　ロ. 2　　ハ. 3　　ニ. 700　　ホ. 1,000　　ヘ. 1,600
ト. 家庭裁判所　　チ. 公証役場　　リ. 法務局　　ヌ. 多い
ル. 少ない

《問15》 賃貸アパートの建築に関する次の記述①～③について、適切なものには○印を、不適切なものには×印を解答用紙に記入しなさい。

① 「青空駐車場として利用している土地上に、賃貸アパートを建築した場合、相続税の課税価格の計算上、その敷地は貸家建付地として評価されます。貸家建付地の価額は、『自用地評価額×（1－借地権割合×借家権割合×賃貸割合）』の算式により評価されます」

② 「貸付事業用宅地等（賃貸アパートの敷地）と特定居住用宅地等（自宅の敷地）について、『小規模宅地等についての相続税の課税価格の計算の特例』の適用を受けようとする場合、適用対象面積の調整はせず、それぞれの宅地等の適用対象の限度面積まで適用を受けることができます」

③ 「ローンを活用して賃貸アパートを建築した場合、相続税の課税価格の計算上、当該借入金残高は債務控除の対象となります。しかし、空室が多くなれば、ローン返済が滞る可能性もありますので、有効活用については慎重に検討する必要があると思います」

《問13》

・遺産に係る基礎控除額

3,000万円＋600万円×法定相続人の数（3人）＝①4,800万円

・課税遺産総額＝2億1,000万円－4,800万円＝1億6,200万円

・法定相続人が法定相続分どおりに取得したと仮定した取得金額

- ・妻B　　1億6,200万円×$\frac{1}{2}$＝8,100万円…………❶

- ・長男C　1億6,200万円×$\frac{1}{2}$×$\frac{1}{2}$＝4,050万円……❷

- ・二男D　1億6,200万円×$\frac{1}{2}$×$\frac{1}{2}$＝4,050万円……❸

・相続税の総額（❶～❸に対する税額の合計）
- ・妻B　　❶8,100万円×30％－700万円＝1,730万円
- ・長男C　❷4,050万円×20％－200万円＝②610万円
- ・二男D　❸4,050万円×20％－200万円＝　610万円

　　　　合計（相続税の総額）③2,950万円

正解　①4,800（万円）　②610（万円）　③2,950（万円）

《問14》

①　自筆証書遺言については、法務局における保管制度がある。

②　公正証書遺言は、証人2人以上の立会いのもと、遺言者が遺言の趣旨を公証人に口授し、公証人がこれを筆記して作成する。

③　死亡保険金の非課税金額＝500万円×法定相続人の数（3人）＝1,500万円

　　相続税の課税価格に算入される金額＝2,500万円－1,500万円＝1,000万円

④　「配偶者に対する相続税額の軽減」の適用を受けた場合、妻Bさんが相続により取得した財産の金額が、配偶者の法定相続分相当額と1億6,000万円とのいずれか多い金額までであれば、原則として、妻Bさんが納付すべき相続税額は算出されない。

正解　①リ　②ロ　③ホ　④ヌ

《問15》

①　適切。

②　不適切。貸付事業用宅地等（賃貸アパートの敷地）と特定居住用宅地等（自

宅の敷地）について、「小規模宅地等についての相続税の課税価格の計算の特例」の適用を受けようとする場合、適用対象面積の調整が必要となり、それぞれの宅地等の適用対象の限度面積まで適用を受けることはできない。

③　適切。

正解　①〇　②×　③〇

過去問題集　企画協力者

阿曽　芳樹　（株式会社ビジョンクエスト取締役）

石井　力　（税理士法人アイアセット／税理士）

岡田　佳久　（1級ファイナンシャル・プランニング技能士）

梶谷　美果　（1級ファイナンシャル・プランニング技能士）

佐藤　茶和　（明治安田生命保険相互会社／1級ファイナンシャル・プランニング技能士）

杉浦　恵祐　（1級ファイナンシャル・プランニング技能士）

鈴木　ひろみ　（特定社会保険労務士）

武田　祐介　（社会保険労務士、1級ファイナンシャル・プランニング技能士）

出島　英明　（トータルプランニング税理士事務所／税理士）

田中　卓也　（田中卓也税理士事務所）

林　繁裕　（社会保険労務士、1級ファイナンシャル・プランニング技能士）

深澤　泉　（1級ファイナンシャル・プランニング技能士）

船井　保尚　（1級ファイナンシャル・プランニング技能士）

益山　真一　（1級ファイナンシャル・プランニング技能士、マンション管理士、宅地建物取引士）

森田　昭成　（1級ファイナンシャル・プランニング技能士）

横田　健一　（株式会社ウェルスペント代表取締役／1級ファイナンシャル・プランニング技能士）

吉田　靖　（吉田税理士事務所／1級ファイナンシャル・プランニング技能士）

吉安　貴志　（社会保険労務士法人アピエンス／特定社会保険労務士）

渡辺　洋一　（明治安田生命保険相互会社／1級ファイナンシャル・プランニング技能士）

※50音順、敬称略。所属は企画協力時のものです。

２級ＦＰ技能士（学科・実技）過去問題解説集（2023年度実施分）

2024年6月12日　初版発行

編　著	一般社団法人金融財政事情研究会
	ファイナンシャル・プランナーズ・センター
発行所	一般社団法人金融財政事情研究会
	〒160-8519 東京都新宿区南元町19
	☎ 03-3358-2891（販売）
	URL　https://www.kinzai.jp/
発行者	加藤　一浩
印　刷	三松堂株式会社

○本書の内容に関するお問合せは、書籍名およびご連絡先を明記のうえ、FAXまたは郵送でお願いいたします（電話でのお問合せにはお答えしかねます）。なお、本書の内容と直接関係のない質問や内容理解にかかわる質問については、お答えしかねますので、あらかじめご了承ください。

FAX番号　03-3358-1771

○法・制度改正等に伴う内容の変更・追加・訂正等は下記のウェブサイトに掲載します。

https://www.kinzai.jp/seigo/